U0829691

权威·前沿·原创

皮书系列为
“十二五”“十三五”国家重点图书出版规划项目

全球传播生态蓝皮书

BLUE BOOK OF
GLOBAL COMMUNICATIVE ECOLOGY

全球传播生态发展报告（2019）

ANNUAL REPORT ON THE GLOBAL COMMUNICATIVE ECOLOGY(2019)

主 编／高 伟 姜 飞

社会科学文献出版社
SOCIAL SCIENCES ACADEMIC PRESS (CHINA)

图书在版编目(CIP)数据

全球传播生态发展报告．2019／高伟，姜飞主编
．--北京：社会科学文献出版社，2019．12
（全球传播生态蓝皮书）
ISBN 978-7-5201-5801-5

Ⅰ．①全… Ⅱ．①高… ②姜… Ⅲ．①传播媒介-生态学-研究报告-世界-2019 Ⅳ．①G206．2

中国版本图书馆CIP数据核字（2019）第251629号

全球传播生态蓝皮书
全球传播生态发展报告（2019）

主　　编／高　伟　姜　飞

出 版 人／谢寿光
责任编辑／张　超

出　　版／社会科学文献出版社·皮书出版分社（010）59367127
地址：北京市北三环中路甲29号院华龙大厦　邮编：100029
网址：www.ssap.com.cn
发　　行／市场营销中心（010）59367081　59367083
印　　装／天津千鹤文化传播有限公司

规　　格／开　本：787mm×1092mm　1/16
印　张：18.75　字　数：277千字
版　　次／2019年12月第1版　2019年12月第1次印刷
书　　号／ISBN 978-7-5201-5801-5
定　　价／128.00元

本书如有印装质量问题，请与读者服务中心（010-59367028）联系

《全球传播生态发展报告（2019）》
学术委员会

（以姓氏拼音为序）

雷跃捷　中国传媒大学新闻学院原院长、教授
李臻怡　加拿大皇家大学传播与文化学院教授
林如鹏　暨南大学校长、教授
刘明洋　山东大学新闻与传播学院执行院长、教授
罗文辉　香港中文大学新闻与传播学院教授
马胜荣　新华社原副社长兼常务副总编辑、重庆大学新闻学院名誉院长
彭　兰　清华大学新闻与传播学院教授
任晶晶　中国社会科学院“一带一路”研究中心副秘书长、研究员
隋　岩　中国传媒大学新闻学院院长、教授，《现代传播》主编
史安斌　清华大学新闻与传播学院副院长、教授，教育部青年长江学者
孙　萍　北京外国语大学艺术研究院院长、教授
孙有中　北京外国语大学副校长
唐润华　新华社新闻研究所研究员、大连外国语大学特聘教授
滕云平　中国环球广播电视有限公司总裁、央视国际视频通讯社董事长
王润泽　中国人民大学新闻学院副院长、教授
汪　琪　台湾政治大学传播学院名誉讲座讲授
文秋芳　北京外国语大学教授
吴予敏　深圳大学传播学院教授
杨明品　国家广播电视总局发展研究中心副主任
喻国明　北京师范大学新闻传播学院执行院长

《全球传播生态发展报告（2019）》
课题组

组　长　高　伟　姜　飞　宋宪坤

成　员　（以姓氏拼音为序）

Dean Wright　冯建平　付姝姣　郭全中
胡　宇　胡正荣　黄　骏　黄　廓　姬德强
江和平　李　荃　李　宇　刘利明　马若菡
彭　锦　彭　兰　史安斌　孙　琰　田　园
王　丹　王沛楠　王　希　温维娜　谢张天
应志慧　于运全　袁鲁霞　翟慧霞　张　楠
张耀钟　章　蓉　赵子忠

主要编撰者简介

高　伟　央视国际视频通讯社董事、总经理、总编辑。曾担任中央电视台新闻中心新闻编辑部国际新闻编辑、栏目主编，新闻中心国际新闻部策划组组长、国际新闻部副主任，承担《新闻联播》《东方时空》《新闻30分》等栏目国际新闻编辑、播出工作，参与创办《世界报道》《现在播报》等新闻节目以及《晚间新闻》改版工作。其间参加中央电视台新闻中心历次重大报道任务，曾获中国新闻奖一等奖、中国广播电视新闻奖一等奖等专业奖项。

姜　飞　北京外国语大学国际新闻与传播学院院长、博士生导师，教育部2017重大攻关项目"'一带一路'沿线国家新闻传播业历史与现状"首席专家，北京外国语大学学术委员会委员，跨文化传播研究中心主任，中国新闻史学会全球传播与公共外交学会副会长，外国新闻史学会秘书长，北京大学国家战略传播研究院专家委员会咨询专家，中国外文局对外传播研究中心特约研究员，中国国际广播电台《国际传播》副主编，《中国跨文化传播研究年刊》主编，澳大利亚 *Journal of International Communication*、美国 *Journal of Intercultural Communication Research* 期刊评审专家；瑞士卢加诺大学"中国媒体研究中心"讲座教授，美国宾夕法尼亚大学安娜伯格传播学院福特基金高级访问学者（2007～2008），法国波尔多大学政治学院讲座教授（2017），加拿大皇家大学讲座教授（2018）；曾任中国社会科学院新闻与传播研究所传播学研究室主任、世界传媒研究中心主任、学术委员会委员、职称评审委员会委员、学位评定委员会委员。中国社会科学院创新工程首席专家，"中国跨文化传播研究与实践基地"主任，四川大学文学与新闻学院、暨南大学新闻与传播学院博士生导师。主要研究方向为跨文化传播研究、新媒体观察、传播学理论、传播思想史。

摘　要

《全球传播生态发展报告（2019）》从传播生态学视角聚焦全球传播格局和世界传媒发展，在复杂的全球社会生态体系内透视人、媒介、社会等各种力量的共息共生关系，为传播研究和媒介管理提供某种联动、系统、战略化的思路。

报告凝结传媒业界、传播学界和相关官方管理机构的智慧，从政策—法律、技术—实践、市场—用户、国别—生态四个维度，全面勾勒了2018年世界传媒发展和全球传播格局变迁状况。

2018年，5G商用在中国进入轨道，势必重构全球传播生态。在5G引领之下，区块链、人工智能、云计算、大数据等技术将交互影响，重新定义信息与用户之间的关系，颠覆与重构传媒业上、中、下游产业，创造未来传媒移动化、数据化、智能化的新生态。2018年，全球传播生态在用户、渠道、技术、运营、产业、政策等方面呈现六大特征——移动数字化生存成为常态，全球互联网和社交媒体社会渗透率提速；全球传播信任危机发出预警，社交媒体新闻与传统媒体同时面临信任重建；即时通信应用在5G背景下全面崛起，技术赋能大背景下短视频和智能语音合力撬动平台与媒体革命；商业转型新阶段数字媒体行业进入订阅时代；产业洗牌——融合、跨界、重组，传媒市场万象丛生；信息规制——全球政策继续深度聚焦数据安全和个人隐私保护。

展望全球传播生态热点与趋势，以下四点值得持续关注：第一，区块链技术、5G等基础媒介创新带来的媒体传播终端深度创新和变革应予以关注；第二，区域国别媒介生态变迁亟须置放到全球政治、传播生态视野下重新关注；第三，以中国为代表的信息传播基础结构的更新带来自“二战”结束至今全球传播格局的重大变迁；第四，中美贸易摩擦过程中的舆论战是一个很好的契机，进一步深层次地展现中外传媒实质，为中国国际传播事业发展提供了新的机遇。

本书收入了全球传播领域十余位著名专家学者撰写的报告，在政策—法律层面，深入探讨了传播生态与做大做强国际传播、网络视听的国际规制体系变迁、金砖国家媒体格局、全球传播时代社交媒体新冲突、数字时代美国媒介管制政治法规等关键主题；在技术—实践层面，重点分析了无人机传播技术发展趋势以及信息传播技术变革与电视媒体创新发展路径；在市场—用户层面，对全球 OTT TV 行业、短视频、媒体融合、中国出版“走出去”等焦点议题进行了深入剖析；在国别—生态层面，重点研究了日本、加拿大传媒生态的现状、趋势与启示，同时，还邀请外籍专家学者对中美贸易摩擦下的全球舆论生态进行了剖析。

关键词： 全球传播　传播战略　传播生态

目 录

Ⅰ 总报告

Ⅱ 政策—法律篇

Ⅲ 技术—实践篇

Ⅳ　市场—用户篇

Ⅴ　国别—生态篇

皮书数据库阅读**使用指南**

总 报 告

General Report

B.1
2018年全球传播生态发展报告*

姜 飞 田 园**

摘 要： 本报告从传播生态视角审视2018年全球新闻与传播领域的焦点、热点，从用户、渠道、技术、运营、产业、政策等方面概括出全球传播生态六大特征：移动数字化生存、信任危机、技术赋能、商业转型、产业洗牌、信息规制。同时，对2019年全球传播生态进行了前瞻和提示：第一，区块链技术带来的媒体变革应予以关注；第二，竖屏视频可能成为新的传播和商业价值高地；第三，新技术时代，技术的应用和“祛魅”将同步进行；第四，本地新闻有望迎来复兴。

* 本文系教育部重大攻关项目“‘一带一路’沿线国家新闻传播业历史与现状”研究课题阶段性成果，课题号：17JZD042。

** 姜飞，教授，博士生导师，北京外国语大学国际新闻与传播学院院长、跨文化传播研究中心主任；田园，中央广播电视总台博士后，编辑。

关键词： 全球传播　传播生态　5G

一　5G 商用倒计时，或重构全球传播生态

从 1G 到 4G，四代移动通信技术变革通过一次次基础设施、终端设备的升级换代，操作系统、应用和软件的迭代更新，将人们从语音时代一步步带入文本时代、图片时代以及视频时代。2018 年是全球范围内由 4G 进一步向 5G 过渡的关键一年，从国内到国外都进入 5G 爆发前的“蓄力”期。

5G，即第五代移动通信技术标准（5th-Generation）。5G 开始走进大众视野，始于 2017 年底国际电信标准组织 3GPP RAN 第 78 次全体会议，第五代移动通信技术标准 5G NR（New Radio，新空口）非独立组网（NSA，non-standalone）架构的 5G Release15 首发版本正式冻结并发布，为建立全球统一标准的 5G 生态系统奠定基础，被视为实现 5G 全面发展的一个重要里程碑。[①] 2018 年 6 月 14 日，5G NR 独立组网功能冻结，至此，5G 第一阶段全功能标准化工作完成，漫长的 5G 标准之争尘埃落定，进入产业全面冲刺阶段。

众所周知，相较于 4G，5G 意味着更快的数据传输速度、更低的通信延迟、更安全的网络服务以及更多元的业务种类和应用场景，不仅能使人与人之间的通信发生革命性变革，也将使人与物甚至物与物之间的通信全面相连，为构建智慧化的社会经济环境、真正实现“万物互联”带来广阔的想象空间。据高通报告预测，2020 ~ 2035 年，5G 对全球 GDP 增长的贡献将相当于与印度同等规模的经济体，到 2035 年，5G 将在全球创造 12.3 万亿美元经济产出。[②] 因此，尽管 5G 标准已达成全球统一共识，5G 网络建设、产品研发也有了基本依据，但全球各方力量在 5G 这个“焦点”争夺领域的博弈才刚刚开始。

---

① 《5G 首个关键标准确定　中国专家发挥重要作用》，人民网通信频道，http：//tc.people.com.cn/n1/2017/1221/c183008 - 29721255.html，2017 年 12 月 21 日。

② 《高通发布〈5G 经济〉研究报告　5G 将如何影响全球经济》，搜狐网，http：//www.sohu.com/a/128645577_ 472897，2017 年 3 月 13 日。

不仅5G的相关关键技术，5G产业链所涉及的基站、天线、光缆、光纤、芯片、射频器件等各细分领域也都吸引了世界各国政府、电信运营商、系统设备商、终端制造商、产业应用集成与服务商的注意。当前，全球主要国家和地区均已明确提出5G试验计划和商用时间表。全球移动供应商协会（Global mobile Suppliers Association，GSA）发布的报告显示，截至2019年1月中旬，全球83个国家的201家运营商对5G移动网络和5G固定无线接入（Fixed Wireless Access，FWA）网络进行了投资，运营商们已经宣布了524个独立的演示、测试或试验；已有11家运营商宣布有限地推出5G服务（包括移动服务和FWA服务）；7家运营商表示已开启5G基站，但尚未推出商用服务；46个国家的86家电信运营商在2019年1月前宣布将在2022年底之前推出商用5G服务。[①] 世界各主要国家和地区5G建设情况见表1。

表1　世界各主要国家和地区5G建设情况

国家或地区	5G建设情况
美　国	已发布3个5G高频段频谱的规划;2018年11月正式启动5G频谱拍卖;计划于2019年内在多个城市开始运作5G
欧　盟	2018年确立5G发展路线图,欧盟电信委员会的成员国代表同意到2025年将在欧洲各城市推出5G的计划
俄罗斯	各大电信运营商都在为推广5G技术做准备
巴　西	巴西科学、技术、创新和通信部(MCTIC)指出,已同美国、中国、日本、韩国等国家和欧盟等共同体的科技人员签订了技术发展合作协议,以期共同发展5G网络
韩　国	2018平昌冬季奥运会实现5G首秀,成为5G全球首个大范围的准商用服务
日　本	各运营商将在东京都中心等部分地区启动5G商用;三大移动运营商NTT DoCoMo、KDDI和软银(Soft Bank)计划于2020年在部分地区启动5G服务,2023年左右将5G的商用范围扩大至全国
中　国	工信部规划2018年底供应链企业5G相关产品达到商用能力,2019年实现预商用,2020年将实现规模化商用;目前我国5G研发已进入第二阶段试验,预计2020年将部署超过1万个5G商用基站;2019年10月31日,三大运营商正式发布5G套餐

资料来源：《高通、华为竞逐，中美争锋，5G最新商用进展一览》，https：//www. iyiou. com/p/77115. html。

① 《GSA报告：全球5G网络发展最新进展概况》，C114通信网，https：//baijiahao. baidu. com/s？id＝1623258863621817783&wfr＝spider&for＝pc，2019年1月21日。

具体来看，韩国是全球5G步伐迈得较快的国家：2018年6月完成5G频谱拍卖；2018年12月5G网络正式开启商用；最早于2019年3月上市5G智能手机。

美国素来是通信技术领域的“老大哥”，具有一定先发优势，同时在5G芯片领域和专利方面具有较强实力。全球证券和投资银行集团杰富瑞2017年9月发布的报告《电信服务——5G和IoT（物联网）的地缘政治》显示，在1450项5G网络重要专利中，仅美国高通一家就有15%，中国有10%（截至2017年初）。[①]

日本的5G建设正有计划地稳步推进，从2014年三大运营商之一的NTT DoCoMo开启5G关键技术试验到2016年日本软银启动“5G Project”项目，日本想要在2020年东京奥运会和残奥会前在部分地区启动5G服务的目标应当不难实现。

欧洲方面，德国电信2015年就成立5G创新实验室；奥地利政府于2017年2月发布5G发展白皮书，成立5G指导小组；意大利于2017年3月发布5G实验声明；英国2018年4月就在全球率先完成5G频谱拍卖。欧洲各国的5G建设正加速推进。

不同于过去的1G空白、2G跟随、3G突破、4G并跑，中国的5G发展大有“赶超”甚至“引领”之势。无论是通信系统设备的研发和部署能力，还是电信运营商的网络部署能力，无论是终端设备的研发与生产能力，还是5G业务与应用的开发与运营能力，无论是政府的支持力度还是市场潜力，中国都有自身优势。美国无线通信和互联网协会（Cellular Telecommunications Industry Association，CTIA）2018年4月发布的报告显示，目前，中国、韩国、美国、日本已成为全球5G的主要玩家，处于5G整体准备进度的第一梯队，其中中国的5G商用进度排名世界第一；欧洲主要国家德国、英国、法国则位居第二梯队（见图1）。[②]

---

① 杨智杰：《2018开启5G元年　全球供应商面临问题：5G怎么挣钱?》，《中国新闻周刊》2018年第19期。

② CTIA, *The Global Race to 5G*, https://www.ctia.org/news/race-to-5g-report, 2018.4.16.

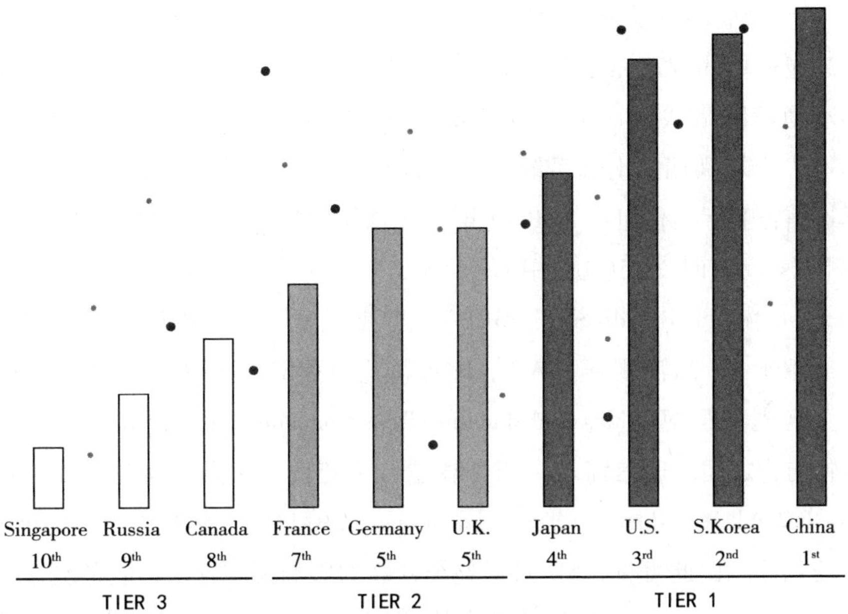

图1　各国5G发展进度排名

可以说，目前全球的5G之争已由最初的“标准之争”逐渐过渡到“商用之争”。2019年，5G迎来商用潮。对于5G的价值与影响，应当上升到全球传播生态的角度予以认识。

首先，从国家层面来说，无线通信是信息社会的基石，从1G到4G的发展经验早已证明抢占通信技术先机的重要性，但5G所代表的不仅是一种通信技术，它同时也构成国家战略的一部分；世界各国的5G之争，不仅是技术、标准之争，更是国家与国家之间战略的较量。5G对一个国家的科技创新、产业升级、经济增长等均具有至关重要的驱动作用，是未来国家竞争力的关键。谁主导了5G，谁就被认为是在主导第四次工业革命。5G将决定未来互联网的发展方向以及国家新的风险与弱点在于何处。①

① James A. Lewis, “5G will Determine the Direction the Internet will take and Where Nations will Face New Risks and Vulnerabilities”, *How 5G Will Shape Innovation and Security*, CSIS (Center For Strategic & International Studies), https://www.csis.org/analysis/how-5g-will-shape-innovation-and-security, 2018.

其次，5G 不仅是新一代移动通信系统，更是一种革命性的通用技术，应当超越简单的网速和流量，认识到其背后的商业价值与社会价值。下一代移动通信网络联盟（Next Generation Mobile Networks，NGMN）将 5G 定义为“一个端到端的生态系统，它将打造一个全移动和全连接的社会”。[①] 国际通信行业标准化组织 3GPP（第三代合作伙伴计划）不仅定义了 5G 标准和网速，同时为 5G 应用场景定义了三大方向[②]：移动宽带增强（enhanced Mobile Broadband，eMBB），主要用于大幅提高现有移动宽带性能，适用于 3D 高清视频、AR/VR 等，这也是普通消费者理解的 5G 应用；大规模物联网（Massive Machine Type Communications，MMTC），充分满足物与物之间的通信需求，用于智慧城市建设；超高可靠超低时延通信（Ultra-Reliable Low-Latency Communications，URLLC），主要用于车联网、工业自动化等。由此可见，5G 对于整个社会的影响是广泛的，它的到来将在全社会掀起一场“智能化”变革，使“万物感知、万物互联、万物智能”成为可能。它带来的不仅是“速度”，还有全新商业模式和沉浸式互动体验——视频、游戏、音乐、广告、AR 和 VR 等产业都将发生根本性变革，内容与受众距离将被大大缩短。据研究预测，在 2025 年，全球无线媒体收入的 57% 将通过使用 5G 网络的超高带宽功能和 5G 运行的设备来实现。[③]

最后，5G 不仅是商业模式的转型，更是生态系统的融合，作为一股革命性较强的技术力量，5G 对整个新闻传播和媒体生态的影响格外值得关注。5G 使过去的“移动互联网时代”进一步进化为“万物互联的高速移动互联网时代”，这对于过去的媒体生态意味着一次颠覆与重构，有学者指出 5G

---

① 《5G 是什么?》，搜狐科技，http://www.sohu.com/a/124786226_466950，2017 年 1 月 20 日。

② 《5G 全球争夺战：华为动了谁的奶酪?》，新浪科技，https://tech.sina.com.cn/roll/2018-12-16/doc-ihqhqcir4110828.shtml，2018 年 12 月 15 日。

③ 《5G 进击，未来娱乐经济的 5 大趋势》，https://tech.sina.com.cn/csj/2018-11-06/doc-ihmutuea7434298.shtml，2018 年 11 月 6 日；转引自 Intel & Ovum，*How 5G will Transform the Business of Media & Entertainment*，October 2018。

将给传播带来五大影响：第一，5G将改变信息传播链条上的各个环节，网络传输能力大幅提升，终端设备“改朝换代”，信息组织形式和内容形态变革；第二，用户将进一步受到5G带来的影响，移动互联网应用业务都朝着“视频流”化的趋势发展，用户个人参与信息传播的深度和普及程度、频次和时长都将获得更大程度的提高；第三，信息传播的核心资源从内容、渠道转变为数据；第四，5G将重新塑造“移动媒体”，进一步深化体现移动媒体的重要性；第五，5G将树立中国在全球网络传播领域的话语权和地位。[①]

总之，5G引领之下，区块链、人工智能、云计算、大数据等技术将交互影响，重新定义信息与用户之间的关系，颠覆与重构传媒业，创造未来传媒移动化、数据化、智能化的新生态。

二 当今全球传播生态的六大特征

（一）移动数字化生存：全球互联网和社交媒体使用加速

尽管移动互联网整体的发展已由“增量模式”过渡到“存量模式”，2018年围绕隐私、黑客、虚假新闻等的争议广泛存在，但全球用户依然呈现热情拥抱互联网和社交媒体的姿态。

We Are Social发布的《2019年全球数字报告》（*Digital in 2019*）显示，截至2019年1月，全球互联网用户为43.9亿，比2018年1月增加3.66亿（9%），也就是说，2018年每天有100万新增互联网用户上网，每秒有11位新用户接入互联网；全球独立移动用户为51.1亿，较2018年增加1亿（2%）；全球社交媒体用户34.8亿，比2018年增加了2.88亿（9%），占世界人口的45%；32.6亿人在移动设备上使用社交媒体，新用户增加2.97亿，同比增长超10%。

① 赵子忠：《5G对传播的影响》，《新闻论坛》2018年第4期。

与此同时，用户在社交媒体上花费的时间也在增加。普通社交媒体用户每天在社交平台上花费2小时16分钟，约占其总体互联网使用时间的1/3。[①] 另有数据显示，人类清醒时间的1/3都在玩手机，全球用户平均每天使用手机5.1小时，爱尔兰用户每天使用时长高达8.4小时，一半时间用于聊天社交。[②] 人们真正进入了移动的数字化生存时代。

值得注意的是，2018年全球互联网和社交媒体加速使用的背后，还同时呈现两种并行的特征。

一方面，尽管移动互联网连接速度持续提升，但数字鸿沟依然明显存在。发达国家与发展中国家网速差异化明显，发达国家用户使用4G及WiFi联网比例高达89.6%，发展中国家还有很多人通过3G网络连接互联网[③]；社交媒体的使用远未在全球范围内均匀分布，非洲部分地区的普及率仍然只有个位数。

另一方面，发达国家的互联网用户增速放缓，渐趋饱和，而发展中国家获得了更多增长机会，两者之间的差距不断缩小。目前，拥有全球相对最高的互联网增长率的是西撒哈拉，在2018年1月之后的12个月里，其互联网用户增长了364%（10.2万）。[④] 全球移动通信系统协会（Global System for Mobile Communication Association，GSMA）发布的2018年移动经济报告中，也有数据印证了这一趋势：到2025年，独立移动用户数量将达59亿，相当于全球人口的71%，增长将由发展中国家和地区推动，特别是印度、中国、巴基斯坦、印度尼西亚、孟加拉国以及撒哈拉以南非洲和拉丁美洲；就人口的移动普及率而言，撒哈拉以南非洲地区将在2017~2025年增长幅度最大（8%），紧随其后的是拉丁美洲和亚太地区。[⑤]

---

① "Digital in 2019：Global Internet Use Accelerates"，https：//wearesocial.com/blog/2019/01/digital-2019-global-internet-use-accelerates，2019.1.30.

② 《麒麟合盛（APUS）：2018年度全球移动互联网用户行为图鉴》，光明网，2019年1月18日。

③ 《麒麟合盛（APUS）：2018年度全球移动互联网用户行为图鉴》，光明网，2019年1月18日。

④ "Digital in 2019：Global Internet Use Accelerates"，https：//wearesocial.com/blog/2019/01/digital-2019-global-internet-use-accelerates，2019.1.30.

⑤ 《2018移动经济报告：移动互联网未来八年新增17.5亿用户　5G转向早期商业化》，前瞻网，https：//t.qianzhan.com/caijing/detail/180926-f0014039.html，2018年9月26日。

（二）信任危机：社交媒体新闻面临信任重建，即时通信应用崛起

2018 年是社交媒体的“信任危机年”。一年中，社交巨头 Facebook 接连遭遇数据泄露、假新闻、安全漏洞丑闻：3 月，Facebook 公开承认剑桥分析公司不正当使用了 8700 万未经授权的用户私人信息；7 月，Facebook 平台被控传播虚假信息，为极端分子的活动提供帮助；9 月，Facebook 再次通告，黑客利用控制的 40 万个账户获得了 3000 万 Facebook 用户账号的信息。与此同时，谷歌因非法收集用户隐私被英国消费者起诉，Google + 社交网络服务因数据泄露而被关闭；Twitter 宣称发现内部密码漏洞，超过 3.3 亿用户的密码疑遭泄露。

路透研究院追踪发现，过去七年，社交媒体看新闻这一项一直呈增长趋势。但 2018 年不少国家和地区增长陷入停滞，甚至下滑。一系列数据泄露丑闻使社交媒体面临越来越多来自用户、监管机构等对其安全性、隐私性、报道规范和伦理的质疑。Edelman 发布的《信任晴雨表报告》（*Trust Barometer Special Report*）数据显示，60% 的人不再信任社交媒体。① 牛津大学 2018 年 6 月发布的一份报告也发现：在多国开展的抽样调查中，用户利用 Facebook 之类社交媒体获取新闻信息的趋势有所下降，以美国为例，当前使用 Facebook 获取新闻的人群比例与 2017 年相比下跌了 9 个百分点，年轻人群体中则下跌了 20 个百分点。②

值得注意的是，Facebook 为限制假新闻，加强“有意义的用户互动”，在 2018 年 1 月改变了算法，其结果是平台上发现、发布、分享的新闻内容大量减少，媒体获得的引荐流量大幅下降。这可能也是造成用 Facebook 获取新闻的用户比例下降的原因之一。但无论如何，用户隐私保护和平台的信任重建，都将是未来社交媒体甚至全球新闻传播领域所面临的重要挑战。

2018 年，平台所面临的政策风险显著上升。在美国，Facebook 的扎克

---

① Edelman, *Trust Barometer Special Report*: *Brands and Social Media*, June 2018.

② 《牛津大学调查：通过社交媒体获取新闻的趋势有所下降》，光明网，http://baijiahao.baidu.com/s?id=1603309557268916279&wfr=spider&for=pc，2018 年 6 月 15 日。

伯格和谷歌的皮猜相继坐上国会听证席；在中国，几大科技巨头悉数被国家网信办约谈，多款流行 App 遭遇短期下架处罚，今日头条旗下“内涵段子”被突然关闭。而 Facebook 改变算法、主动剥离好友信息和新闻内容的做法更像是社交媒体在复杂多变的信息环境中“自保”的一个缩影。类似的还有 Snapchat 改版，单独设置好友信息和媒体栏目，将“社交”和“媒体”内容拆分；Instagram 测试独立聊天应用 Direct，提供一对一私密对话平台。

与社交媒体新闻属性式微相伴随的，是在 2018 年愈加明朗的另外一种趋势——个人化、私密性更强的即时通信软件被越来越多的人用以阅读、讨论和分享新闻。

社交媒体自身的数据泄露丑闻，加上社交网络扩大而导致的“语境崩塌”（Context Collapse）[①] 现象，使用户的信任重回朋友、家人、熟人身上，WhatsApp、Snapchat 等即时通信软件在新闻阅读上的使用比例持续上升，特别是在年轻人群中。数据显示，从 2014 年起，WhatsApp 的新闻使用量翻了三倍，在某些国家和地区已完全替代了 Twitter 的核心位置，这其中隐含着马来西亚（54%，+3）、巴西（48%，+2）、德国（14%，+2）和美国（4%，+1）的变化。在拉丁美洲和亚洲，WhatsApp 和 Instagram 取得了成功，Snapchat 则在欧洲和美国部分地区取得了进展，尤其是年轻用户群体中。Snapchat Discover（Snapchat 的新功能）在许多国家都获得了 18～24 岁群体的青睐，在美国、法国和挪威的占比分别为 17%、13% 和 32%。[②] 在中国，微信已成为未成年人获得新闻信息的首要渠道，2017 年被调查未成年人微信使用率高达 84.6%；在使用微信的未成年人群体中，借助微信获取新闻信息的比例为 49.2%，超过电视成为未成年人获取新闻信息的第一渠道。[③]

---

① 即社交媒体技术将原本异质化的不同受众混入同一语境中，导致人们无法再用线下对话中管理多重身份的技巧来处理线上的交往的现象。

② 《2018 路透数字新闻报告：直击传媒业最热议题》，腾讯网，https://new.qq.com/omn/20180716/20180716A0903W.html，2018 年 7 月 16 日。

③ 中国社会科学院新闻与传播研究所等：《青少年蓝皮书——中国未成年人互联网运用和阅读实践报告（2017～2018）》，http://www.askci.com/news/chanye/20180911/1115551131663.shtml，2018 年 9 月 11 日。

（三）技术赋能：视频和智能语音撬动平台与媒体革命

1. “故事”（Stories）当道，平台、媒体集体发力视频

信息流动的故事化转型，大众传播的个性化转型二者齐头并进，背后是商业化的推动。整体上来说，当前中外传媒行业内在运行机制正在经历着从政治化向商业化的深度转型。从20世纪90年代互联网浪潮开始，社会资本大规模进入传媒行业，合适赢利模式的探寻一直在路上，web1.0时代的先锋们从潮头滑落过程中，最终还是情愿不情愿地臣服于传统媒体行业的内容+广告模式；从web2.0的互动中嗅到新兴市场信息的小步快跑，助推了web3.0时代的到来，实质上是产业腾笼换鸟的过程——不再满足于做传统媒体行业的下家，通过自己打造平台的方式不仅跻身于内容提供者行列，还努力冲到了信息产业链上游，运用资本的力量，使用非主流（标清甚至更低些）甚至非专业的设备（手机），生产5个W要素不全的讯息（message）而非信息（information），以即时性、流动性、实用性硬生生为自己创造出一个市场，比如腾讯的平台，其蕴积的信息市场潜力绝非在内容生产者旁边多了一些被主流媒体业讥讽的“信息民工”，事实上，这些“信息民工”素质可以快速在信息市场上成熟起来，工程也因其量体裁衣的市场适应性存在下来，马云已经购买了近50家媒体，他可以矢口否认其媒体帝国的建构，但是，摆在众人眼前的抢占信息传递上游地位已经事实性证明了，所谓路人皆知。这个信号已经足以警示传统媒体业——你原地踏步，又如何抱怨别人从你旁边掠身而去呢?!

自2016年起，短视频行业便持续火爆，堪称“风口”。社交媒体也经历了从文字到图片再到视频的发展过程。皮尤研究中心数据显示，YouTube（73%）已超越Facebook（68%）成为美国互联网用户渗透率最高的社交网络；在未成年用户方面，YouTube亦以96%的渗透率位列青少年使用最多的社交网络。[①] 2018年，社交+视频产生了奇妙的化学反应：“故事”（Stories）

① 《全球消费互联网驶入深水区，下半场的视频货币化机会还有多少想象?》，腾讯传媒，https：//mp. weixin. qq. com/s/5cipmpZAdqvFQ1sBTw3ELA，2019年1月9日。

模式走红，并日渐取代“信息流”（Feed）模式成为社交媒体上新的主流内容呈现方式。

“Stories”最早源于社交应用Snapchat，是一种仅存在24小时的朋友圈，用户可以在照片、视频上添加地理位置和个性化贴纸上传到个人主页，一经发布，24小时后自动删除，即所谓“阅后即焚”。

这种模式2013年上线于Snapchat，近年来陆续被一众社交平台跟进，并成为社交媒体上的主打功能。2016年，Instagram正式推出“Stories”，自上线后便成为平台最活跃的功能之一，截至2019年2月日平均活跃用户数达5亿人次，受益于此，Snapchat和Instagram成为2014～2017年未成年用户渗透率增速最快的社交应用①；2017年，Facebook平台新增此功能，WhatsApp也推出类似的“Status”，助力其用户数暴增15%，总用户数突破12亿，目前Facebook已把“Stories”列为重点发展项目；2017年11月，YouTube Stories正式上线，取名为Reels；2018年2月，谷歌在搜索引擎中增加“AMP Stories”②（AMP故事）新功能，让用户分享并查看故事；2018年11月，LinkedIn为吸引年轻用户，面向美国学生推出“学生之声”（Student Voices），学生可借此将短视频发送到“校园播放列表”（Campus Playlist）。“Stories”如此火爆，以至BBC、CNN、《纽约时报》、《金融时报》等主流新闻媒体也纷纷入局，投入大量资金。在中国，微博也于2017年4月推出了与此类似的独立短视频入口“微博故事”；2018年12月，微信版的Stories“时刻视频”（Time Capsule）上线。

“Stories”被视为未来社交的发展方向。社交媒体管理系统公司Hootsuite的首席执行官瑞恩·霍尔默斯（Ryan Holmes）在其一篇分析2019年社交媒体趋势的文章中称：“Stories内容的增长速度是基于Feed的内容分享速度的15倍，超10亿用户正在Instagram、Facebook、WhatsApp和Snapchat上使用Stories……Facebook自己的首席产品官克里斯·考克斯

① 《全球消费互联网驶入深水区，下半场的视频货币化机会还有多少想象?》，腾讯传媒，https：//mp. weixin. qq. com/s/5cipmpZAdqvFQ1sBTw3ELA，2019年1月9日。

② Accelerated Mobile Pages，加速移动页面。

（Chris Cox）指出，在未来一年里，作为人们与朋友分享事物的主要方式，Stories 将超越 Feed。"[①]

从技术上来说，"Stories"提供的是一种以竖屏形式呈现的照片或视频，恰好迎合了智能手机显示屏的标准视图，能给人带来一种全屏幕无干扰的沉浸式视觉体验，它的火爆也正是视频社交广阔前景的折射。不过，长远来看，"Stories"所引导的可能不只是社交媒体的内容呈现方式那么简单，而是同时铺好了社交媒体的电商化之路。2018 年 5 月，Facebook Stories 首次引入广告服务，在美国、墨西哥、巴西三个国家进行广告测试[②]；2018 年 5 月，Instagram 在"Stories"中添加了导流卖货功能，品牌们能够在"Stories"里加入购物袋形状的标签，用户点击标签不但能直接导流至购买页面，还可以查看更多关于商品的详细信息，如价格、描述和照片。6 月 11 日，Snapchat 也宣布内测"Stories"电商功能。[③]

当然，"Stories"还并不是唯一"战场"。2017 年被认为是视频新闻元年，2018 年视频的热潮依旧没有退去。在整个视频领域，各大平台、媒体仍在着力多点突破：BBC 推出为用户提供事实型短视频（Factual Video）的内容服务平台 BBC Ideas；知乎 App 改版，新增"视频"专区，统一展示知乎平台上的优质视频内容，意欲打造泛知识性的短视频社区；Instagram 推出可发布 15 秒至 60 分钟的长视频独立 App 新品 IGTV；Facebook 正在针对青少年设计开发一款类似抖音的全屏幕独立应用 Lasso，还宣布将在全球范围内推出视频服务平台 Watch；Vine 计划于 2019 年春推出全新短视频应用 Byte；苹果计划投资约 10 亿美元推出原创视频服务……视频的黄金时代已经到来。

---

① Ryan Holmes，"Social Media Predictions for 2019：A Return to Personal Authenticity"，*https：//www. fastcompany. com/90281575/social - media - predictions - for - 2019 - a - return - to - personal - authenticity*，2018. 12. 18.

② 《最新消息，Facebook Stories 广告开始对全球广告商开放》，搜狐科技，https：//www. sohu. com/a/256606753_ 775335，2018 年 9 月 27 日。

③ 《社交媒体愈发电商化　Instagram 终于上线 Stories 卖货功能》，http：//dy. 163. com/v2/article/detail/DKGFSP6U0514PFUJ. html，2018 年 6 月 17 日。

2. 语音崛起，新旧媒体纷纷展开入口争夺

在诸种媒介形态多元并存的时代，用户注意力是各媒体和平台争抢的稀缺资源。依托数字新闻平台，借力各种新技术创新内容表现形式，成为从平台到媒体争抢用户注意力的普遍手段。2018 年，语音尤其是智能语音未来收割用户流量的更多可能性为各方所关注，纷纷开始行动起来。

2018 年 12 月，Instagram 推出类似微信的 60 秒语音功能；与此同时，谷歌宣布正在为语音助手 Google Assistant 制定开放音频新闻标准，过去一年中，Google 同 130 多家媒体建立合作，打造出一个由用户语音控制的新闻电台，用户可以通过语音助手命令电台跳过、返回、深度播报某条新闻。①

各大媒体阵营中，其实基本已完成智能语音布局，2018 年却也不乏新成员、新节目、新升级。早在 2017 年 12 月，BBC 就宣布了一项酝酿 5 个月的语音计划，Alexa 用户可以直接发出指令，收听 BBC 56 个广播频道内容。② 2018 年 2 月，《卫报》美国移动创新实验室推出全新音频节目 Strange Bird，该节目以音频为依托，集图像、表格、Gif、网页链接等多媒体元素于一体。③ 3 月，中国新华社客户端发布 5.0 版，围绕智能化主线，就语音交互、原生 AR、政务服务等战略性功能进行全面升级，标志着新华社客户端先后迈上了汇聚全网资源的平台化改造、实现移动在线生产的现场新闻系统应用、基于人工智能技术的生产引擎迭代三大台阶。④ 9 月中旬，《卫报》宣布合流大部分媒体，推出关注每日新闻和时事的播客。美国网络杂志 *Slate* 与英国《经济学人》联手发布 10 集播客节目 The Secret History of the Future。⑤

① 《Google 推出智能语音助手播报新闻》，腾讯新闻，https：//news. qq. com/a/20181214/010577. htm，2018 年 12 月 14 日。

② 《各大媒体试水语音助手市场，依托 Alexa 们的资讯能带飞下半场么?》，腾讯传媒，https：//mp. weixin. qq. com/s/8kdXIdlInlwvzSW53Mo15g，2018 年 1 月 8 日。

③ 《英国报业融媒体音视频：有趣有质量的内容才是重点》，搜狐科技，http：//www. sohu. com/a/277356837_ 644338，2018 年 11 月 23 日。

④ 《新华社客户端新版上线　从平台化迈向智能化》，ZAKER，http：//www. myzaker. com/article/5a988a611bc8e00077000001，2018 年 3 月 2 日。

⑤ 《顶级媒体音频尝试：声音的生意“围城”，如何布局才能破茧》，腾讯传媒，https：//mp. weixin. qq. com/s/78HKFlwPT7ITkuSCGfKy7Q，2018 年 9 月 26 日。

《金融时报》则通过谷歌助手推出“隐藏的城市”（Hidden Cities）交互式播客，用户可以通过谷歌或苹果的智能手机和智能播放器进行访问。[①]

“入口”之争由来已久，从PC互联网时代的搜索引擎，到移动互联网时代的头部App，再到万物互联时代的各类智能终端设备。人工智能的到来已经带火了播客，未来，5G的入场将进一步提升语音这个入口的重要性。尽管赛道拥挤，却有必争的理由。

（四）商业转型：数字媒体行业进入订阅时代

1. 传统媒体高筑“付费墙”

2018年9月，美国《时代》杂志被全球最大客户关系管理（CEM）软件服务提供商Salesforce公司CEO马克·贝尼奥夫夫妇以1.9亿美元收购，这是继2017年11月时代公司被美国传媒巨头梅雷迪斯（Meredith）收购后的第二次易主。[②]《时代》的境遇不仅是新媒体冲击下印刷媒体艰难生存状况的折射——早前就有赫斯特集团收购Rodale集团旗下杂志和书刊业务、《滚石》杂志创始人决定卖出自己的全部股权——其实也是全球媒体盈利困局的折射。

在此背景下，“付费”成为国外一些传统媒体数字化转型的重要策略。2018年更是迎来媒体付费订阅潮（pivot to paid）。[③] 为增加订阅用户数量并减少其流失率，《纽约时报》正计划推出一项动态计量计划，《华尔街日报》、赫斯特报系等媒体也都采取了类似的折扣和灵活付费策略。[④]《连线》、《大西洋月刊》和彭博社等纷纷推出付费订阅，新闻聚合网站BuzzFeed也发

---

① 《“肥沃狩猎场”：“金融时报”发现播客会吸引付费用户》，腾讯新闻，http://www.lunwen.com/gungun/news_133f07elunwen1b74.html，2019年2月17日。

② 《再见，〈时代〉！再见，纸媒最后的尊严》，搜狐财经，http://www.sohu.com/a/254593314_100097967，2018年9月18日。

③ Lucia Moses, “The pivot to paid poses organizational-chart challenges for publishers”, https://digiday.com/media/pivot-paid-poses-organizational-challenges-publishers/, March 2018.

④ 《海外平台最新付费图鉴：如何用产品思维打造内容订阅》，腾讯传媒，https://mp.weixin.qq.com/s/wk5lLQlw6eZufZHqIT5-Bg，2019年2月1日。

布了付费会员计划。华语世界中，《南方周末》2018 年 8 月推出付费会员制；中国台湾《天下杂志》则在年底发布《数位转型报告》，总结了转型付费一年半以来的经验。① 诸种信号似乎都在表明：未来，媒体行业的更多收入将从广告转向用户订阅。

2. 各大平台探索视频货币化

2018 年视频的爆发不仅体现于入局平台增多、内容驱动下的用户数量增长，还表现在视频信息流广告对平台广告收入的有效驱动。据 eMarketer 的统计数据，YouTube 以“可跳跃式前贴片广告”为主，2018 年广告业务净收入 39.6 亿美元，占 Google 广告收入的 10.3%。Instagram 以“图片/视频信息流广告”为主，2018 年广告业务收入 68.4 亿美元，占 Facebook 广告收入的 12.4%。②

已基本完成社交视频矩阵布局的 Facebook 自然寄希望于视频能为自己带来更多收益。2018 年 8 月起，Facebook 先后在美国、英国、爱尔兰、澳大利亚和新西兰等五个国家试行了视频中插广告；12 月，该功能进一步向韩国、印度、印度尼西亚和越南等亚洲国家拓展。2018 年 9 月，路透社也开始尝试视频货币化，在面向日语观众和西班牙语观众的视频新闻中插入广告。据 Tubular Labs 2019 年 1 月的统计数据，在过去半年中，路透社旗下最受欢迎的推特账户“Top News”所发布的内容中有 27% 是视频，每天有 18～20 个视频通过这一途径实现货币化。2018 年 10 月，视频广告收入突破七位数，占 Twitter 渠道总收入的 16%。③ 目前，Instagram 也正在开发适用于“Stories”的广告方案，预计还需要一到两年时间才会正式推出。中国的视频付费市场也具备海量提升空间：从用户数量来看，2014～2017 年视频网站付费用户规模从 873 万增长到超 8000 万人，成为北美、欧洲之后全球第

---

① 《2018 年的全球传媒业：悲情之下，待解的难题》，http://www.199it.com/archives/818363.html，2019 年 1 月 7 日。

② 《全球消费互联网驶入深水区，下半场的视频货币化机会还有多少想象?》，腾讯传媒，https://mp.weixin.qq.com/s/5cipmpZAdqvFQ1sBTw3ELA，2019 年 1 月 9 日。

③ 《全球消费互联网驶入深水区，下半场的视频货币化机会还有多少想象?》，腾讯传媒，https://mp.weixin.qq.com/s/5cipmpZAdqvFQ1sBTw3ELA，2019 年 1 月 9 日。

三大视频付费市场；从收入规模来看，2014～2017年视频网站收入规模分别为14亿元、52亿元、121亿元与236亿元，同比增长270%、135%与95%，付费收入占视频网站总收入的比例提升至25%。[①]

当然，视频货币化之路并不易走，会遇到各种各样的问题。但近年来视频经济高速发展、视频领域市场份额日趋走高的事实不容忽略，视频货币化的风向值得引起高度关注。

（五）产业洗牌：融合、跨界、重组，传媒市场万象丛生

《世界互联网发展报告2018》显示，当前全球正处于新一轮科技革命和产业革命突破爆发的历史交汇期，以互联网为代表的信息技术和人类生产生活深度融合，成为引领创新和驱动转型的先导力量，正在加速重构全球经济的新版图。[②]

1. TMT（Telecom, Media, Technology）融合渐成趋势

随着大数据、人工智能、云计算、区块链等新技术的兴起，媒体与其上游的电信运营商及下游的科技公司之间融合，即所谓TMT融合的趋势愈演愈烈。

在内容、平台、入口等方面主动拓展媒体版图，以寻求自身转型、应对新兴市场的竞争，是当下不少通信和科技公司的做法。过去，电信公司只提供简单的频宽和连线服务，一度被称为“笨水管”（dumb pipe），难以与Netflix等新兴流媒体公司竞争。因此，在如有线电视服务等传统业务被年轻用户抛弃之际，通过并购内容供应公司、上下游整合来寻求向综合型媒体公司转型，以提供更有价值的服务，成为电信公司应对之策。2018年6月，美国电信巨头AT&T斥资854亿美元收购时代华纳，时代华纳的CNN、HBO、华纳兄弟影业以及华纳兄弟电视公司全归AT&T所有。这场超大并购

① 《未来国内互联网视频货币化趋势》，搜狐科技，https：//www.sohu.com/a/254598476_683129，2018年9月18日。

② 《〈世界互联网发展报告2018〉和〈中国互联网发展报告2018〉蓝皮书发布》，人民网，http：//media.people.com.cn/n1/2018/1108/c14677－30390016.html，2018年11月8日。

案或将产生示范效应，在全球掀起一股电信与媒体产业的并购热潮。①

一些互联网公司开始通过借力外部技术谋求自身在未来关键领域的领导权。2017 年 11 月，中国百度公司与小米公司达成战略合作，双方将共建 loT + AI 生态体系（物联网、人工智能体系）；紧接着，12 月，百度又先后与高通、华为宣布在人工智能方面展开合作，其人工智能布局已可见一斑。2018 年 4 月，阿里巴巴集团全资收购中国自主嵌入式 CPU IP Core 公司中天微系统有限公司，这是阿里巴巴布局人工智能的关键筹码。② 2018 年 10 月，IBM 以约 340 亿美元收购红帽（RedHat），红帽将并入 IBM 的混合云部门。此次并购将促使两家公司在云计算业务领域展开更多更深入的工作。③ 这也是多云时代 IBM 主动寻求转型、想要跻身多云和混合云市场领导者的关键一步。

科技公司也不乏涉猎媒体领域的野心。2018 年 3 月，谷歌推出“谷歌新闻倡议（GNI）”计划，将与出版商合作，协助其提高新闻质量，优化新闻出版商的商业模式。同时，谷歌开发了一项新的“通过谷歌订阅”功能，允许用户使用自己的谷歌账户来订阅合作出版商的新闻内容，目前适用这一功能的合作伙伴包括《金融时报》《纽约时报》《每日电讯报》《华盛顿邮报》在内的 17 家新闻出版机构。④

在通信和科技公司向媒体领域拓展的同时，媒体自身也在着力向上下游两端延伸，力图构建生态联合。⑤ 2018 年以来，中国三大央媒《人民日报》、新华社、中央广播电视总台都与中国 BAT 互联网巨头有不同程度的合作：4 月，刚刚组建不久的中央广播电视总台下属中国国际电视总公司与阿

---

① 拓墣产业研究院：《AT&T 并购案后，全球电信与媒体产业或将掀起并购浪潮》，https：//xueqiu. com/8540887159/109424596，2018 年 6 月 25 日。

② 《盘点 2018 八大行业并购》，http：//www. cniteyes. com/archives/34131，2018 年 12 月 25 日。

③ 《盘点 2018 八大行业并购》，http：//www. cniteyes. com/archives/34131，2018 年 12 月 25 日。

④ 《谷歌投资 3 亿美元发起“谷歌新闻倡议”》，https：//baijiahao. baidu. com/s? id = 1595729506319553528&wfr = spider&for = pc，2018 年 3 月 23 日。

⑤ 《CTR 发布 2018 中国媒体市场趋势》，搜狐科技，http：//www. sohu. com/a/253533345_657264，2018 年 9 月 12 日。

里巴巴集团签订技术合作协议，双方将在云平台、大数据、移动客户端、信息化平台建设等方面进行合作；7 月，中国国际电视总公司又正式启动与中国移动在 5G 技术研发、4K 超高清频道建设、内容分发、大数据以及资本等六大领域的全面战略合作。①

2. 流媒体视频领域迎重磅玩家入局

2018 年，流媒体市场风头之盛可谓势不可当。Leichtman Research Group 数据显示，约有 70% 的美国家庭至少订阅了 Netflix、亚马逊 Prime 或 Hulu 中的一种，而 2015 年时该数据为 52%。② 6 月，迪士尼成功收购 21 世纪福克斯多数资产；9 月，康卡斯特（CMCSA）以 388 亿美元（297 亿英镑）收购英国天空广播公司（Sky）。在这两大并购案的刺激下，巨头们对流媒体领域更是蓄势待发。

2018 年 4 月，迪士尼推出第一款体育流媒体服务 ESPN +，截至 2018 年末已拥有超 100 万付费用户；第二款聚焦家庭娱乐内容的流媒体服务 Disney + 计划于 2019 年下半年推出。AT&T 宣布，将在 2019 年第四季度推出知名消费者的流媒体服务，以对抗 Netflix。有报道称，苹果计划将自己的原创电视和电影节目、苹果音乐（Apple Music）和苹果新闻（Apple News）（包括 2018 年 4 月收购的号称“杂志界 Netflix”的杂志订阅 App——Texture）整合成各种订阅计划，于 2019 年推出。③ 2019 年 3 月，苹果公司推出流媒体视频 Apple Tv +。

众玩家的入局无疑对现有的 Netflix、亚马逊、Hulu 等构成了合围包抄之势。有分析称，随着两大并购案落幕，2019 年，迪士尼和康卡斯特将主导全球内容消费。流媒体市场竞争升级，也刺激各家在内容、平台方面加大投入，FX 电视网（FX Network）公关部 2018 年末发布的榜单数据显示，

---

① 《细数中央广播电视总台整合后“战绩”》，央广网，http://news.cnr.cn/native/gd/20180910/t20180910_524356337.shtml，2018 年 9 月 10 日。

② 《流媒体“决战”2019：迪士尼和康卡斯特内容支出将制霸全球》，https://36kr.com/p/5172695.html，2019 年 1 月 17 日。

③ 《流媒体“决战”2019：迪士尼和康卡斯特内容支出将制霸全球》，https://36kr.com/p/5172695.html，2019 年 1 月 17 日。

2018 年，流媒体平台输出的原创内容数量有史以来第一次超过广播和有线电视网络。①

3. Netflix 圈地欧洲市场

流媒体业务全球进入新一轮跑马圈地。每当一种新的媒介、新的传播方式诞生，都会开发出新的受众市场，进而激发新一轮的资本投资热潮、新一轮市场的瓜分圈地。

“全球化”是 Netflix 一直以来的发展战略和竞争策略。在成功打入亚洲、澳大利亚等地后，2018 年 Netflix 又将目光瞄准了欧洲市场。早在年初其就公布预算：2018 年，Netflix 将从 80 亿美元的内容总支出中拨出 10 亿美元用于欧洲原创内容的制作，计划推出 100 多个欧洲节目。② 这样的预算比 2017 年翻了一倍还多。

其实早在 2017 年 5 月，Netflix 就在阿姆斯特丹开设新的客户服务中心，旨在为 11 个欧洲国家的 Netflix 用户提供多语言支持；2018 年 7 月，Netflix 又宣布将西班牙首都马德里作为其首个欧洲内容制作中心，此外，还新增一名重要的董事会成员——欧洲领先的数字出版公司 Axel Springer 的董事长兼首席执行官 Mathias Dopfner。2018 年 9 月，Netflix 宣布在巴黎成立办事处，这是 Netflix 继阿姆斯特丹办事处和伦敦办事处之后在欧洲成立的第三个办事处。

与已几近饱和的美国市场相比，欧洲的流媒体行业尚处于起步阶段。Futuresource 的一份报告预测，未来几年欧洲的流媒体行业将呈现两位数的强劲增长；到 2020 年，订阅型视频点播服务（SVOD）在西欧的总收入将达到 95 亿美元，是 2018 年该地区 SVOD 总收入（44 亿美元）的两倍多。而在欧盟五国中，法国是 OTT 订阅服务普及率最低的国家，也是 Netflix 用户渗透率最低的国家，③ 此次在法国设立办事处，Netflix 无疑看到了法国市

① 《流媒体“决战”2019：迪士尼和康卡斯特内容支出将制霸全球》，https：//36kr. com/p/5172695. html，2019 年 1 月 17 日。

② 《Netflix 的“欧洲攻略”》，搜狐财经，http：//www. sohu. com/a/259591918_100249676，2018 年 10 月 15 日。

③ 《Netflix 的“欧洲攻略”》，搜狐财经，http：//www. sohu. com/a/259591918_100249676，2018 年 10 月 15 日。

场巨大的增长潜力。

4. 亚马逊扩张数字广告业务

2017 年底，外媒就传递出亚马逊将在 2018 年大举进军数字广告业的消息，称其计划在电子商务搜索和视频产品广告上发力。2018 年，亚马逊的广告收入果然不断增长，前 3 个月，该公司主要由广告收入构成的“其他营收”便增长 139%，达到 20 亿美元。还未到 2018 年底，亚马逊就已经超过微软和媒体科技公司 OATH，成为美国仅次于谷歌和 Facebook 的第三大数字广告平台。[①] 市场研究公司 eMarketer 发布的研究报告显示，自 2017 年以来，亚马逊的移动广告业务增长了 242%，同时预测，亚马逊 2019 年美国广告业务将增长 50%，占据美国数字广告市场 8.8% 的份额，而美国 Facebook 和谷歌的双头垄断市场份额将从 2018 年的 57.7% 降至 2020 年的 55.9%。[②]

（六）信息规制：政策聚焦数据安全和个人隐私保护

2018 年，全球范围内很多互联网公司、科技公司、服务公司都深陷数据泄露丑闻，数据泄露事件的增多使对数据隐私保护的呼吁声浪逐渐走高，也催生了一系列相关政策法规的出台。

1. 德国立法管理社交媒体

在对社交媒体的法律规制方面，德国走在了前列。经历近三年的讨论、草案酝酿及最终批准，德国《社交媒体基本权利保护管理法》（简称《社交媒体管理法》，德文简称为 NetzDG）于 2018 年 1 月 1 日起施行。该法针对网络上的“仇恨、煽动性言论、虚假新闻内容”，整合并修订了 2015 年以来德国司法部颁布的一系列相关法令，对 Facebook、Twitter 等在德国境内提供内容服务的社交网络平台提出了更为严格的监管要求。[③] 这也成为全球第

---

① 《亚马逊成为美国第三大数字广告业务平台》，网易科技，http：//tech.163.com/18/0919/22/DS3OP4KP00097U7R.html，2018 年 9 月 19 日。

② 《eMarketer：亚马逊成为全美第三大数字广告商，还会继续和谷歌抢客户》，凤凰科技，http：//tech.ifeng.com/a/20190221/45314798_0.shtml，2019 年 2 月 21 日。

③ 《德国施行〈社交媒体管理法〉强化社交网络平台管理责任》，中新网，http：//auto.chinanews.com/gj/2018/01-28/8435328.shtml，2018 年 1 月 28 日。

一个采用立法方式对社交媒体进行限制的案例。德国的立法行动侧面折射出世界各国对社交媒体进行有效治理的愿望，尽管在真正实施阶段遇到了一些争议，甚至产生了一些负面效果，但仍不失为一种有引领作用的尝试。“在假新闻泛滥、社会共识撕裂、政治极化、排外及群体歧视问题日益严重的今天……德国《社交媒体管理法》的出台为解决上述这些问题提供了新思路，即通过立法敦促互联网公司发挥自身的义务监管能力，履行其社会责任，从而营造健康、理性、清朗的网络生态。”①

2. 欧盟实行最严数据保护，打击虚假信息

2018 年 5 月 25 日，欧盟《通用数据保护条例》（GDPR）正式生效，它也被称为史上最严数据保护立法。GDPR 关注个人的数据保护权利，同时也为企业在收集和利用个人数据方面制定了严格的规则。其中，最引人注目的便是全面引入了新的权利类型——“个人数据可携权”② 和“被遗忘权”③。总体来看，GDPR 带来了全面制度改革，其核心目标是将个人数据保护深度嵌入组织运营，真正将抽象的保护理论转化为实实在在的行为实践。④ 尽管在实施过程中，GDPR 也遇到了一些争议，但这并不妨碍它在数据隐私保护方面的带动性和示范性，2018 年 12 月 12 日，法国政府也以条例的形式通过了新版《法国数据保护法》，使之与 GDPR 之间协调一致。⑤

对于假新闻泛滥的现象，欧盟方面也没有忽视。2018 年 9 月 26 日，欧洲主要的线上平台、社交媒体巨头、广告主和广告经营者代表齐聚布鲁塞尔，联合发布了欧盟历史上首份《反虚假信息行为准则》（*Code of Practice on Disinformation*，简称“CPD”），以应对日益严峻的假新闻与网络

① 史安斌、张卓：《德国社交媒体管理法的挑战与探索》，《青年记者》2018 年第 13 期。

② 指用户可以无障碍地将其个人数据从一个信息服务提供者处转移至另一个信息服务提供者。

③ 当用户依法撤回同意或者数据控制者不再有合法理由继续处理数据时，用户有权要求删除数据。

④ 王融：《欧盟〈通用数据保护条例〉详解》，《中国征信》2016 年第 7 期。

⑤《法国最新修订数据保护法》，搜狐科技，http：//www. sohu. com/a/290011201_ 777777，2019 年 1 月 18 日。

虚假信息肆虐的局面。这也是世界范围内企业界基于自愿原则联合起来，共同应对虚假信息挑战的首次尝试，在全球互联网信息治理历史上具有标志性意义。①

3. 美国加州立法加强隐私保护

欧盟的 GDPR 无疑在全球具有巨大的示范效应。2018 年 6 月 28 日，美国加利福尼亚州颁布了《2018 年加州消费者隐私法案》（CCPA），旨在加强消费者隐私权和数据安全保护。CCPA 也被认为是美国国内最严格的隐私立法，将于 2020 年 1 月 1 日生效。② 这项法案相当于加州版的 GDPR，要求企业公开它们如何收集用户数据，以及如何使用这些数据。法案允许政府部门对不遵守或违反规定的公司处以罚款。这对消费者尤为重要，因为世界上大多数科技公司巨头总部都设在加州。③

有人称，2018 年是数据保护的灰色之年，接踵而至的数据泄露风波和负面新闻给全球网民蒙上了一层阴影。而相比之下，尽管欧盟、德国、美国等方面已经有了一些立法动作，用户数据保护显然还有很长的路要走。比如，尽管遭到众多科技公司反对，2018 年 12 月，澳大利亚下议院还是通过了一项被称为“通信协助及存取法案”（Telecommunications Assistance and Access Bill）的反加密法案，规定科技公司必须在有需要的情况下，无须通知用户而向有关政府部门提供已解密的用户资料。④ 不过，随着大数据、人工智能、区块链等形形色色的新技术日渐浸入每个普通人的生活，它们与传统社会秩序之间的适应性问题也必会越来越多地被提上日程，而 2018 年，也会成为全球范围内数据治理与保护的起点。

---

① 史安斌、胡宇：《向虚假信息宣战：欧盟的探索》，《青年记者》2018 年第 34 期。

② 《加州通过全美最严厉隐私保护法案〈2018 年加州消费者隐私法案〉（CCPA）》，搜狐科技，https：//www. sohu. com/a/242074366_ 199914，2018 年 7 月 19 日。

③ 《2019 全球隐私埋雷地图：数据保护形势依然严峻》，腾讯传媒，https：//mp. weixin. qq. com/s/HC4OEUeVlmmx0l7012cOUA，2019 年 1 月 11 日。

④ 《澳洲正式通过反数据加密法案，科技公司需按政府要求解密客户资料》，https：//laoyaoba. com/html/share/news？ source = app_ android_ v2&news_ id = 698907，2018 年 12 月 13 日。

三　全球传播生态热点前瞻

（一）区块链技术带来的媒体变革应予以关注

区块链、人工智能等被誉为继互联网之后下一代颠覆性的核心技术，是工业经济时代转型为数字经济时代的新动力。① 2018 年被视为“区块链 +”元年，在如何利用区块链为媒体赋能方面，海外媒体已经做出了一些初步尝试。②

一些公司利用区块链技术打造去中心化的内容平台：Civil 正建立一个基于区块链技术的新闻出版发行平台，旨在为新闻业创造一个可持续的全球市场，摆脱广告、假新闻和其他外部因素的影响；新加坡的 D-Run 基金打造了一个基于区块链的内容生态系统 CNN（Content Neutrality Network）Token，2018 年初，其宣布与印度最大的新闻聚合平台 NewsDog 开展战略合作，打造全球最大的数字内容生态。5 月 22 日，区块链版本的 NewsDog 正式上线。

科技公司 eyeo、Augur、Userfeed 等利用区块链技术来标记新闻可信度、搭建事实核查市场、优化内容排名体系，以重建读者信任。

在中国，2018 年人民网旗下人民创投增设区块链频道，同时发起成立区块链研究院；封面传媒与百度展开技术合作，开始在区块链媒体方面布局，并与中国人民大学新闻学院一道，三方共建区块链媒体实验室。③ 2018 年 7 月，全球媒体区块链联盟（Blockchain International Media Group，BIMG）成立，旨在打造一个覆盖 130 余个国家和地区，影响 30 亿人的权威机构，

---

① 《2018“区块链 +”元年　区块链技术应用全景图》，搜狐财经，https：//www. sohu. com/a/225139825_ 481474，2018 年 3 月 8 日。

② 《都说区块链媒体不靠谱？从爆发到现在，国外媒体都进行了这些尝试》，腾讯传媒，https：//mp. weixin. qq. com/s/nulMdAus6u8j2fyP5yylUQ，2018 年 6 月 25 日。

③ 刘扬：《2018 媒体新技术：4K 多姿多彩　5G 挥手即来》，人民网，http：//media. people. com. cn/n1/2019/0127/c40606 –30591851. html，2019 年 1 月 27 日。

集合全球范围内传统权威媒体以及新兴区块链垂直媒体的巨大影响力，更好地发挥媒体在区块链行业可持续发展中的重要作用。①

区块链还能在哪些方面搅动媒体生态？又会给媒体带来怎样的变革？媒体如何才能在这轮变革中抢占先机？诸类问题值得关注。德勤在《区块链：改变媒体的游戏规则》（*Blockchain @ Media A new Game Changer for the Media*）报告中列举了区块链变革媒体业的五种可能②。

第一，区块链技术将加速碎片化内容的货币化进程，助推内容变现。

第二，广告营销将省去更多中间环节，进一步垂直化。

第三，版权问题将会得到规范，创作者的经济权利和精神权利将会得到更好的保护。

第四，行业将会向更加安全和更加透明的方向迈进，假新闻和盗版等问题将会得到解决。

第五，在区块链技术完全普及后，媒体业有望形成一个“无边界的付费内容市场”，用户订阅和数字版权管理格局将会得到根本性的变革。

（二）竖屏视频可能成为新的传播和商业价值高地

近年来，全球用户的互联网消费正悄然发生一种转向，即那些最消耗用户时间、占据最多流量的超级 App，已经由社交类变为短视频类。网络流量分析机构 Sandvine 2018 年 10 月发布的报告显示，在全球整体的互联网下行流量中，视频流占到了近 58%。③ 另有数据显示，全球用户日均花费 80 分钟以上浏览视频，日均花费 63 分钟进行社交通信。④ 在 4G 时代以及即将到

---

① 《全球媒体区块链联盟（BIMG）正式成立》，链财经，http：//liancaijing. com/alerts/140435. html，2018 年 7 月 19 日。

② 《都说区块链媒体不靠谱？从爆发到现在，国外媒体都进行了这些尝试》，腾讯传媒，https：//mp. weixin. qq. com/s/nulMdAus6u8j2fyP5yylUQ，2018 年 6 月 25 日。

③ 《流媒体服务有多火？全球互联网流量视频占比 58%，Netflix 占 15%》，搜狐科技，https：//www. sohu. com/a/258791024_ 100097865，2018 年 10 月 11 日。

④ 《2018 全球互联网用户行为：日均 80 分钟看视频，1 小时玩社交》，腾讯网，https：//new. qq. com/omn/20190118/20190118A0E6MS. html，2019 年 1 月 18 日。

来的5G时代，视频，尤其是短视频成为新的行业主流已是不争的事实，而且这种趋势在2019年还在继续深化。

在此背景下，更适配手机屏幕、更便于移动化读取的竖屏视频（Vertical Video）日渐成为互联网视频格式的“常态”，且大有超越横屏视频之势。Scientia Mobile发布的美国市场智能机占有率报告显示，手机用户在94%的情况下都是以竖直的方式拿手机的。英国社会化视频营销机构Unruly的一项调查显示，53%的手机用户不喜欢在观看视频时将手机横过来，34%的调查者称会将手机锁定到竖屏状态。①

目前，国外的Snapchat、Facebook等社交平台早已开启竖屏尝试，Netflix移动端推出竖视频预览功能，Instagram发布竖视频分享平台IGTV，YouTube不仅支持用户上传竖屏视频，还支持企业和广告商上传竖屏视频广告，美国娱乐与体育节目电视网（Entertainment and Sports Programming Network，ESPN）为其旗舰栏目“体育中心”制作了竖屏版本，BBC早在2016年末就将竖视频引入国内和国际新闻App中……不过，需注意的是，竖屏视频在当下的火爆，不应仅仅当作一时的风潮去看待，它背后所折射出的，是移动时代竖屏传播在此前未被发掘的价值。根据保罗·莱文森媒介演进的人性化趋势理论，媒介的外形设计会越来越符合人性审美需求，媒介的功能会越来越符合人类感官愉悦的需求，媒介将朝着不断消弭时空障碍的方向前进。正如大荧幕适配电影，电视机盒子适配电视，竖屏视频所适配的正是移动时代人们最常用的手机。对于竖屏视频，不能仅仅简单地从格式、尺寸、构图层面去认识，而应看到其对内容、对叙事逻辑、对用户视觉体验的颠覆与重构；尤其不应忽视的，是其更为出色的场景构建能力，“将竖屏的视效特性、易操作性与场景的真实、立体优势结合起来，对内容主体进行全方位立体化展示，是视频场景与受众的使用场景、消费场景的一次合谋”。② 未来，以竖屏呈现

① 周逵、金鹿雅：《竖屏时代的来临：融媒体短视频类型前沿和趋势研究》，《电视研究》2018年第6期。

② 阮甦甦：《竖屏视频的兴起：移动传播时代的短视频创作新风向》，《西部广播电视》2018年第23期。

为基本依托，揉入 3D 动漫、虚拟现实、数字高程模型（Digital Elevation Model，DEM）、卫星地图等技术手段的可视化呈现将会越来越多。

当传播价值充分展示之后，竖屏视频的商业价值也会随之凸显。数据显示，华为在 Twitter 上为平板手机 Ascend Mate7 投放的信息流竖屏预告片视频，用户平均互动率超过预期 193%，Twitter 追随者增加了 3.5%；Snapchat 的报告也显示，在其平台上全竖屏视频广告的播放完成率比横屏视频广告高出 9 倍，公司内部研究还发现，与其他形式同类广告相比，垂直视频广告的视觉注意力要高出 2 倍。① 在中国，抖音已经率先开始了竖屏短视频广告尝试，且取得了不俗效果。在用户消费场景日趋碎片化的背景下，这种“垂直营销模式”及其背后的广告内容化趋势值得引起媒体机构高度重视。

（三）新技术时代，技术的应用和“祛魅”将同步进行

在从“新媒体时代”向“智媒体时代”发展的过程中，人工智能（AI）无疑早已成为传媒新技术应用的热点。除了 AI 对新闻采编流程的再造、AI 合成主播播报新闻，还有一些媒体利用 AI 来甄别、核查假新闻。据媒体报道，2018 年 Facebook 已开始计划收购伦敦人工智能技术公司 Bloomsbury AI，利用其团队和技术来打击假新闻；Twitter 利用智能系统自动识别虚假账号；中国上线基于大数据识谣的中国互联网联合辟谣平台，今日头条与密歇根大学联合成立 AI 反谣言研究联盟，通过人工智能技术让平台更加智能地识别谣言，编制人工智能谣言识别标准。②

然而，与此同时，技术的“阴暗面”也开始初步显现。研究者发现，AI 系统通过不断的自我学习，可以改变影像中物体的运动轨迹或者重塑人物形象，其伪造或操控影像的能力在不断提升。③ 从 Deepfakes 的数字化

① 《首推原生竖视频广告，抖音或引领短视频商业化的未来》，人民网，http://it.people.com.cn/n1/2017/1018/c355240-29595052.html，2017 年 10 月 18 日。

② 刘扬：《2018 媒体新技术：4K 多姿多彩　5G 挥手即来》，人民网，http://media.people.com.cn/n1/2019/0127/c40606-30591851.html，2019 年 1 月 27 日。

③ 史安斌、王沛楠：《2019 全球新闻传播新趋势：基于五大热点话题的全球访谈》，《新闻记者》2019 年第 2 期。

“换脸术”，到 BuzzFeed 的奥巴马虚假视频，再到 Devumi 的“机器人水军”，还有 Project Cloak、Project VoCo 等可以轻易给音视频造假的软件，人们逐渐进入一个“眼见并不为实”“有图未必有真相”的时代，甚至 AI 所制造的深度虚假（Deep fake）内容不仅看起来更加“真实”，也更加难以检测和证伪。这轻则会给新闻传播业带来更多不确定性，重则导致整个社会信任体系的崩塌，诚如纽约州立大学奥尔巴尼分校计算机工程系吕思伟副教授所言：“当新闻可以虚假时，真实新闻也会变得‘不真实’，最终造成受众无法相信任何新闻的窘境，对社会来说，这是一场史无前例的信任危机。”①

可以预见，未来真相与虚假之争仍会继续，而且，这很有可能将会是一场持久战。从好的一面看，以人工智能为代表的新技术集群已经开始对人的价值理性发出拷问，这将使人们对技术的态度从过去的一味“审美”转向慎重“审思”，无论是人工智能所引发的虚假信息，还是算法带来的“信息茧房”“过滤气泡”，都将引发人们越来越多的关注与警惕。人工智能与人类智能应当保持一种怎样的关系？工具理性和价值理性究竟该如何平衡？这些都将成为未来全球新闻传播领域需要深思的问题。

（四）本地新闻有望迎来复兴

数字媒体在其高速发展过程中，不仅以纷繁多元的新技术、新形态、新应用刷新着广大用户的观感，同时也在另一些地方带来了“数字鸿沟”和“新闻荒漠”。美国北卡罗来纳大学 2018 年发布的一份研究报告显示，自 2004 年以来，有 1800 多家美国报纸相继停刊，其中绝大多数是地方报纸；在美国 3143 个县中，目前只有一半还保留了自己的报纸，其中绝大多数是小型周报，有 200 多个县根本没有报纸；全美有超过 1300 个社群成为新闻报道的“盲区”，缺乏与之相关的公共事务报道。由于地方新闻和社群媒体的日渐式微，有关基层社区规划、税收、教育、卫生等公共事务的报道成为

① 《假新闻崩坏信任体系　与人工智能大战任重道远》，《科技日报》2018 年 9 月 26 日，http：//www. robot - china. com/news/201809/26/53451. html。

可遇而不可求的“稀缺产品”。①

在这样的大背景下，加之平台遭遇的种种现实挑战，2018 年，海外各大新闻媒体和社交平台纷纷在本地新闻（Local News）上竞相发力，这可能预示，过去“新闻荒漠”的现象将迎来改观，甚至本地新闻或将成为未来新闻业的关键驱动力。

在美国，新泽西州于 2018 年 7 月通过了《公民信息法案》，旨在为一些小微初创媒体提供总计 500 万美元的资助，以提升地方新闻质量。② 美国广播公司（ABC）则启动了一个名为“Localish”的数字化第一品牌，专注于为全国观众收集本地内容。目前，Localish 第一个系列“More in Common”的第一集已于 2018 年 7 月 21 日在 Facebook Watch 上线。③

在英国，在一场轰轰烈烈的#onenorth 报道推动下，由 BBC 主导建立了覆盖全英的本地新闻合作项目——本地新闻合作计划协议（LNP），该计划利用 BBC 的影响力和新闻资源来支持地区媒体，并强化新闻在民主中的作用。在未来 11 年中，BBC 将每年提供 800 万英镑（约合 7000 万人民币），为代表全国 800 多家媒体中的 90 多家媒体提供基础设施，使它们能相互连接，共享彼此的内容资源。④

社交媒体也试图通过本地新闻拉近用户与自己的距离。2018 年初，Facebook 就开始测试其主推本地新闻的新板块“Today In”⑤；11 月，又宣布投入 600 万美元启动一项社区新闻项目，以支持英国本地新闻业发展；同时将“Today In”推广至美国 400 余座城市中，并开始测试来自相关政府页面的本地警报，在澳大利亚进行首个国际测试。SnapchatShows 宣布在英国

① 史安斌、胡宇：《消除“信息贫困”：挑战与应对》，《青年记者》2018 年第 31 期。

② 史安斌、王沛楠：《2019 全球新闻传播新趋势：基于五大热点话题的全球访谈》，《新闻记者》2019 年第 2 期。

③ 《平台 & 大媒体都在输血本地新闻，这样的合作模式真的可持续吗?》，腾讯传媒，https：//mp. weixin. qq. com/s/wJmTUn9bI-4hZ8UWSGQDfA，2018 年 12 月 10 日。

④ 《进击的 BBC：联动全英媒体打造 LNP 项目，深度发力本地新闻》，腾讯传媒，https：//mp. weixin. qq. com/s/Hu_ RXHTKk04OOcftFriy1w，2018 年 11 月 23 日。

⑤ 《Facebook 测试新功能 Today In，主推本地新闻》，腾讯科技，http：//www. sohu. com/a/216151794_ 118792，2018 年 1 月 12 日。

推出 25 款本地化的优质视频系列，与 Instagram 的 IGTV 和 YouTube 竞争。① 2018 年，Facebook 已与 CNN、福克斯新闻等多家新闻服务提供商合作，由 Facebook 为它们提供资金和播放平台，打造原创的独家新闻节目。

在中国，县级融媒体中心建设也已经铺开。2019 年 1 月，《县级融媒体中心省级技术平台规范要求》和《县级融媒体中心建设规范》发布实施。这意味着，中国持续几年的媒体融合建设已经开始由央级主流媒体所代表的“中央厨房”模式开始向基层下沉，这也将为本地新闻带来新的生机。

美国《社区影响报》（*Community Impact Newspaper*）创始人兼首席执行官 John Garrett 预测：“对高质量社区新闻日益增长的需求，将继续推动创业工作，以填补传统新闻业成本削减举措留下的空白。与以往任何时候相比，无论是新媒体还是纸媒，地方新闻工作将更加独立。与此同时，地方商业广告的增长将为地方新闻助力。社区新闻将迎来一个好年头。”②

报纸、广播、电视缔造了西方主导的全球传播生态，依靠的是印刷术、二极管、半导体等传播技术，形成的是技术/资源主导的中心扩散式的传播模式和传播生态；网络和社交媒体等打破了资源和技术的垄断，开放的没有边界的网络提供了一种新的传媒秩序和世界传播格局，基于网络衍生出来的传播终端的创新将把内容的捆绑部分解脱出来，绕过政治和文化的、历史的壁垒实现有效的跨文化传播，西媒设立的技术和资源边界将被推倒，文化边界扁平、语境崩塌、主体重构、生态重建的形势正在生成过程中。

---

① 《Snapchat 在英国全新推出 25 个当地视频节目》，腾讯新闻，https：//news. qq. com/a/20181103/006503. htm，2018 年 11 月 3 日。

② 《2019 全球媒体发展预测：37 位国际新闻界大咖对趋势的判断》，腾讯新闻，https：//mp. weixin. qq. com/s/ht5DmNF9JiZxJpf72UdZzQ，2019 年 1 月 2 日。

政策—法律篇

Reports on Policy-Law

B.2
论传播生态与做大做强国际传播

江和平*

摘　要： 对于中国国际电视台（中国环球电视网，CGTN）的建设发展而言，需要从认识论到方法论、从顶层设计到具体运营、从内部建设到外部环境，进行全盘化、全景式、整体性的思考和规划。本文认为，CGTN要行稳致远，做大做强国际传播，归根到底需改变自身的生存发展状态，增值品牌传播。

关键词： 国际传播　CGTN　传播生态

在传播领域，用生态学的方式认识、解析、研究媒体已被广泛接受。生

* 江和平，中央电视台新闻中心副主任、外语频道总监。

态研究是体系化的研究，注重内部和外部环境，强调各种因素之间的相互关系和影响。中国国际电视台（中国环球电视网，CGTN）国际传播的建设发展是一项系统工程，需要从认识论到方法论、从顶层设计到具体运营、从内部建设到外部环境进行全盘化、全景式、整体性思考和规划。笔者认为，CGTN 的国际传播要行稳致远、做大做强，归根到底需改变自身的生存发展状态。本文采用传播生态的研究方式，以中国传统的文化思想讲述 CGTN 在国际传播建设中的思考和探索。

当前，国际主流媒体无一不在思考媒体融合，无一不在进行转型升级。作为一个来自世界东方、来自中国的国际媒体——CGTN 与生俱来具备中国特有的精神内核和气质内涵。我们可以在中国的传统文化和思想理念中找到得心应手的方式和方法，用中国人特有的思想力和行动力认识并践行国际传播。

中国道家的核心思想是“道法自然”，强调以自然为师，顺应自然，顺势而为，体现的是中国人对自然的敬畏、对自然规律的尊重，也是中国人谋事、成事的智慧和哲学。正所谓，大道至简，万法归宗。笔者认为，传播规律与自然规律是触类旁通的，我们可以在自然规律中汲取营养，获得启迪。中国的汉字是表意文字，笔者拟用说文解字的方式，通过对“木”“本”“果”“林”“森”五个汉字的解析，阐释 CGTN 国际传播能力建设的实践。

一 “木”：主干挺拔，枝繁叶茂

木者，树也。一棵大树屹立于天地之间，要有茁壮的树干和葱郁的枝叶。在媒体融合的过程中，CGTN 不断推进自身国际传播能力的建设和发展，就好比种树。以英语传播为例，若将树干比作融合体系的顶层设计，涉及融合体制、机制、政策、技术、措施等方方面面。枝杈长在树干主体上，好比我们在媒体融合的基础上发展建设的多媒体平台，包括电视、网站、客户端、社交账号、视频通讯社等传播渠道。媒体融合的发展如同树干和树枝的一体化生长，“你中有我、我中有你，你就是我、我就是你”；媒体融合的力度、强度、深度，决定着多媒体平台的终端和渠道的繁荣发展。只有树干强壮，才能开枝散叶，衍生出多媒体形态的平台和产品；只有树干强壮，才能给枝叶生长提供足够的养分，确保多媒体产品的内容品质；只有树干强壮，才能承受住茁壮成长的枝杈和累累硕果的分量；只有主体挺拔、强健，才能使媒体跟上业务的发展，不至于受阻或被压弯。

2017 年 10 月，CGTN 融媒中心建成启用。犹如大树参天挺立，一系列英语多媒体平台、渠道、产品的发展依托于 CGTN 融媒中心。作为指挥中枢和大脑，CGTN 融媒中心统领英语国际新闻的内容生产，致力于实现资源共享最大化、传播效益最大化，构建多形式采集、同平台共享、个性化制作、多渠道多终端分发的融媒体样态。

二　由“木”到“本”：固本强基，树大根深

“木”字下面加一横，是“本”字。中国有谚语说：根基牢，树不摇。树木生长需要扎根泥土的根茎；没有根，就是“无本之木”。而“本”正是融媒体发展的“根”。

如果将国际新闻传播体系建设比作树木的生长，那么 CGTN 北京总部与海外区域制作中心就好比树木的“主根”，国内记者站和海外报道员就是“根茎”。北京总部、海外区域制作中心以及全球报道网络建设得好不好，决定着大树的根基扎得深不深、牢不牢，能不能持续有力地从土壤里为树木生长供给养分，能不能让地面上生长的树干经得住外界的风吹雨打。

CGTN 通过持续优化完善国内、国际新闻报道网络，全面提升现场到达、国际表达、持续报道、编辑思想、资源整合、融合传播、议题设置、解读评论等八个能力，将报道能力的“根系”深深植入国际传播的“泥土”，盘根错节，四通八达。目前，CGTN 海外聘用的特约报道员覆盖 40 多个国家和地区，就发展和实际而言，无论是队伍的数量、质量还是区域布局，都还有很大的提升空间。在国内，CGTN 在上海、广州、成都、郑州、沈阳等地建设了英语报道点，今后将升级扩容已有报道点规模并拓展新的报道点。

需要强调的是，CGTN 搭建的是覆盖全球的多媒体报道网络，所有的记者都要向多媒体记者转型，旨在确保前端多媒体发稿。

三 由“木”到“果”：开花结果，硕果累累

“木”字上面加个“田”字，如同树木结出果实，是“果”字。对于 CGTN 来说，“果实”就是呈现给观众、用户的产品，包括电视频道、广播频率、视频通讯社、网站、客户端、播客、社交账号等。

我们的发展战略是“台网并重，先网后台，移动优先”。对应媒体的产品形态，“台”是以电视为主的传统媒体产品，“网”是以新媒体为主的新兴媒体产品。我们力求“两手都要抓，两手都要硬”，在内容生产、平台建设、研发力度等各个方面优先向“网”倾斜。在 CGTN 的产品线建设上，我们着力在移动端和 PC 端打造自有平台级产品——CGTN 移动新闻网。自 CGTN 移动新闻网（CGTN. COM）上线至今，CGTN 移动客户端的下载量约 700 万次，其中国际用户超过九成，与起步较早的半岛台和今日俄罗斯客户端处于同一量级。

CGTN 英语主账号在社交平台上搭建传播矩阵，在全球 12 个新媒体平台上运营了 23 个官方账号，全球活跃粉丝过亿。在此基础上，我们将工作重心转向如何实现粉丝数量向实际传播力、引导力、影响力转化方面。

四 由“木”到“林”，双木成林，桃李芬芳

两个“木”字在一起是“林”字。如果将英语传播比作一棵果树，那么中央广播电视总台其他几十个语种的国际传播，如西班牙语、阿拉伯语、法语、俄语、葡语、德语等，每一个语种都可以比作一棵果树。在茂盛的果林里，栽满苹果树、桃树、李树、杏树、梨树等，桃李芬芳春满园，花果各异，姿态万千。

虽然果树各异，特色不同，但培植生长的道理大抵相同。无论哪种树木

的生长都需要打好根基。CGTN 的“根基”，包括北京总部、海外区域制作中心、记者站以及其他派出机构，北京总部统领全局，统合指挥各语种的全球运营和传播；海外区域制作中心作为中央广播电视总台海外分支机构，负责所在区域的多语种传播，为各语种的采集、分发、营销提供全流程支持，记者站和其他派出机构负责新闻采集和内容制作以及对象国的传播。

在实践和发展中，CGTN 各语种根据实际建立满足自身需求、符合自身特点的融合传播体系，如新闻部分依托于 CGTN 融媒中心，充分共享融媒中心的资源，进行各语种自适性转化。同时，各语种将自己采集制作的新闻资源反哺融媒中心，供其他语种制作、传播、共享。其他内容建设方面，是发力影视综艺类还是纪录片文化类，是主攻电视、广播等传统媒体还是客户端、社交账号等新媒体平台，是中国制作还是本土制作，这些具体环节各有侧重，由每个语种根据传播对象国的特点自主选择。

五　由“木”到“森”：多木成林，广袤无垠

三个“木”字叠加在一起，是“森”字。森林是以树木为主体形成的地表生态系统的象征。

中央广播电视总台由中央电视台、中央人民广播电台、中国国际广播电台整合组建而成，运营着近 50 个电视频道、130 个电台频率、4 个主要新闻网站、38 种报刊，以 55 种外语面向世界传播，覆盖全球 98% 的人口。中央广播电视总台是体量巨大的新型融媒体传播集团，拥有无限的发展和想象空间，CGTN 在总台整体事业格局中一体化生长、发展。

六　土壤、阳光、雨露，缺一不可

从植物的生长规律看，小到一棵树的栽培，大到森林群落的形成，都离不开土壤的培育、阳光的普照、雨露的滋润。CGTN 的生长、发展、壮大同样需要良好适宜的外部环境。

这里的“土壤”是指体制、机制。中央三台合并成立中央广播电视总台，给我们的事业发展搭建了新的体制机制。机构改革有利于资源的汇聚和整合，为我们形成一体化、集束化、多层次、多渠道、多声部、全方位、全覆盖的国际传播体系提供了肥沃的土壤。

这里的“阳光”是指政策支持。就国际传播而言，我们需要内外有别的相关政策支持，不仅仅是报道政策，也包括保障国际化运作的外事、人事、薪酬、商务等配套政策。

这里的“雨露”是指资金投入。媒体竞争拼的是综合实力，离不开财力支撑，CGTN 的快速发展当然也离不开相关政策和资金的扶持。

七　术有专攻：一语一策，一国一策

道，是认识论；术，是方法论。我们培植果树不能“望天收”，还需要掌握种植技巧，懂得如何培土、浇灌、施肥、修枝、嫁接……虽然果树的种植道理大抵相同，但是由于树种不同，所以培植的方式方法不尽相同，要求“因材施育”“术有专攻”。传播亦如是。

首先，面对不同语种、不同地域、不同平台，我们的传播策略需要具有针对性，只有精细到“一语一策”“一国一策”“一平台一策”，才能实现精准化的有效传播。就语种而言，英语面向全球传播，其他语种面向对象国传播。所以，英语传播可以“大而全”，而其他语种则讲究“小而精”。就地区而言，世界各地除语言外，还存在政治、经济、文化等各方面差异。CGTN 的国际传播需要因地制宜，寻找最佳的进入方式。就平台而言，每个平台的特性各不相同，同样的视频内容，电视频道适宜长视频，新媒体适宜短视频，“一键分发”不可一概而论。

其次，“术有专攻”也是对专业的尊重和追求。果园需要果农，森林需要林业人才。在 CGTN 国际传播能力建设的征途中，我们需要怀揣专业梦想和追求完美的新闻人、媒体人，要让专业的人做专业的事。做大做强国际传播不可能一蹴而就，好的创业环境要为敢为天下先者撑腰鼓劲，让他们有胆量、有底气去试、去闯。每一次尝试、每一次失败都如同凋零的花瓣、落叶回归土壤，继而成为哺育树木的养分，将为今后的成功积累经验，培育出更高品质的果实。

八　桃李须言，增值传播

“桃李不言，下自成蹊”，说的是人们往往会被果园里桃树、李树的花朵和果实所吸引，在树下观赏花朵，采撷果实，走来走去自然而然就形成了一条路。

CGTN 的国际传播现状大致如此。综合来看，成功的国际媒体大多经历过商业化运营。新时代、新语境中，我们的国际传播既要尊重市场规律，也要参与市场竞争，但这并不是说要将赢利作为首要目标，而是要将商业思维运用于国际传播建设和运营。

英语新闻的全球传播具有广泛性。好比苹果树，庙堂市井皆可，老少妇孺皆宜。在资本社会和市场经济环境下，我们要围绕产品、针对客户做营销设计。将营销手段和商业模式对应到 CGTN 的英语传播上，就是要细分，进行大众传播、分众传播、精准传播。既要有面向高端用户的定制产品，也要有面向广大受众的公共产品，还要有针对青年人等特定人群的分众产品，通过有效的营销渠道，建立用户最大化的连接和服务能力，将 CGTN 的产品传送到千家万户，让用户爱不释手，这才是增值的品牌传播。

自然界蕴藏着看待万事万物、解决各类问题的方式方法和启示。CGTN 国际传播的生态是相关要素综合在一起组成的生存发展体系。我们要用生态逻辑和思维重构 CGTN 国际传播，从认识论到方法论，探寻符合传播规律与发展规律的“传播之道”。

B.3
网络视听的国际规制体系最新变迁研究

彭　锦*

摘　要：　本文以美国、欧盟、英国、新加坡等国家和地区对网络视听行业的规制探索为入口，介绍并分析其规制亮点。虽然各国各地区的规制体系各有特色，但整体呈现以下趋势：一是推进立法建设，建立与时俱进的法律体系；二是重视融合发展，确立融合型监管机构；三是区分线性和非线性视听服务，渐进式将网络视听纳入既有传媒规制范畴；四是强调行业自律与社会监督，重视媒介素养的培养。

关键词：　网络视听　规制　非线性视听节目服务　媒体融合

网络视听是广播电视与互联网相结合的产物。一方面，由于其内容事关意识形态、文化传播等诸多领域，其在规制体系建设，特别是内容规制领域有严格而特殊的要求；另一方面，作为互联网领域发展动力最强劲、活力最充沛的服务之一，网络视听对新技术、新业态有极强的包容性。如何平衡发展与管理，如何衔接既有的传媒规制体系，是各国在网络视听规制建设中都面临的问题。本文以美国、欧盟、英国、新加坡等国家和地区对网络视听的规制探索为入口，探寻当前网络视听的规制思路及趋势。

---

* 彭锦，北京外国语大学国际新闻与传播学院博士研究生，国家广播电视总局发展研究中心新媒体所助理研究员。

一　全球网络视听领域规制背景

（一）网络视听行业发展概况

网络视听行业的快速发展，离不开互联网在全球的迅速普及。全球数据统计机构 Internet World Stats 数据显示，2000～2018 年的 18 年中，全球互联网用户增长率达到 1066%。截至 2018 年 6 月 30 日，全球互联网用户数已经达到 42.09 亿，互联网普及率超过 55.1%。[①] 其中，北美地区以 95.0% 的互联网普及率位居第一，其次为欧洲，普及率达到 85.2%；亚洲和非洲地区的互联网普及率均未过半，仅为 49.0% 和 36.1%。[②]

在互联网各项应用中，网络视听正占据着越来越重要的地位。从流量占比看，在线视频在互联网各类应用中的流量占比早已达到 70% 以上，据全球网络解决方案供应商思科（Cisco）预测，到 2021 年全球 IP 视频流量占所有 IP 流量（含企业和消费者）的比例将达到 82%。[③] 从用户习惯看，网络视听正成为人们获取信息、娱乐消费、社交互动的重要依托。研究显示，2019 年初全世界有超过 40 亿人观看在线视频，且 92% 的互联网用户每个月都有在线观看行为。[④] 在美国，61% 的 18～29 岁年轻人主要通过互联网流媒体观看视频，与之相对，该群体中只有 31% 的人看有线电视或卫星电视。[⑤] 在观看时长方面，全球内容分发网络（CDN）提供商 Limelight Networks 的在线视频分析报告显示，2017 年人们每周观看在线视频的平均

---

① Internet World Stats 官方网站，http：//www.internetworldstats.com/stats.htm。

② Internet World Stats 官方网站，http：//www.internetworldstats.com/stats.htm。

③ https：//www.cisco.com/c/dam/global/zh_cn/solutions/collateral/service-provider/visual-networking-index-vni/vni-hyperconnectivity-wp-CN.pdf? oid=wprsi001574。

④ https：//www.useit.com.cn/thread-22153-1-1.html.

⑤ 美国互联网广告署（Interactive Advertising Bureau，IAB），*Video Landscape Report*，May 2018。

时长已经达到5.75小时。① 无论是从产业发展，还是对人们日常生活的渗透程度，网络视听都已经成为数字时代发展最迅速、影响最深远的领域之一。

（二）既有规制体系面临的挑战

网络视听行业的快速发展一方面极大地满足着人们日益增长的视听需求，另一方面其丰富多样的生态体系和层出不穷的新技术、新业态对既有的规制体系正提出诸多挑战。

一是网络视听行业生态复杂、参与主体众多。互联网去中心化、非线性及交互性强的传播特点，让网络视听参与主体的多元与相互交叠成为可能（见图1）。内容生产者、传播者、消费者的界限日益模糊；同时，视听创作、生产和传播的模式与场景日益多元。内容生产领域，既包括原传媒行业内容生产者和以Netflix为代表的新兴内容生产者提供的专业内容（PGC），又包括不可计数的用户生产内容（UGC）和职业生产内容（OGC）；内容传输主体覆盖了有线、卫星、互联网、移动互联网等；消费终端涵盖电视、平板、手机、游戏机、车载视听系统、可穿戴设备等；此外还有内容集成平台、社交媒体等之前不曾存在的参与主体。一个复杂、多样、跨界频繁的生态体系，促进着行业的繁荣发展，也带来了诸多未曾出现的规制难题。

二是新旧媒体的融合，对既有规制体系中的机构准入管理提出严峻挑战。传统媒体频频“触网”，新兴媒体频频“触电”，传统媒体与视听新媒体“你中有我”“我中有你”的融合趋势越发明显。如何界定规制对象？如何确定准入标准？如何划分许可证的业务范畴？这些都是网络视听行业管理部门急需回答的问题。

三是互联网带来的泛媒介化已经严重挑战现行内容监管体系。物物皆媒介，事事皆数据，人人皆传播，原来只属于少数传媒机构和部分专业传媒精

---

① Limelight Networks, *The State of online Video 2017*。该报告，基于在美国、英国、法国、德国、印度、韩国、菲律宾、新加坡等国展开的在线视频调研。

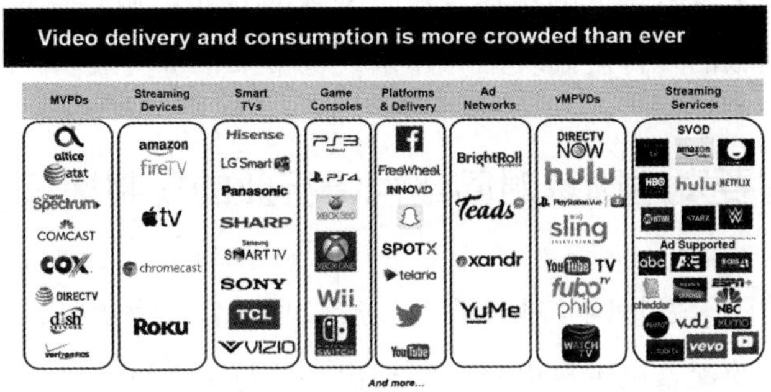

图 1　网络视听行业复杂多样的参与主体

资源来源：美国互联网广告署（Interactive Advertising Bureau, IAB）, *Video Landscape Report*, May 2018。

英的话语权正在解构甚至崩塌，与之相对的内容规制体系也正变得捉襟见肘、不合时宜。当人人可以成为视听内容的产消者，如何监管、规制和引导内容的生产与传播？如何应对规制对象从点到面的巨大转变？

四是层出不穷的新业态正对监管范畴带来挑战。近年来，网络直播、短视频、虚拟现实、增强现实等新业态的快速发展，已经一次次反映出既有规制政策的滞后。未来，随着物联网的快速发展及智能媒体的崛起，人们的数字生活将进入一个新的时代。世界将是“屏”的，视听生产、传播和消费将无处不在，无时不在。如何调整既有规制政策，匹配新技术和新业态的发展？如何平衡创新与管理，维护行业秩序？

五是网络视听行业的快速发展，将对既有监管能力带来巨大挑战。研究显示，2016～2021 年，全球 IP 视频流量将增长 3 倍，互联网视频流量将增长 4 倍，视频点播（VOD）流量将翻番，视频直播流量将增长 15 倍，虚拟现实和增强现实流量将增长 20 倍。到 2021 年，网络上的视频量每秒将达到 100 万分钟。[①] 面对如此海量的视听内容，需要怎样的力量才能实现有效监测和管理？

---

① 思科视觉网络指数（Visual Networking Index, VNI）：《全球 IP 视频流量预测（2016～2021）》。

此外，网络视听行业的快速发展，对隐私保护、版权保护、网络安全、文化安全等领域的现行规制政策和体系，也带来很多挑战。

二　主要发达国家对网络视听行业的规制探索与实践

欧洲、美国等发达国家的互联网发展较早、普及率更高，在网络视听发展与管理领域的探索也更早更多，涌现出一些特色，沉淀了一些经验。

（一）美国对网络视听行业的规制探索

美国对互联网的管理已经相对完善和成熟。一方面鼓励创新与竞争，推动产业发展；另一方面不断完善相关法律法规，细化管理。

1. 融合型监管机构的确立

美国联邦通信委员会（Federal Communications Commission，FCC）是美国网络视听行业的核心规制部门，也是统一管理电信、广播电视和互联网的融合型规制机构。① 该委员会的成立依据是1934年《通信法》，最初监管范畴中与视听相关的主要是广播和电视（包括有线电视和卫星电视）。1996年《电子通信法》将互联网和电信业务也交予该委员会管理。根据1934年《通信法》，FCC是拥有部分准立法权、司法权和行政权的独立监管机构，以此为基础制定各项FCC规则。目前FCC的规则制定一般分为调查、分析、制定、再审查四个阶段。在制定规则之前，先由FCC或者外部团体提出规则制定的提案，FCC对此作出不同回应，如否决提案，或是同意提案并发布公告，或是启动调查程序并发布公告，或是修正调查报告。

此外，美国联邦贸易委员会（Federal Trade Commission，FTC）也是网络视听领域的重要规制机构，其规制重点是在线广告与行业的不正当竞争。② 在2017年末废除"网络中立"的新政策中，FCC不再监管宽带互联

---

① FCC官方网站：https：//www. fcc. gov/。

② FTC官方网站：https：//www. ftc. gov/。

网接入服务商屏蔽、调控、优待某些流量和内容的行为，但 FTC 仍可以从不正当竞争和保护消费者的角度，对互联网接入服务商的行为进行监管。

2. 对网络视听实行分类细化管理

涉及网络视听行业，目前 FCC 的管理内容既包括制定通信业和与新媒体视频内容相关的具体政策法规、战略规划及出台扶持政策，也包括发放并更新通信运营商的许可证、处理公众投诉、开展听证活动等。具体到网络视听行业最典型的在线视频业务，FCC 已经建立了较为健全且细致的管理分类。其中，FCC 界定“在线视频传输商”（OVD）是基于互联网传输视频服务的各类服务商，就是广义范畴的网络视频（OTT TV）服务商。按照业务模式与商业模式，FCC 将网络视频服务商分为五大类。

一是线性订阅型服务（Subscription Linear）。此类服务主要指的是网络分销商以收取月租费的方式，提供可订阅的、连续的、线性播放的视频内容，付费 IPTV 业务即是典型代表。如 2014 年推出的 Sony Play Station、Dish Sling TV，2016 年推出的 Sky Angel 等服务。

二是点播订阅型服务（Subscription On-Demand）。此类服务是由互联网分销商提供的，只需缴纳固定订阅费，即可观看电影、电视或者其他视频内容。Amazon Prime、Hulu Plus 和 Netflix 是这类服务的典型代表。

三是按需付费点播服务（Transactional On-Demand）。此类服务也由互联网分销商提供，但节目内容实行按需收费，用户在特别时间段可以观看或者下载付费内容，比如 Google Play、XBOX Video 等服务。

四是基于广告的线性点播服务（Ad-Based Linear and On-Demand）。此类服务由互联网分销商提供，在支持广告的基础上向观众提供可选择的或线性的免费电视、电影或其他视频内容，比如 Hulu 和 YouTube。

五是按需点播线性服务（Transactional Linear）。此类服务是在按需缴费的基础上提供连续的线性节目，类似于付费轮播业务。

长期以来，以上五类服务提供商除了需向 FCC 申请执照和遵守基本的内容规范、版权规范外，管理部门基本对其没有其他规制要求。但随着网络视听行业的影响力越来越大，FCC 逐渐将对部分网络视听服务的管理与对传统媒体的管理看齐。比如，2014 年 12 月，FCC 提出把第一类网络视听服务（即线性订阅型服务）纳入传统电视网服务商（MVPD）定义范畴，确保当传统电视网服务商将自己的服务转换成互联网服务时，还能够适用于传统电视服务在促进竞争方面的相关法律法规。同时，也让新兴网络视频服务商在竞争中有法可循。

（二）欧盟对网络视听行业的规制探索

针对数字和网络技术，以及媒介融合对内容生产、渠道传输、终端消费等带来的变化，欧盟谨慎但主动地不断调整既有规制思路。

1. 出台《视听媒体服务指令》，提出“视听媒体”概念

2007 年，欧盟出台《视听媒体服务指令》，并用该指令取代了在欧盟传媒管理中具有核心地位的《电视无国界指令》。在《视听媒体服务指令》中，欧盟明确提出“视听媒体”（Audiovisual Media）概念，统一指代所有“由运动的图像和声音构成”的视听内容服务，这就既包括广播、电视等传统媒体服务，也包括 IP 电视、互联网电视、手机电视、移动新媒体等新兴视听媒体服务。与之相对，《视听媒体服务指令》对规制对象也进行了新的界定，用“视听媒体服务”和“媒体服务提供者”两个词分别取代《电视无国界指令》中的“广播电视”和“广电机构”，把提供视听服务的互联网公司等新兴机构纳入规制范畴。①

欧盟对网络视听服务的整体规制思路，是将新兴网络视听服务纳入既有规制体系。但这一过程又是十分谨慎的，最显著的特征即是分类管理。在《视听媒体服务指令》中，欧盟根据用户在时间和节目中的控制程度，把所有的视听节目服务区分为“线性”和“非线性”视听媒体服务两种形态。“线性视听媒体服务”是服务提供者根据固定时间表把内容推送给用户的服务，如传统的广播电视节目；“非线性视听媒体服务”是用户决定何时收看

① https://ec.europa.eu/digital-single-market/en/audiovisual-media-services-directive-avmsd.

的媒体服务，如新兴媒体提供的点播、视频回放等服务。两种服务共同遵循信息提供的基本规则，履行媒体义务，但因用户的选择权不同，二者在规制的宽严方面有一定区别。

2. 强化内容监管，对非法有害内容实行线性、非线性同尺度管理

新兴网络视听服务和传统媒体服务虽然在规制的宽严方面有一定区别，但涉及非法内容、有害内容和版权管理时，二者规制尺度相同。

一是非法内容。根据界定，非法内容是由警察和法律授权机构处理的违反欧盟法律和各国国内立法的内容，如青少年情色、种族歧视和反犹太主义。具体由各国国内立法和法律合作协议规定规制及惩罚措施。互联网电视、手机电视、移动新媒体与传统广播电视媒体一样，均需遵守相关法律法规，履行媒体义务。

二是有害内容。根据界定，有害内容包括那些不禁止但应该限制在一定范围内传播的内容。这些内容从言论自由的角度可以公开发行，但有可能对部分群体构成侵犯。在网络视听领域，欧盟鼓励视听服务平台开发过滤技术，建立并完善计费机制等控制有害内容的触达范围。如通过计费机制增强一般消费者的自律性，同时增加父母管理孩子使用视听媒体行为的便利性。

三是版权管理。在网络视听媒体发展之初，版权侵权现象非常严重。早在 2001 年，欧盟颁布《版权指令》，逐步统一各成员国在新媒体环境下的版权以及相关权益的保护制度。2018 年 9 月，欧盟议会表决通过新的《数字化单一市场版权指令》草案。其中，第 11 条明确了“超链接税”，即网络平台一旦置入其他新闻机构的超链接，就必须向该新闻机构付费。第 13 条则规定，互联网平台需审查其用户上传的内容是否侵犯版权，并承担相关法律责任。这些规定虽尚未正式成为法律，但对网络视听节目版权的审查、版权使用与受益等都给出了清晰的指导。

3. 设立统一监管机构，重视“自我监管”和“联合监管”

在网络视听领域，欧盟一直致力于建立独立的、单一的监管机构。早在 2003 年，欧盟委员会确立了一个非正式群体负责网络视听的监管工作。这一群体由欧盟成员国、候选国和欧洲经济区成员国在视听领域的监管部门组

成，每年在布鲁塞尔召开一次会议，拟在欧洲范围内形成统一监管。

此外，随着“非线性视听媒体服务”的快速发展，欧盟清晰地认识到很难对新兴网络视听媒体服务进行与传统视听节目类似的监管，特别是对欧洲以外的网络视听服务商提供的服务进行监管。为此，欧盟高度重视网络视听媒体服务商的“自我监管”，以及各参与者的“联合监管”。以“联合监管”为例，互联网行业组织、其他非政府组织，以及欧盟的网络热线都发挥着非常重要的作用。目前，欧盟网络热线行动在各成员国已经得到了很好的执行，并不断向欧盟新成员国、成员申请国以及产生非法内容的其他欧洲国家进行覆盖。公众通过热线向司法机关报告非法内容、有害内容、侵权内容等，对视听新媒体的内容监督与管理提供了巨大帮助。

（三）英国对网络视听行业的规制探索

英国近年来在网络视听领域的融合型监管也卓有成效。

1. 成立融合型规制机构 Ofcom

英国通信管理局（Ofcom）是英国网络视听行业的主要规制部门。其建立依据是2003年英国新的《通信法》，全面负责电信业、广播电视行业和媒体内容等的监管。它的建立可以看作英国对互联网和信息技术飞速发展的应对措施之一，其功能上把原来对广播电视和电信行业实施监管的五家机构（电信管制局、广播标准委员会、独立电视委员会、无线局和无线通信局）整合为单一的融合型监管部门。Ofcom 是向议会负责的独立规制机构，在机构内部组织和运作上具有高度的自主权，在财务上只接受国家审计办公室的审计和监督。①

Ofcom 在网络视听行业已经建立了相对完善的管理制度。一是在准入管理方面，英国商业视听媒体服务的牌照皆由 Ofcom 颁发。2016 年以前，英国媒体市场的点播服务曾由英国视频点播服务联合管理机构（Authority for Television On Demand，ATVOD）管理。2015 年 10 月，该机构向 Ofcom 移交完毕点播服务的管理权限。自 2016 年 1 月 1 日开始，Ofcom 已经独自监管

① Ofcom 官网：https：//www. ofcom. org. uk/。

英国视频点播服务。[①] 二是在内容管理方面，Ofcom 董事会中的内容委员会负责内容监管、媒体教育等，并就涉及内容、文化产业等方面的事务向董事会提供咨询。值得注意的是，由于英国公营和私营高度分立的传媒体系，自建立以来，Ofcom 在视听内容领域的监管主要面向商业视听媒体（ITV、SKY 等），但随着英国广播公司（BBC）业务数字化及融媒体业务的全面铺开，Ofcom 对 BBC 的监管逐渐从产业发展向包括内容在内的全领域渗透。自 2017 年 4 月开始，Ofcom 对 BBC 的监管进一步加强。[②] 三是在渠道管理方面，Ofcom 把广播电视和电信网络都视为统一的电子通信网络，实施相同的管理标准。

2. 加强内容规制，区分线性和非线性视听服务管理

虽然英国尚未对网络视听内容出台单独法案，但在实际管理中非常重视内容规制。

一是对网络视听领域的非法内容实施严格的管理政策。英国对新媒体非法内容的界定目前基本沿用既有法律的规定与要求，如不得传播暴力、歧视、谩骂、种族主义、损害消费者身心健康、造成消费者财务损失、盗版、侵犯隐私以及有误导性的内容等。对于在网络上传播的数字内容，由英国电影分级委员会（BBFC）下设的专门机构 BBFC Online 进行审核和分级。

二是高度重视对未成年人的保护。如 2017 年 4 月通过的《数字经济法案》，对限制未成年人访问色情网站有专门规定。此外，英国儿童网络安全委员会（UKCCIS）、互联网监看基金会（IWF）、英国互联网服务提供商协会（ISPA UK）、独立移动内容分级机构（IMCB）等组织均在协助政府完成儿童安全上网工作。

Ofcom 并未对网络视听内容进行一刀切的管理，在很多方面区别规制“线性视听服务”和“非线性视听服务”（见表 1）。

---

① https：//www. ofcom. org. uk/tv – radio – and – on – demand/advice – for – consumers/television/video – on – demand.

② https：//www. ofcom. org. uk/tv – radio – and – on – demand/information – for – industry/bbc – operating – framework.

表1　英国线性以及非线性视听服务管理区别一览

线性视听媒体服务必须遵守	非线性视听媒体必须遵守
广告总量限制	不应伤害未成年人的身体、精力或者智力发育
明确规定欧洲节目在总量中的占比	推广欧洲的节目作品，但是推广数量并没有要求
字幕提供义务	字幕提供属于自愿性质

（四）新加坡对网络视听行业的规制探索

新加坡是世界上网络普及率较高和率先公开推行网络监管制度的国家，其探索也很有借鉴意义。

1. 不断调整规制体系，对信息和传媒行业实施融合监管

新加坡在网络视听领域的行业主管部门近年来一直在调整和完善。大致可以分为以下阶段。

第一阶段：网络视听服务兴起，将其视为广播服务进行管理。1994 年，新加坡将互联网视为广播服务由新加坡广播管理局进行管理。1996 年，新加坡颁布了《广播法》和《互联网操作规则》两部互联网管理的基础性法规。《广播法》规定了互联网管理的主体范围和分类许可制度，《互联网操作规则》则明确规定了互联网服务提供者和内容提供商应承担自审内容或者配合政府要求的责任。两部法规均明确由新加坡广播管理局对网络内容实施管制，该局享有对“危害国内和平”“有损公共利益或公共秩序”“有违良好品位或正当性”等违法行为的行政处罚权。

第二阶段：网络视听服务快速发展，从大视听的角度开始传统媒体与新兴媒体的融合管理。2003 年 1 月，新加坡广播管理局、影片及刊物局和新加坡电影委员会合并，组建为新加坡媒体发展管理局（MDA）。其主要职责是维护国家共同价值观，制定互联网的开发与发展规划（含对网络服务提供商的管理），审查网络传播内容，构建互联网行业自律体系，推动传媒业的健康有序发展，保护消费者的合法权益。该机构的设立把电视、电影、刊物、互联网服务纳入同一规制体系，实现传媒行业内部的融合规制。

第三阶段：随着信息通信与媒体行业的界限日益模糊，对信息和传媒行业实施融合管理。2016 年 1 月，新加坡政府宣布重组通信和媒体规制机构，将新加坡资讯通信发展管理局（IDA）与新加坡媒体发展管理局（MDA）重组为新加坡资讯通信媒体发展局（IMDA）和政府科技局（GTO），其中前者着重于发展和监管信息通信业和传媒业；后者专门负责政府机构的信息科技服务。①

2. 设立研究及指导机构，强化网络视听内容的多元监管

为优化行业发展环境，保证网络视听领域的健康发展，新加坡政府设立了各类专业咨询机构、公共教育和网络健康使用指导机构。前者协助政府制定各项发展规划、分析行业发展现状并评估现行行业政策等，如由政府机构、互联网服务提供商与内容提供商、法律界、教育界和科学研究机构等各方代表组成的国家互联网顾问委员会；后者提供公众教育、网络健康使用方面的资源和培训，如为公众尤其是家长提供长期培训和指导，协助家长帮助孩子有辨别、有作为地使用网络的互联网家长顾问小组；提供公众教育项目，引导公众健康、负责任上网的媒介认知委员会；提供视听消费指导的互联网内容分级协会等。广泛而专业的社会参与，提高了管理的科学性和有效性，也增强了公民生产、传播和消费网络视听内容的专业性和合法性。

三　网络视听领域国际规制呈现的特点与趋势

（一）推进立法建设，建立与时俱进的法律体系

立法先行，是主要发达国家进行网络视听规制体系建设的基础。一是通过立法，为重新梳理规制体系、设立新的规制机构提供依据。如欧盟以《视听媒体服务指令》为依据，将网络视听服务纳入监管体系；英国以 2003 年《通信法》为依据，建立融合型监管机构 Ofcom，在 2017 年通过的《数

① IMDA 官网：https：//www. imda. gov. sg/。

字经济法案》中，又对 Ofcom 的职能作出与时俱进的规定。二是通过立法，确立网络视听行业管理的基本政策和原则。美国有关互联网的法律超过 130 项，仅以儿童在线保护为例，美国于 1998 年、2000 年分别颁布实施《儿童在线保护法》《儿童互联网保护法》，以规范网络视频色情淫秽内容和未成年人隐私侵权问题，为未成年人提供绿色安全的上网环境。与时俱进的立法建设，真正做到"带上刹车又上路"的规制引导效果，让创新发展有规可循、有法可依。

（二）重视融合发展，确立融合型监管机构

融合型监管机构的确立，已经成为很多国家开展网络视听行业管理的主要趋势。除美国 FCC 和英国 Ofcom 外，澳大利亚和法国等也把确立融合型监管机构作为规制的重要抓手。2005 年，澳大利亚联邦政府对广播、电视、电信与互联网实行联合管理，成立了澳大利亚传播和媒体管理局（ACMA），负责对所有媒体的信息传播进行监管。该机构目前是澳大利亚引导与管理网络视听行业的核心机构。在法国，最高视听委员会（CSA）是广电视听业务的最高规制机构，统一管理包括公营、私营、全国和地方的广播电视节目内容。近年来，随着视听媒体融合业务的快速发展，CSA 于 2014 年向法国国会提议，要求把监管范围从传统的电视节目内容，扩大到包括视频网站在内的视听媒体内容。

（三）区分线性和非线性视听服务，渐进式将网络视听纳入既有传媒规制范畴

目前，美国、欧盟、英国等国对网络视听媒体的规制，都呈现既积极又谨慎的态度。一方面，从保护创新的角度，为非线性视听媒体服务提供更宽松的政策环境；另一方面，充分考虑到视听内容的意识形态属性，在内容规制领域向传统媒体看齐，并逐渐在其他方面渐进式地将网络视听纳入既有传媒规制范畴。以美国为例，2015 年 FCC 向国会建议扩大监听法的覆盖范围，对视听新媒体进行"合法监听"；2016 年 FCC 要求视听节目内容提供商也

履行传统媒体提供字幕的要求，即为所有在线视听节目添加字幕，包括视频剪辑及其他在线直播视频节目。欧盟则参照传统媒体的内容占比，呼吁限定欧洲内容在流媒体视频服务中的最低比例，如要求 Netflix、亚马逊等美国媒体服务商在欧洲开展业务时，需要确保其播出内容至少有 20% 的欧洲作品，以保护本土文化。可以预期，新兴视听媒体与传统媒体的趋同性管理将会越来越普遍。

（四）强调行业自律与社会监督，重视媒介素养的培养

面对海量的网络视听内容，以及其国际化传播的特性，许多发达国家都把网络视听参与主体的自律和来自社会各界的监督置于更加重要的位置。如欧盟的“自我监管”和“联合监管”，美国、英国、新加坡等国设立的各类监督、指导机构。同时，通过培养公众媒介素养，提高其责任感、规范其网络使用行为，为网络视听的有序发展提供更好环境。

B.4
全球传播时代的社交媒体新冲突

史安斌　张耀钟　谢张天*

摘　要： 美俄关系在2016年美国指责俄罗斯通过社交媒体等方式干预选举后急剧紧张，并由此掀起了双方在媒体和文化层面的冲突。社交媒体在其中扮演了非常重要的角色，通过“信息战”等方式影响公众，维护本国政府利益、打击国外敌对势力的趋势，代表了社交媒体发展对于国际政治和公共外交产生的深刻影响。本文以俄罗斯的“互联网研究所”（IRA）在美国的运作与美国运用《外国代理人登记法案》（FARA）对俄罗斯进行反制的事件为案例，分析和梳理这场社交媒体冲突的来龙去脉，并以此分析全球传播时代以社交平台为核心开展的媒体战与心理战所表现出的新动向和新特点，并结合我国对外传播面临的新挑战提出相应的对策建议。

关键词： 全球传播　国际政治　公共外交　社交媒体

2014年以来，美俄关系长期处于紧张状态，特别是2016年大选中美国指责俄罗斯通过社交媒体等方式干预选举后，更是严重激化了双方的矛盾与猜疑。自此，美国和俄罗斯之间展开了新一轮的“媒体冲突”，基于大众媒

---

* 史安斌，清华大学新闻与传播学院副院长、教育部青年长江学者特聘教授；张耀钟，清华大学新闻与传播学院博士研究生；谢张天，清华大学新闻与传播学院硕士研究生。清华大学新闻与传播学院的博士研究生王沛楠、硕士研究生胡宇对本文亦有贡献。

介、互联网和社交媒体相互对抗。社交媒体在这场冲突中扮演了非常重要的角色，特别是俄罗斯利用社交媒体直接打入美国舆论内部，通过“信息战”等方式在线上和线下维护本国政府利益，打击敌对势力，说明社交媒体发展对于国际政治和公共外交产生了深刻影响。

在这场社交媒体冲突中，俄罗斯的“互联网研究所”（Internet Research Agency，IRA）作为一个隐匿在公众视线之外的机构，却扮演了极为重要的角色。本文以 IRA 在美国的运作以及美国运用《外国代理人登记法案》（*Foreign Agents Registration Act*，FARA）对俄罗斯进行反制的典型案例，分析和梳理这场社交媒体冲突的来龙去脉，并以此分析全球传播时代以社交平台为核心开展的媒体战与心理战所表现出的新动向和新特点，并结合我国对外传播面临的新挑战提出相应的对策建议。

一 美俄政治冲突：社交媒体冲突的起源

由于特殊的历史背景，美俄关系长期以来受到国际社会的高度关注。美俄关系的变化，在一定程度上甚至能够影响整个国际关系的走向。2014 年，以乌克兰亲欧盟示威事件和克里米亚危机为代表，美俄关系发生了重大的转折。俄罗斯认为不能任由北约及欧盟在克里米亚建立军事基地，否则美国可以直接把核武导弹和轰炸机部署在莫斯科附近。由于俄国境内民意高涨主战派声浪不断，普京总统断然下令出兵占领了克里米亚并介入乌克兰内战，建立了东乌的亲俄势力圈，与亲北约的西乌对峙至今。当代美俄关系依然是建立在不直接交战状态上，但是双方的外交与意识形态战争白热化。

2016 年 10 月及 12 月，美国情报体系称确信俄罗斯通过美方称之为“灰熊草原”（Grizzly Steppe）的行动干预了 2016 年美国总统选举。[①] 在一份联合声明中，美国国家情报机构与国土安全部共同指控俄罗斯黑客入侵了

① Greenberg, Jon, “Reince Priebus Falsely Claims No Conclusive Report Whether Russia Tried to Influence Election”, Politifact. com, December 11, 2016.

“民主党全国委员会”的网络，并将相关文件泄露给“维基解密”网站，从而暗中帮助特朗普团队干预大选走势。他们甚至怀疑俄罗斯总统普京亲自策划行动。俄罗斯否认对其的指控，也否认普京牵扯其中。

2016 年 12 月 29 日，美国总统贝拉克・奥巴马签署行政命令，驱逐 35 名俄罗斯外交官，对外声称是为了报复俄罗斯对 2016 年美国总统选举的干扰。① 由于事发突然，2017 年元旦当日，近百名俄官员与家属改乘俄政府所安排的专机以便顺利离境，美俄关系因此进一步恶化。②

特朗普赢得 2016 年美国总统选举后，俄罗斯总统普京向其伸出橄榄枝，愿与其展开合作。但是特朗普也面临对国会和俄罗斯的两难，例如特朗普无法直接不听国会的话，可能须接受自己无法否决的对俄罗斯制裁案。最后特朗普在“通俄门”危机中，于 2017 年 8 月 2 日签下“绑住自己手脚”的法案。美国政府在其于 2017 年 12 月发布的新版国家安全战略报告中把俄罗斯和中国一起列为美国的“头号威胁”，显示出美国政府内部的反俄集团实力强大，也意味着俄美关系短期内无法得到彻底改善。

二　“互联网研究所”与俄对美政治干涉

（一）社交媒体：大国博弈的新领域

社交媒体的快速崛起不仅使其成为公共生活的重要领域，也成为大国博弈的新战场，这场冲突日益向社交媒体蔓延。社交媒体不仅再造了个人的行动能力，也正重塑国家的政治议程、拓展国家公共外交的途径。整个世界范围内，社交媒体的政治化趋势日益明显，其政治作用又与国际政治的复杂斗争相联结，对世界政治局势的演进趋势具有重大影响。世界主要国家一方面日益重视社交媒体场域的网络安全，另一方面也在加紧对敌对国家和中间地

① “US Expels Russian Diplomats over Cyber Attack Allegations”, BBC, 2016.

② 伍启卫：《被驱逐俄外交官及家属元旦日乘特别班机离开美国》，《香港零一》2017 年 1 月 2 日。

带社交媒体的政治渗透。

不同国家对社交媒体的掌握程度不同，导致了具有技术优势的国家更容易将希望传播的信息通过社交媒体传递给其他国家，从而间接、隐蔽地影响他国内政。2009 年 6 月伊朗总统大选期间的抗议示威活动就是一起典型的美国通过社交媒体策动的“颜色革命”。在选举当晚，美国中情局通过短信散布穆萨维获胜的消息，这些消息通过社交媒体快速传播；随后，一些社交媒体的用户收到了抗议示威活动、枪击和人员伤亡的匿名信息。在大选结果公布后，社交媒体成为伊朗反对派对外发出信息、互相联络、协调活动的信息网络。

正如西班牙《起义报》的报道所指出的，一些国家试图通过社交媒体去干涉伊朗内政。① 伊朗大选风波之后，2010 年的“阿拉伯之春”、2014 年的“香港占中”事件中，均有大国利用社交媒体煽动政治颠覆的身影。社交媒体业已成为影响他国内政新工具，网上舆论斗争形势更加复杂，争夺重大事件话语权的斗争也更加激烈。在新一轮的美俄冲突中，社交媒体在其中扮演了重要的角色。特朗普深陷“通俄门”与美国指控俄罗斯利用社交媒体干预美国选举的舆论等都凸显了两国在媒体——特别是社交媒体领域的暗战日趋激烈。在美国的“通俄门”调查中，俄罗斯的“互联网研究所”（IRA）逐渐开始受到关注。这个隐匿在公众视线之外的机构，成为美俄社交媒体冲突的重要角色。

（二）“互联网研究所”的活动与任务

IRA 相关的公开资料极少，媒体对其了解主要来自暗访调查、IRA 前员工的爆料及现领导层的访谈。2015 年，美国《纽约时报》记者阿德里安·陈（Adrian Chen）曾专程前往圣彼得堡调查这家机构并发表了名为“机构”（“The Agency”）的深度报道。② 2017 年，俄罗斯新闻网站 RBC 于 4 月和 11

① 王广明：《社交媒体时代的国家政治安全探析》，外交学院硕士学位论文，2012。

② New York Times, “The Agency”, https://www.nytimes.com/2015/06/07/magazine/the-agency.html.

月连续发表了两篇调查性报道，这也成为外界了解 IRA 和其所代表的“俄罗斯水军工厂”的主要来源。①

IRA 成立于 2013 年，总部位于圣彼得堡，最初的办公地点位于萨乌什金街 55 号（Savushkin）的一栋四层建筑内。IRA 成立之初的主要任务是宣扬爱国主义思想，在博客和社交网站上发布支持普京政府、批评普京政敌及反对派的评论。随后，IRA 的工作内容和渠道不断拓展，建立了门户网站和通讯社，转型为一家大型媒体机构（即美国情报机构口中的“工厂”），旗下拥有 10 个左右在俄罗斯联邦电信、信息技术和大众传媒监督局（Roskomnadzor）注册的合法机构。

在 2018 年 2 月美国“通俄门”调查特别检察官罗伯特·米勒起诉 3 家俄罗斯企业和 13 名俄罗斯人的起诉书中，米勒指控他们干涉 2016 年美国总统选举，认为被告的战略目标是在美国政治体系中制造分裂。在米勒的起诉书中，上述机构一并被列入 IRA 的从属机构中。在 2015 年的时候，IRA 所在的媒体机构已拥有 800～900 名员工，每个员工都会在其中一家合法分支机构中正式注册。其传播形式不再局限于评论，还包括新闻、报告、访谈以及自建的互联网社区，内容呈现的形式也变得更为丰富，视频、图表等多媒体手段与文字并重。

2015 年 3 月，IRA 成立“美国部”，开始招聘能够流利使用英语的人员，工作内容为“用英语就指定话题进行新闻分析写作”，工作时间为莫斯科时间的晚上 9 点至第二天的早上 9 点。也正是在这一时期，IRA 开始对美国总统大选候选人进行有针对性的负面宣传。“美国部”在 2015 年至 2016 年间发展尤为迅速。到 2016 年夏天，“美国部”的员工人数从最初的不足 30 人发展为 80～90 人，其经费大约为 100 万美元一年。与其他部门不同，“美国部”每天大约有十名员工值夜班，与美国的工作时间一致。据推测，这些夜班员工负责运营 IRA 在美国社交媒体上建立的账号，制造账号所有

① РБК，“Расследование РБК：как《фабрика троллей》поработала на выборах в США”，№11（135），Ноябрь 2017；РБК，“Расследование РБК：как из《фабрики троллей》выросла《фабрика медиа》”，04，Апрель 2017.

者是美国人的假象，并按照要求利用这些账号发布信息。

2017 年 1 月，美国情报机构将 IRA 和今日俄罗斯电视台一同列入俄罗斯干涉美国大选的报告中。包括 Facebook、Twitter 在内的多家美国互联网公司由此展开了与政府部门的合作，查封了大量与 IRA 相关的账号、内容、广告和网络社区，这一行动持续至今。Facebook 和 Instagram 在 2018 年 4 月关闭了 270 多个与“工厂”相关的账号。在美国相关部门的强势监管下，一度具有强大影响力的 IRA 英文账号基本销声匿迹了。①

Facebook 发布的相关调查显示，从 2015 年 6 月到 2017 年 5 月，IRA 花费了至少 10 万美元来推广针对美国选民的 3000 多个政治广告，另有 2200 个疑似 IRA 的广告花费了 5 万美元。而 IRA 内部数据显示，其社交网络推广的总预算约为每月 5000 美元，即两年约为 12 万美元。IRA 员工在至少 40 个 Facebook 社区中推广帖子，大约一半的预算用于涉及种族问题的帖子，其次是关于政治偏见的帖子。在线下活动方面，IRA 一个月支付当地组织者的工作经费（旅行费、印刷费、设备等）约为 20 万卢布，两年的总支出在 500 万卢布左右，即约 8 万美元，略低于社交网络中广告投放的费用。②

IRA 负责美国事务的人员不足 100 人，但每周能制造出上千条内容，并吸引到数以千万计的点击量，这背后有着一套精密的运作模式。

在席卷美国的“BlackMattersUS”运动中，IRA 也参与其中并影响了美国的舆论。被网民称为“黑命贵”（“Black Lives Matter”）的网络社会运动起源于非洲裔美国人社区，旨在反对针对黑人的暴力和系统性种族歧视。该运动的导火索是 2012 年的一起非洲裔男孩被杀案件。该案中，社区看守人乔治·齐默曼以自卫为由，枪杀了 17 岁非洲裔男孩特雷沃恩·马丁，但被判无罪。这一判决引起了美国黑人社区的强烈不满，#BlackLivesMatter 的标签在社交媒体上得到了广泛使用。IRA 正是利用了这一影响巨大且颇具争议

---

① “Russian Active Measures Campaigns and Interference in the 2016 U. S. Election”, https: //www. intelligence. senate. gov/sites/default/files/documents/Report_ Volume2. pdf.

② Josh Constine, “Facebook Reveals Russian Troll Content, Shuts Down 135 IRA Accounts”, https: //techcrunch. com/2018/04/03/facebook – russia/.

的运动，创建了与“BlackLivesMatter”极其相似的 Facebook 社区和官方网站——“BlackMattersUS”（以下简称 BM）。根据官网介绍，BM 是一家非营利新闻门户网站，报道有关非洲裔美国人社区的重要资讯，其目标是提供主流媒体所忽视的真相与事实，向“种族主义、不平等、不公正”发起挑战。

2016 年 5 月，美国著名活动家、占领华尔街运动创始人之一的米卡·怀特（Micah White）收到了一封来自扬·戴维斯（Yan Davis）的电子邮件。戴维斯声称自己是 BM 社区的专栏记者，致力于解决“黑人问题”，希望怀特能接受电话采访。

在这次采访后，戴维斯多次联系怀特，请求他在社交媒体上转发 BM 社区关于黑人运动的照片与视频。此外，怀特还被要求通过他的账户，发布 2016 年 10 月 14 日在新奥尔良刑事法院大楼外举行集会的信息。30 年前的这一天，黑人青年杰罗姆·史密斯因谋杀罪被判处无期徒刑，但 BM 认为史密斯是无辜的，这起判决是系统性种族歧视的一个案例。BM 计划在集会示威后，组织示威者前往当天举行的青少年判决听证会，为史密斯声援。

因为 BM 在 Facebook 的账号和活动主页均已被删除，这一计划是否获得成功已无法确认，但 BM 多次使用这一套路并成功组织了大约 10 个类似的政治活动。除了怀特，BM 成功采访到了黑豹运动的传奇人物埃里卡·哈金斯（Erica Huggins）、被纽约警察杀害的黑人少年拉玛利·格雷厄姆（Ramarli Graham）的母亲、哥伦比亚大学教授、饶舌歌手贾马尔·约瑟夫（Jamal Joseph）等有公众知名度和影响力的非洲裔美国人。

BM 是 IRA 诸多政治活动策划中较为成功的一个案例。当地的活动参与者并不知道主办方是俄罗斯的机构，而 IRA 的员工也从未亲自到达过活动现场。综上所述，IRA 主要经历了由秘密机构到合法媒体的两个发展阶段，但其宗旨没有发生变化，即维护俄罗斯政府利益、抨击国内政敌和国外敌对势力。IRA 所使用的手段也从最早的“网络水军”评论和回帖，发展到如今包含通讯社、门户网站、社交媒体账号的全媒体矩阵。

在美国大选期间，IRA“美国部”不仅在社交媒体上发表了批评美国政府及民主党候选人希拉里·克林顿的言论，还策划组织了线下政治活动，这些运作对于加深美国政治和社会的分裂起到了一定的效果，但对大选并没有产生实质性的影响。就其资金投入和活动规模而言，完全不具备美国媒体所渲染的那种具有决定性的影响力。

但 IRA 在有限的人员和资金条件下，制造了多条在美国社交媒体上病毒性传播的内容，实现了远程组织、操控政治活动的目标。其成功的原因主要有以下两点。

第一，IRA 完全按照美国时间和美国人的使用习惯运营社交媒体账号，无论是发帖内容、规律还是语言质量、风格，普通民众都很难看出蛛丝马迹。

第二，IRA 所挑选的话题均具有很强的争议性和敏感性，所发布的内容大多是情绪化的表达，充分煽动了部分美国活动家的反政府情绪和弱势群体的维权情绪，从而赢得了他们的信任，达到了很好的传播效果。

由此可见，IRA 对美国国情、社交媒体文化和美国国民性做足了功课。除了派出雇员到美国实地调研考察外，IRA 很可能还得到了美国本土社交媒体和政治活动专家的指点。

IRA 被认为是俄罗斯“网络喷子工厂”中的典型代表。该“工厂”旗下还有许多类似于 IRA 的实体机构，包括不少在俄罗斯取得合法资格的媒体和企业。如今，“工厂”已转型为一家以联邦通讯社（Federal News Agency，FAN）为核心的媒体集团，其中包括至少 16 个信息平台，9 个由 Roskomnadzor 正式注册为媒体机构。该集团极力撇清过去的秘密身份，将办公地点从萨乌什金街 55 号迁出就是与“工厂”划清界限的举措之一。

FAN 网站于 2014 年 5 月注册，其高层管理人员均为媒体行业的资深记者。FAN 将自己定位为国家级通讯社，提供即时新闻报道、政治人物专访和独家现场直播等内容。[①] 在与俄罗斯相关的重大国际事件中，FAN 均派出了记者深入一线，发回独家报道，因此在短短的三年时间里，便获得了与塔斯社、RT 等国家级媒体同等的关注度。

① https：//riafan. ru/page/o – nas.

FAN 从成立之初即以合法正规的新闻机构身份公开运营，其所在的媒体集团也正逐步摆脱“网络喷子工厂”时期留下的可疑声誉。它有独立的资金来源，而不是像“工厂”那样，被认为是由巨贾普里戈津出资建立并维持运营。尽管目前这家机构无法实现盈利，但 FAN 所创建的“爱国主义”新闻品牌价值并不是商业利润所能衡量的。

三 “外国代理人法案”与美对俄媒体的反制

面对俄罗斯利用媒体对美国社会产生的影响，美国开始采取一系列反制的措施，力图遏制俄罗斯对美国舆论的渗透。虽然无法直接监控甚至审查社交媒体，但美国政府从俄罗斯的主流媒体今日俄罗斯（RT）入手，开始了对俄罗斯媒体的反击。

2017 年 11 月 13 日，美国负责国家安全事务的代理副总检察长达纳·博恩特发表声明，称已依《外国代理人登记法案》（FARA）要求，将 RT 等媒体机构列入司法部“外国代理人”名录，并挑明俄罗斯政府是其幕后主要“操控者”与“委托人”。他强调，美国公民有权知晓那些为他国利益而影响政府或公众的行为主体，而所有被界定为“外国代理人”的机构，不论其所属国家和民族，其在美国的行为则都应严格服从于美国法律。

将 RT 归入“外国代理人”，表明美国政府已不满足于口头层面的舆论批判，而下定决心对其“动真格”，在“法律框架”下实施制裁。据此法案，RT 在美国被迫注册为“外国代理人”，其业务将受到更多限制，如无法进入国会采访，必须定期申报财务和人事信息等。

作为回应，俄罗斯也启动了针锋相对的反制措施。2017 年 11 月 26 日，俄罗斯总统普京签署了《非商业组织法》中有关“媒体外国代理人”条款的修订案，将美国之音、自由欧洲电台等 9 家媒体列为“外国代理人”。以上行为都标志着，俄罗斯与美国之间的斗争已从政治、经济、军事等“硬实力”层面全方位延伸至媒体与文化的“软实力”维度，涉事国家之间的媒体冲突日益蔓延。

所谓《外国代理人登记法案》，是1938年10月经美国国会批准而颁布的“联邦信息披露法令”的重要组成部分。该法案明文规定，“在政治或‘准政治’层面代表外国利益的主体，须定期披露、公开与外国委托人之间的联系，以及受其经济资助、支持所施行的相关行为与活动”。该法案旨在“协助政府及公众更好地掌握特定主体的代理人性质，由此全面评估、度量其表现”。由于此法案被编入《美国法典·对外交流与关系法卷》，遂成为其国家法律体系的一部分，因而具有高度的法律约束效力和民众信仰基础。

从FARA机制演进的过程上看，1941年“珍珠港事件”爆发，时任总统富兰克林·罗斯福签署《战争法案》，规定“外国代理人法案”的全部事宜由主管外交工作的国务院转至具有强大执法权力的司法部。按照美国政府部门分工，司法部的任务是“保障法律施行，维护政府法律利益和保障法律对所有公民皆为平等”，其部长享有内阁成员的地位，是国家级的总检察长（Attorney General）。在美国的三权分立体制中，司法部是拥有强大法律授权和执法力量的实权行政部门，可以代表美国公众利益独立行使调查权，并决定是否向法院起诉，大名鼎鼎的联邦调查局（FBI）即归属于司法部管辖。

目前，该法案的监督、管理与执行主要交由司法部完成，具体事务则由国家安全司（NSD）下属的反谍报以及出口控制处（CES）直接负责。国家安全司是2006年3月司法部依照9·11事件后出台的《爱国者法案》成立的全新部门，合并了前情报政策和评估办公室以及刑事司的反恐、反间谍和出口管制处等部门的职能，确保检察机关、执法机构与情报部门之间的协调和统一，旨在更为高效地实现“维护国家安全”的目标。

将涉及FARA的相关事宜由国务院移交司法部，这一机制上的隶属变化，一定意义上标志着美国政府已不再将“外国代理人”视作需要国家间沟通、协调、寻求共识且有一定斡旋空间的温和外交事务，而转为依凭国家法律武器捍卫自身安全的强硬内政举措。凡事“依法为之”，往往是主体间互动、交流的最后一道底线，几无妥协余地、且无退却让步。其言下之意便是，如若发现特定的代理人主体有危害国家安全之嫌疑，司法部即可对其采取强制措施，直至代表美国政府向法院起诉。

基于传播学的角度看，FARA 的机制演进也于潜在间实现了有意识的“话语构型”（discursive formation）。由于该法案的监管部门为司法部、国家安全司以及反谍报以及出口控制处，这类出现于机构名称中的“正当性话语”本身便隐含着对“外国代理人”的身份预设，其恰好印证了法国批判学者米歇尔·福柯（Michel Foucault）“话语即权力”之理论洞见。[①] 比如，司法部管理暗示其即“违法”（所以需要通过司法部执法规范），“国家安全”“反间谍”“情报”“控制”等富含贬义的话语则更是如此。此番话语之间若隐若现的“语义网络”，蕴含着根深蒂固的“二元对立”式“斗争思维”。具体而言，外国代理人很可能是危害国家安全的情报人员或间谍，因而是“邪恶”的。美国政府则永远代表着正义的一方，故而通过司法程序来约束前者。“外国代理人”的标签意味着“外国”被置于权力话语的弱势一方，在美国中心的话语系统中只能被“表述”，而不能“发声”，美国政府即使不能通过法律强制规约代理人主体，但仅凭此种话语暗示也会引发公众及舆论的联想和猜测，误解偏见由此而生，由此，相关实体在社会上便难以生存下去。机制与话语的巧妙整合使美国轻而易举地赢得了道义制高点。

从实际效果看，FARA 对媒体机构具有极大杀伤力。“公信力”乃是新闻媒体的立身之本。如果某家媒体被贴上“外国代理人”的标签，那么其公信力便会大打折扣。按照新闻自由和媒体独立的原则，美国政府部门很难对媒体机构进行公开和直接监管。但依据 FARA 的规定，如果某家媒体按照“外国代理人”来登记，就必须定期向主管部门申报财务、人事和活动等相关事项，这实际上是将美国政府对外国媒体机构的“定向监控”合法化，并可堂而皇之地限制该媒体到白宫、国会等“新闻富矿”进行正常采访。由于美国在世界政治经济事务上居于核心地位，由此也等于间接切断了该媒体在全球新闻“内容”维度的“生命线”。

---

① 〔法〕米歇尔·福柯：《话语的秩序》，肖涛译，载许宝强、袁伟选编《语言与翻译的政治》，中央编译出版社，2001，第 1 ~ 31 页。

美俄之间围绕“外国代理人”展开的“媒体战”，不禁让人回想起20世纪五六十年代后期“互称敌台”“隔空怒怼”的对立与纷争。国际形势出现的新变化促使美国调整其外交理念和政策，将RT列入“外国代理人”便是最直接的举措之一。实际上，2016年12月，奥巴马政府在政权交接前通过的《反宣传法案》就已经为这场媒体冲突的爆发埋下了伏笔。

值得注意的是，中国成为俄罗斯之外美国所关注的另一个监控目标。胡佛研究所（Hoover Institution）在其最近推出的一份名为《中国影响与美国利益》（*Chinese Influence and American Interests*）的报告中，特别辟出一章分析了中国近几年的公共外交和对外传播策略，认为来自中国的媒体（包括主流媒体和以微信为代表的社交媒体）和信息正在国家力量的推动下大规模进入美国，对美国社会产生影响。① 这一结论势必会影响到美国官方对于中国媒体的态度。中国国际电视台（CGTN）在2019年初也被美国政府登记为“外国代理人”，这意味着美俄之间的暗战和较量已经逐渐演变成为美国对其具有“潜在威胁”的国家进行约束和限制的一系列行动。

四　社交媒体冲突的影响与对策建议

从20世纪五六十年代的历史背景中可以看到，文化产品在很大程度上具备了政治属性，成为大国之间政治、经济、外交以外的第四战场。正如美国前总统理查德·尼克松在《1999：不战而胜》一书中所指出的那样，通过经济援助、技术分享和文化输出等“软”方式，瓦解目标国家民众的心理防线，实现这些国家内部的“和平演变”，从而达到不诉诸军事手段而取胜的效果。

社交媒体的现对于跨国信息流动和全球传播造成了显著影响，推动了全球范围内信息更加快速、广泛和网络化的流动。这也使得跨越国界的文化产

① https://www.hoover.org/sites/default/files/research/docs/chineseinfluence_americaninterests_fullreport_web.pdf.

品和意识形态输出变得更加容易和难以掌控。如今大国之间的社交媒体战呈现传播速度快、精确性和针对性强、影响范围广等特点。不同于 20 世纪五六十年代政府主导的大型项目，社交媒体的成熟使得各国可以在较短时间内迅速开展精确打击的行动，并在短期内即可取得初步的效果。如 IRA 便是企业化运营的小型机构，在美国大选期间迅速开展行动，针对争议话题精确找到当地受众，并在极短的时间内组织了多个政治活动。

因此，如何理解这种基于社交媒体的跨国信息和意识形态斗争，是未来国际传播研究的重要命题。在这个议题中，有以下几点值得注意。

第一，未来国家间信息和意识形态斗争的主体将会变得更加多元化、小型化，由原来的国家机构包办、国家主导到企业化、社会化机构主导，但涉及的部门越来越多，包括军事、法律、宣传、文化等。规模上的缩减带来的是机动性的增强，可以以更快的速度、更灵活的方式实现国家意志，而参与部门的多元化则会让斗争变得更加复杂而不可预测。

第二，主体的多元化将带来传播手段的日益丰富，以及各种手段间联动性的增强，从而产生比以往更加强大的效果。如在将 RT 设为外国代理人的事件中，美国政府多个部门协同配合，联手将一个媒体传播行为上升到国家政治斗争的高度，并通过司法、经济和宣传等多个渠道对俄罗斯进行打击。这种基于媒体和信息领域的“多维打击”和“战略联动”将会成为未来大国政治和国际关系的重要组成部分。

第三，基于以上的前提，未来的国际关系在社交媒体的影响下将会变得更加难以控制。任何组织和个人都能够借助社交媒体平台快速渗透进入另一个国家的舆论空间中，通过生成虚假账号、散布煽动性信息等方式，直接对他国的政治和社会议题产生影响。因而对于政府来说，如何对这样一种复杂的网络化信息流动加以管控，从而保证国内政治和舆论的稳定，将成为未来各国政府所需要面对的重要命题。

当然，尽管在传播主体和手段上都会出现变化，斗争的本质和目的却是稳定的，即在尽可能维护本国利益的情况下实现对目标国家的打击。因此，即便是在社交媒体时代，也不能将国际传播的研究同传播现象背后的政治本质割裂开来。只有这样，才可以更完整地理解国际传播的演变与发展。

从历史上看，美国等西方国家每当遇到严重危机和严峻挑战时，都会诉诸“寻找外敌”的策略来巩固内部的协同机制，无论是“二战”结束后不久面对以苏联为首的“红色阵营”崛起而产生的麦卡锡主义，还是9·11后催生的以“打击恐怖主义势力”为名、针对伊斯兰世界的《爱国者法案》，抑或是当下FARA引发的媒体冲突，都属此类。上述事实充分表明，开展意识形态领域内的“伟大斗争”已是箭在弦上，不得不发。对此，中国媒体国际传播应在以下几个方面做好应对和防范的工作。

（1）秉持公平、公正、合作不对抗的基本原则，倡导共建人类命运共同体。中美之间，合作乃是主流，历史已经证明，斗则两败，合则双赢。从2017年中美元首成功实现互访到2018年底在布宜诺斯艾利斯G20峰会期间进行的两国元首的“晚餐峰会”，双方就此议题达成了广泛共识。虽然美国国内杂音不断，但我国外宣媒体仍然要加大对“构建人类命运共同体”理念的阐释力度，创新新闻传播的话语体系，改进媒体外交的方式方法，寻求与美国主流社会和价值体系的“最大公约数”。

（2）对以FARA为名侵犯中国媒体合法权益的行为予以有理、有力和有节的回击。对美国政府实施FARA的动向予以充分重视，要制定相应风险评估和应急预案机制，如果发生类似RT的判例，我们一方面在舆论层面要予以迅速澄清、点破与回击。同时，由于该行为背后有法律条文支撑，也有必要对此建立专门的法律顾问团队，在细致研究相应条款的基础之上，在专业层面进行对话沟通，维护自身合法权益，争取美国各阶层的理解与支持。

（3）建立和巩固开展意识形态“伟大斗争”的国家战略传播机制。从长远来看，开展意识形态领域内的“伟大斗争”已成为一种历史必然，为此需要建立一套相应的国家战略传播机制来适应这一新的变化。党和政府相关部门作为顶层设计机构，中央媒体、互联网技术公司和民间智库作为具体实施单位，形成上下联动、合纵连横的复调传播体系，夯实中国在这场新的历史条件下“伟大斗争”中的影响力和话语权。

（4）借鉴美国、俄罗斯等国有关FARA的相关经验，启动相关法律法规的制定，针对外媒实施精细化管理。随着中国改革开放的深化，越来越多的外国媒体机构和承担公共外交职能的非政府组织进入中国，这需要有关部门完善体制机制建设，依法依规进行管理。在全面依法治国的总体框架下，我们要将外国媒体机构和类似组织纳入法制化管理的轨道。在具体实施过程中，针对外媒应当更加精细化地实施“柔性管理”，将习近平总书记在十九大记者见面会上提出的“不需要更多的溢美之词，欢迎客观的报道和有益的建议”的指示精神落到实处，避免外媒借题发挥，借势炒作“封杀”“雪藏”个别违规记者的话题，彰显敢于直面不同类型海外媒体的“传播自信”，把新闻发布和媒体关系管理中的“敢于亮剑”和“绵里藏针”有机结合起来。

B.5
数字时代美国媒介管制政策与法规发展报告（1996 ~2018）

张　楠*

摘　要： 随着信息通信技术（ICTs）对传媒业的基础设施、产业结构、运作模式影响的进一步深化，媒介管制问题日益凸显。美国自1996年修订《电信法》以来，从政策、立法、执法、司法四个维度，建立起了较为严密的媒介监管体系。本文立足当前美国数字政策的热点议题，从法律生态、经济业态和技术特征的联动视角出发，回溯美国媒介数字化进程中媒介管制政策与法规的发展历程，提炼总结其对渠道治理、内容核查、数据安全、技术促进等问题的政策经验，拟为当前中国数字媒介管制与规范提供参考。

关键词： 数字政策　媒介管制　网络中立　平台治理　数据治理

1993年美国“信息高速公路”计划的实施开启了电信网、广电网与因特网的融合序幕，1996年美国政府修订《电信法》，将互联网作为电子媒介纳入电信监管范围，确立了数字政策的基本法律框架。近年来，随着信息通信技术（ICTs）的高速发展，媒介形态不断革新，行业边界逐渐融合，朝向“大传播”①

---

* 张楠，中国社会科学院研究生院新闻学与传播学系博士生。

① “大传播”包括交通（transportation）、电信（telecommunications）与大众传播（mass communication）。详见姜飞《跨文化大传播视角下的“一带一路”建设》，《中国社会科学报》2016年6月24日。

业态下的媒介管制出现新的问题意识。如平衡电信业与互联网业利益的“网络中立”政策该“立”还是该“废”？社交平台“假新闻”内容如何防范？互联网个人数据如何流通与保护？如何引导5G、人工智能、物联网的战略部署与行业规范？在这些议题的导向下，美国紧跟技术和市场发展动向，采取开放性的治理态度对既有媒介政策与法规进行调整与修订，积极探索新的立法程序，为推动全球数字市场立法进程提供借鉴。

一　政策基础：媒介融合与《电信法》修订

美国大众媒体的数字化转型始于1993年的“国家信息基础设施”计划（National Information Infrastructure，NII），即“信息高速公路”计划。1994年10月，美国政府首次开通了与全球最大的计算机网络相连的多媒体交互信息网点，宣布正式踏上了“信息高速公路”。从基础设施来看，美国“信息高速公路”的技术是以因特网为雏形，在有线电视网、电信网和因特网的网络线路基础上，以光纤干线为主、辅以微波和同轴电缆分配系统而组建的高速宽带综合信息系统。“三网”基础设施的“亲缘性”决定了美国媒介管理体制的融合性与统一性。

传统的有线电视网和电信网的管制政策与法规的基本框架形成于《1934年通讯法案》（*Communications Act of 1934*），法案确立了联邦通信委员会（Federal Communication Community，FCC）作为美国通信业和公共广播业监管体系的核心法律地位和职能范围。美国“信息高速公路”的搭建与因特网的私有民用化，[①] 使传统的电信业务正在被新兴网络业务所取代，整个产业从网络结构到业务模式都在经历深刻的变化。为适应数字化传媒产业发展，1996年，克林顿政府颁布《1996年电信法》（*Telecommunications Act of 1996*）对《1934年通讯法案》进行了重要修正，将互联网作为电子媒介

① 1995年继阿帕网之后，最后一个由政府运作的网络骨干——国际科学基金网关闭，美国进入因特网全面私有化的时代。

纳入电信监管范围，允许广播电视媒体和电信企业在互联网上提供音频和视频服务，允许电信企业向用户提供接入互联网的宽带服务，允许电信企业通过无线通信方式、有线电视系统以及开放的视频系统提供广播电视服务。"《1996年电信法》拉开了电信网、互联网、有线电视网三网合一、全面竞争的序幕。"①

二 政策争议："网络中立"政策的"立"与"废"

《1996年电信法》的颁布推动美国通信业、广电业、互联网业的融合速度进一步加快。1996年，时代华纳公司（Time Warner Inc.）购入特纳广播公司（Turner Broadcasting）和美国有线电视新闻网（CNN），成为当时美国最大的传媒公司。2001年，时代华纳公司又与全球最大互联网服务公司——美国在线公司（America On Line）合并，宣布组成世界上第一家面向互联网世纪的完全一体化的媒体与传播公司。在传统媒体合并转型的同时，专注于网络内容生产与传播的互联网公司Amazon（1995）、Netflix（1997）、Google（1998）、Facebook（2004）、YouTube（2005）相继诞生，并日益发展成为冲击美国传媒生态的重要力量。然而，互联网内容生产的激增与通信基础设施之间存在根本性矛盾，"互联网由三个层面组成，即物理层，包括光缆等硬件设施等；逻辑层，包括软件及互联网协议等；内容层，即通过互联网传输的各类信息和应用程序等。"② 互联网物理层是由网络服务提供商（ISP）提供的，而内容层是由网络内容提供商（IPC）提供的。Ellacoya Network调查公司研究显示，美国5%的宽带用户"消费"了近90%的网络带宽，他们要求网络宽带每年翻一番，相比之下90%的宽带用户"消费"不足10%的带宽。IPC在以内容生产获取用户资源的同时也实现了经济利益，而ISP却要持续投入维护通信基础设施。IPC的流量生产与分布的非均

① 王哲平：《美国公共电视：观念、价值与规制》，中国社会科学出版社，2016，第156页。

② Benkler Y.，"From Consumers to Users: Shifting the Deeper Structures of Regulation Toward Sustainable Commons and User Access"，*Federal Communications Law Journal*，2014（3）.

衡导致非均衡化利益主体性，ISP 通过合作与兼并等商业手段，与 IPC 进一步产生非均衡化的商业关系，那么在面对带宽的物质性限制时，ISP 就可以对 IPC 进行限流或者额外收取流量费用。因此，2002 年，哥伦比亚大学法学院华裔教授吴修铭（Tim Wu）提出宽带网络的管理应采取“网络中立”（Net Neutrality）原则，即“旨在确保信息自由和不受限制的流动。一个中立的宽带网络免于对附着的设备、支持的传播模式、接入的内容产生影响，连接任何资源。”① 基于这一原则，“网络服务提供商应平等对待所有合法的内容、应用、设备的网络接入，而不应歧视不附属于自己或合作方的内容、应用、设备的基本原则。”② 在操作层面，ISP“应平等对待所有的互联网内容和访问，防止为追求利益最大化而对传输的数据进行阻碍、降级或优先控制，从而使网络信息传播的中立性得到保证”。③

（一）制定“网络中立”政策

2005 年 FCC 公布了“网络中立四项原则”，即“消费者有权接入他们选择的合法内容；消费者在法律效力下有权运行应用软件和使用他们选择的服务；消费者有权连接他们选择的不伤害网络的合法设备；消费者有权在相互竞争的网络、应用、内容提供商之间进行选择”。④ 2008 年 11 月，奥巴马当选总统后，加速了“网络中立”的立法进程。2009 年 6 月，FCC 又发布了“网络中立六项原则”，新增加了“非歧视原则”⑤ 和“透明原则”。⑥ 2009 年 7 月，FCC 宣布把“网络中立”原则纳入“国家宽带发展计划”，

① Wu T.，“Network Neutrality，Broadband Discrimination”，*Journal of Telecommunications and High Technology Law*，2003（2）.

② 罗昕：《美国“网络中立”规制研究：脉络、实质与启示》，华中科技大学博士学位论文，2012，第 37～38 页。

③ 崔明伍：《试论美国“网络中立”原则的兴废》，《南昌大学学报》（社会科学版）2018 年第 5 期。

④ 崔明伍：《试论美国“网络中立”原则的兴废》，《南昌大学学报》（社会科学版）2018 年第 5 期。

⑤ 非歧视原则主要指 ISP 不能歧视互联网上的任何内容或应用程序。

⑥ 透明原则主要指 ISP 必须公开透明网络管理措施。

2009 年 10 月，FCC 通过了“网络中立”原则。2010 年 12 月，FCC 公布《2010 开放网络指令》（*Open Internet Order 2010*）。然而，自 2009 年起，FCC 相继收到 Comcast 和 Verizon 公司的法律诉讼，理由是质疑 FCC 对 ISP 行使管制权的合法性，《1934 年通讯法案》和《1996 年电信法》对电信业务的分类是：“第一类（Title I）”信息服务和“第二类（Title II）”通信服务，ISP 属于“信息服务”，而法案规定 FCC 对公共运营商具有“附属管辖权”，禁止 FCC 对公共运营商以外的服务提供商进行政策规制。因此，哥伦比亚特区巡回法院裁定撤销“网络中立”中的“禁止屏蔽”和“反歧视”原则，2011 年 4 月，美国众议院又废除了 FCC《2010 开放网络指令》。为确立 FCC 数字化媒体的监管权力，恢复“网络中立”的政策性，2015 年 2 月，奥巴马政府发布了“网络中立”管制方案，方案将互联网服务重新划归入“电信服务”，从而确立了 FCC 对 ISP 的监管权。

从“信息高速公路”计划的制定，到电信网、有线电视网、互联网“三网合一”，美国对媒体的监管政策主要着眼于互联网的“物理层”和“逻辑层”，从基础设施与基础协议层面对新兴的数字媒体以及媒体的数字化转型进行监管。“网络中立”作为美国国内媒体监管的主要数字政策，在世界范围内得到广泛认同。随着荷兰、斯洛文尼亚、芬兰、巴西、智利、秘鲁、欧盟等国家和地区相继出台“网络中立”政策与法规，“网络中立”所倡导的互联网“自由”“开放”价值理念从美国本土逻辑上升成为全球化的互联网治理逻辑。在一定程度上，“网络中立”为美国网络服务提供商和网络内容提供商的跨国扩张奠定了政策基础。

（二）废除“网络中立”政策

奥巴马政府“网络中立”政策进一步加剧了传统广电业与电信业向互联网行业的布局。一方面，美国传统媒体加快对互联网媒体的兼并与整合。如 2016 年 8 月，时代华纳宣布入股美国专业视频网站 Hulu；新闻集团（News Corp）宣布计划斥资约 9000 万美元收购社交广告平台 Unruly；全国广播公司（NBC Universal）分别向新闻聚合网站 BuzzFeed 和数字媒体集团

Vox Media 注资2亿美元。另一方面，传统媒体向“OTT”[①] 方向转型，加速移动渗透。例如，美国全国广播公司（NBC）与哥伦比亚广播公司（CBS）合作将旗下频道进驻 Apple TV。相比互联网公司“热钱”涌入现象，美国宽带基础设施投资却出现了自2009年以来的首次回落，2015年和2016年美国 ISP 宽带投资综合同比分别下降了3%和2%，而以 AT&T、Verizon、Comcast 等为代表的美国前八大运营商在2015年和2016年的宽带投资综合下降5.6%。

2016年11月，特朗普当选美国总统后，“网络中立”政策受国内政治因素影响又再次发生“反转”，特朗普任命了前 Verizon 高管阿基特·帕伊（Ajit Pai）为 FCC 主席，2017年12月，FCC 废除了奥巴马时期出台的“网络中立”政策。2018年6月11日，FCC 新规《重塑互联网自由指令》正式生效，新的指令将宽带互联网接入服务重新归类为美国《电信法》之下的“信息服务”，不再按照“电信服务”下的公共运营人标准对 ISP 进行监管，即不再禁止屏蔽、流量调节和付费优先，仅要求 ISP 增加其业务透明度。

FCC 废除“网络中立”政策在美国引发了巨大争议。2018年，美国22个州的总检察长提起诉讼，意图阻止特朗普政府的这项废除令生效，同时请求恢复网络中立规则。2019年4月，美国众议院通过了一项法案，试图恢复 FCC 在2017年废除的网络中立性原则。

美国国内关于“网络中立”的争论仍在继续，政策的变动使无论是 ISP，还是 IPC 都在积极部署跨行业的技术与商业战略，以更强的主体性提升应对变化与危机的能力。事实上，“网络中立”政策废除与否并非完全如政治家预料的那样，废除“网络中立”就是在绝对性地打压互联网内容商，而恢复“网络中立”就有利于互联网内容商。比如，Google 公司作为互联

① OTT 是“Over The Top”的缩写，指通过互联网向用户提供各种应用服务，OTT 可以使用任何网络接入，内容和服务运营商可以跳过网络直接面向用户提供服务，这对内容牌照方和终端生产商来说自然具有很大的吸引力。OTT 完全以互联网架构为基础，美国谷歌电视（Google TV）、Hulu、Netflix 等是典型代表。

网内容商，在 2006 ~ 2010 年 FCC 出台《2010 开放网络指令》时，曾是“网络中立”规则的忠实拥护者；2010 年后，Google 开始多元化部署产品研发，与无线运营商 AT&T Mobility、T-Mobil USA、Verizon Wireless 的合作使 Google 对网络中立原则的坚持有所松动；2014 年 1 月，Verizon 上诉 FCC，Google 并未在判决时对网络中立新规定公开表态；“2015 年初，Google 转而要求 FCC 保证在重新分类的同时，应当确保 ISP 能够像基础电信运营商一样接入任何由公共事业控制的电缆管道、中转站以及相应设施的通行权，因为 2015 年 Google 已在美国堪萨斯、奥斯汀等城市开始建设 Google Fiber 宽带服务，面临设置新的光缆等基础设施的高昂成本，希望通过将 ISP 重新分类的规则确保 Google Fiber 在顺利铺设的同时也能够介入相关基础设施。”[①] 此外，Google 还涉足移动手机事业、电子商务事业、无人驾驶、物联网、人工智能等前沿技术领域。因此，Google 在过去的十余年中，已经从一家互联网信息服务公司发展成为集互联网产品与服务、移动设备及操作系统、电信服务于一体的复合型数字技术公司。再如，2018 年 6 月，美国电话电报公司 AT&T 以 854 亿美元收购时代华纳，AT&T 在拥有全美第二大无线网络用户、宽带订阅客户的同时，又拥有了时代华纳旗下的哥伦比亚广播公司（CBS）和美国有线新闻网络（CNN）的视听内容和在美国订阅类流媒体应用中排名第三的 HBO 高端视频流媒体内容，因此，作为网络服务商的 AT&T 将成为美国最大的有线电视运营商。

因此，“网络中立”政策对于美国的传媒生态的影响不在于扶持或打压某一行业或公司，而在于通过营造竞争与合作的生态环境，增强了某一行业或公司的技术创新力和商业弹韧性，客观上促进了传媒行业内与行业间的融合化与平台化发展。但是，在行业整合的过程中，不可避免的是技术资源、客户资源、内容资源、政策资源向少数机构（不论是 ISP，还是 IPC）的向心性集中。从某种程度上来说，“网络中立”政策的废除“将加速为争夺最后垄断地位而进行的竞争”，美国华盛顿开放市场研究所（Open Market

① 卢依：《解读美最严网络中立规则》，https：//www. tisi. org/3806_ 47。

Institute）研究员 Matt Stoller 认为，“竞争仍然存在，但将变成电信和大型技术平台之间就谁控制与客户和垄断力量之间联系的竞争”。①

三　政策焦点：平台治理与数据安全

随着三网融合进一步加深，交互性 ICTs 技术使媒体实现了从业者与用户的双向内容生产，大众媒体不再是单向性的信息流通介质，而成为信息“自由”流通的集成性平台。信息的“自由”流通引发了媒介平台信息监管的诸多新问题。2016 年，美国总统选举期间，Facebook、Twitter 等社交媒体平台中充斥着大量的“假新闻”，“Facebook 上关于总统选举的假新闻影响力远远大于美国 19 个主流媒体的新闻。”② 2018 年 3 月，美国《纽约时报》等媒体进一步揭露在 2016 年总统选举前剑桥分析公司（Cambridge Analytic）通过第三方心理测试 App 获取了 5000 万名 Facebook 用户数据，通过大数据分析，精准刻画这些 Facebook 用户的心理特征，并为其推送定制的广告和假新闻，从而对选举结果产生实质性的影响。“Facebook—剑桥分析”事件中涉及的数字媒介管制议题主要有“平台内容核查”“用户隐私数据保护”“数据跨国流通监管”等。

（一）平台内容核查

美国传统媒体对内容的规范与审查具有行业自律性，只有针对特殊人群和内容的法律约束，如《无烟烟草健康全面教育法》（1986）、《儿童电视法》（1990）、《电视暴力管理法》（1990）、《反低俗法案》（2004）。对于互联网行业的监管，1996 年《通讯规范法案》（*Communication Decency Act*）第

① 《网络中立性法案废除，Netflix 与谷歌立场何在》http：//www. sohu. com/a/213229141_114778，原文出处：https：//www. theatlantic. com/business/archive/2017/12/netflix - google - net - neutrality/548768/。

② 陈绚、张劲林：《美国反宣传法案与自媒体虚假新闻标记研究》，《国际新闻界》2017 年第 1 期。

230 条规定：互联网服务提供商或交互式计算机服务的使用者，不能因为其他信息提供者的信息内容而被当作出版者或言论者。网络服务商无须为第三方使用者的言论负法律责任，如果内容不当，政府只追究内容发布者的责任，而非网络服务商。此项规定被称为互联网政策的“避风港”条款。随着互联网平台的进一步发展，平台带来的问题日益复杂化、多元化、全球化，美国对平台的内容规制与审查政策正在从“避风港”向“政府治理”和“平台治理”转变。政府治理方面，2016 年 12 月，奥巴马签署《应对外国虚假信息和政治宣传法案》（*Portman-Murphy Counter-Propaganda Bill*），并将其全文纳入《2017 国防授权法案》。2017 年 9 月，美国参议员提出《诚实广告法案》（*Honest Ads Act*），准备通过立法监管政治广告。这项法案要求 Facebook、Google 这类公司保存政治广告副本，并使其公开可获取。平台治理方面，互联网平台公司受联邦贸易委员会（FTC）监管，开展平台内部的自查措施，如主动调整企业内部规则，要求政治广告、伦理、暴力、种族等有关的内容都要接受事实审核，并增加平台安全成本对“假新闻”进行标签化识别，运用先进算法和人工智能技术甄别“假新闻”和错误信息，清查数据应用方式，赋予用户更多的隐私控制权限等。

（二）用户隐私数据保护

“Facebook—剑桥分析”事件暴露出数字化时代数据生产者（用户）、数据控制者（平台）、数据受益者（第三方等）之间的数据规则和利益走向。用户隐私以“数据”的形式被赋予商品价值，引发了媒介监管的伦理思考。美国的用户数据隐私保护政策具有群体性、行业性和地域性。首先，针对特定的受保护群体，美国联邦贸易委员会修订并制定了《2011 儿童防追踪法案》（*Do Not Track Kids Act of 2011*），强调建立“未成年人被遗忘权”的重要性，规定网络运营商、网络服务提供商允许对未成年人个人信息保留或擦除。其次，在特定区域内，美国通过了旨在加强消费者隐私权和数据安全保护的《加州消费者隐私法案》（*California Consumer Privacy Act*）（2018），要求企业披露其所收集的消费者个人信息的类别和具体要素、信息的收集来源类别、收集或出售信息的企业目的以及信息共享第三方的类别。加州是全球互联网企业的聚集地，《加州消费者隐私法案》具有示范效应，将会对美国乃至全球范围内的用户隐私保护立法产生深远影响。此外，还有适用于行业内部的用户隐私保护法规，如《电子通讯隐私法案》（1986）、《金融业现代化法案》（1999）、《云计算安全管理和隐私指南》（2012）和《邮件隐私法案（草案）》（2017）等。2016 年 10 月奥巴马政府时期，FCC 曾通过《保护宽带及其他电信服务客户隐私管理规定》，但于 2017 年 4 月被特朗普政府废除。2018 年，全球科技创新和互联网最顶尖的智库——信息技术和创新基金会（ITIF）向美国商务部国家电信和信息管理局（NTIA）提交了《对国家电信和信息管理局关于 2018 年及以后国际互联网政策重点的评论》（*Comments to the National Telecommunications and Information Administration on International Internet Policy Priorities for 2018 and Beyond*），“建议 NITA 与国会合作，研究制定联邦层面的隐私保护法律，在确保消费者权利的同时，允许互联网企业根据自己的选择来构建商业模式”。①

（三）数据跨国流通监管

“Facebook—剑桥分析”事件后，2018 年 5 月，欧盟及其成员国对此次 Facebook 公司泄露 270 万欧盟用户隐私信息至未授权第三方提出诉讼，这涉及当前数据治理政策的另一个问题，即数据的跨国流通与共享问题。随着 Facebook 成为全球性的信息平台，个人数据可能进行异地甚至是异国处理，即 A 处采集、B 处存储，C 处使用。如何在协调好各国对本地数据保护的差异性法律法规的同时促进全球数字贸易良性发展，是当前媒介管制政策的又一重要议题。

目前在全球范围内，虽然统一的跨境数据流动政策尚未达成一致，但是欧盟、美国等国家与地区已开始加快推进对本地数据跨境流通与治理的法律进程，2018 年，欧盟先后发布《通用数据保护条例》（*General Data Protection*

① 何波：《美国国际互联网政策重点事项评析》，《中国电信业》2018 年第 12 期。

Regulation，GDPR）和《非个人数据自由流动条例》[①]（*Regulation on a framework for the free flow of non-personal data in the European Union*），美国同时发布《澄清合法使用海外数据法》（*Clarify Lawful Oversea Use of Data Act*），此外“目前全球共有34个国家对重要数据的流动设置了壁垒”。[②] 从立法原则可以看出，多数国家对跨境数据流动持相对保守的态度。一方面通过完善数据保护规则推动数据有序流动，另一方面采取“长臂管辖”原则，加强对境内外数据的治理。

此次欧盟对Facebook诉讼就是欧盟根据2018年5月实施的GDPR开出的第一张“罚单”。GDPR规定欧盟公民的个人数据应以“合法、公正、透明的方式处理”，[③] 企业不得将欧洲公民个人数据转移至那些不能提供充分保护的地区或国家，企业不得在没有获得用户“同意”的情况下收集人们的敏感信息，包括政治观点、宗教信仰、种族和性取向等。GDPR对数据的“跨境”传输的“边界”设定不以国家的物理边境为边界，而以“人”作为边界，采取“长臂管辖”原则。GDPR的“跨境”约束力具体体现在以下三方面：“一是数据控制者或者处理者在欧盟境内设有业务机构，只要数据处理活动（无论该活动是否发生在欧盟境内）与该业务机构密不可分，均受GDPR规制；二是企业虽不在欧盟境内设立业务机构，却处理欧盟境内个人的数据，并且此类处理行为与向欧盟境内个人提供商品或服务相关，无论商品或服务是否收费，则也应当适用GDPR；三是适用于非欧盟企业处理欧盟境内的个人数据，只要此类处理行为涉及对这些个人发生在欧盟境内的行为进行监控。”[④] 由此可见，欧盟对于数据跨境流通的管制政策具有明确

① 欧盟《非个人数据自由流动条例》规定数据在欧盟各地存储和处理不受非公平限制影响，该协议将取消欧盟境内数据自由流动壁垒，推动欧盟内成员国数据跨境自由流动。

② 资料来源于ITIF2017年5月发布的《跨境数据流动：边界在哪里，成本是什么》报告，转引自何波《美国国际互联网政策重点事项评析》，《中国电信业》2018年第12期。

③ 中国政法大学互联网金融法律研究院：《GDPR通用数据保护条例—中文版全文》，转自中国存储网，http：//www.chinastor.com/netsafe/12143M462017.html。

④ 中国通信研究院：《互联网法律白皮书》（2018），http：//www.caict.ac.cn/kxyj/qwfb/bps/201812/P020181228400992398655.pdf。

的“防守”倾向，主要因为“欧盟主要作为信息技术服务的消费方而非提供方，大型网络或信息技术产业发展较慢”。①

相对于欧盟“防守”型的数据措施，美国对数据的跨境流通则持开放性“进攻型”态度。作为互联网技术与服务的提供方，美国为推动互联网自由化及全球数字贸易便捷化发展，长期致力于数据跨国流通的“秩序”建设。2015 年美国主导签署了《跨太平洋战略经济伙伴关系协定》（*The Trans-Pacific Partnership*，TPP），协定规定在确保个人信息等合法公共政策目标得到保障的前提下，“商业信息跨境自由传输”，并限制数据本地化存储。同时，美国为与欧盟达成数据传输协议，先后与欧盟签署《安全港协定》（*Safe Harbor*）（2000）和《隐私盾协议》（*EU-US Privacy Shield*）（2016）。《隐私盾协议》特别强调了欧美数据跨境传输的透明度管理问题，强制要求建立合规性审查和争议解决机制，对加入《隐私盾协议》的美国公司也提出了更高的数据保护要求。2018 年 3 月，为适应新形势下跨境调取数据的执法需求，特朗普政府颁布《澄清合法使用海外数据法》（*Clarify Lawful Oversea Use of Data Act*），确立了获取存储在境外数据的适用控制者原则和可以直接调取美国国内数据的“适合外国政府”标准，“旨在为美国执法机构访问在美国境内运营的企业存储在海外的用户数据提供明确授权”。②2018 年 9 月，特朗普政府颁布了首部《国家网络战略》（*National Cyber Strategy*），将“促进数据跨境自由流通”③ 上升为国家战略。

无论是欧盟的“防守型”政策，还是美国的“进攻型”政策，各国政府对数据跨国流通的规制措施都是综合本国政治、经济、科技、安全等多方因素之上的协商结果。在大数据时代，数据跨国流通与国家安全直接相关，跨境的数据治理能力，“包括信息的获取、处理和分析能力重组了国家的实

① 裴炜：《欧盟 GDPR：数据跨境流通国际攻防战》，《中国信息安全》2018 年第 7 期。

② 中国通信研究院：《互联网法律白皮书》（2018），http：//www. caict. ac. cn/kxyj/qwfb/bps/201812/P020181228400992398655. pdf。

③ https：//www. whitehouse. gov/wp－content/uploads/2018/09/National－Cyber－Strategy. pdf.

际权力的发挥以及发挥的实质性内涵”。[①] 数据的“边界性”正在日益重塑国家安全、经济贸易、科学创新的“地缘性”边界。数据治理是全球性议题，积极推进制定平等多边的、具备全球标准的数据政策是解决数据垄断、解决与数据伦理之间矛盾的政策趋势。

四 政策发展：新技术促进与管理

随着信息通信技术（ICTs）在传媒生态中扮演愈加重要的角色，世界各国都在积极部署新技术战略以获得国际竞争中的主导权地位。为应对新技术新业务带来的诸多挑战，2018 年美国政府通过政策导向与法律规范新技术的准入管理，持续推出政策保障新技术应用与安全，为新技术的良性发展提供稳定的制度预期，促进产业与行业的创新发展。

（一）加快推动5G技术的产业转化

目前，美国 5G 技术已进入战略转化期，特朗普政府以“美国优先，5G 第一”（America first，5G first）的方式鼓励相关私营部门尽快部署 5G。2018 年 9 月，在汇聚了美国无线业高管和特朗普政府要员的“5G 峰会”上，FCC 主席阿基特·帕伊提出了“5G 快速”计划（5G Fast），计划“包括三个关键的解决方案：释放更多的频谱，为 5G 和 WiFi 添加额外的无线电频谱；促进无线基础设施建设，进行 FCC 级别的基础设施政策改进；现代化法规，包括废除网络中立规则以及近期通过的限制地方政府向无线运营商收取部署 5G 基础设施费用的规则”。[②] 美国三大运营商也开始加快在 5G 部署中角逐，截至 2018 年底，Verizon 宣布在美国明尼波利斯市和芝加哥市中心部分地区启动 5G 手机网络服务，AT&T 宣布在美国 12 个城市试点 5G 网络政策，T-Mobile 和 Sprint 合并，联合宣布未来三年内将投入 400 亿美元来打造 5G 网络。

---

① 姜飞：《如何理解大数据时代对国际传播的意义?》，《对外传播》2014 年第 2 期。

② 《美国：5G 成特朗普科技政策亮点》，http：//www. cnii. com. cn/internation/2019 －03/05/content_ 2146319. htm。

（二）人工智能战略升级

人工智能已成为争夺全球科技主导权、提升国家实力的战略资源。2018 年是美国人工智能战略密集性落地的一年。2018 年 4 月，美国国会研究处发布《人工智能与国家安全》（*Artificial Intelligence and National Security*）报告，从立法者角度探讨了军事人工智能的可行性；2018 年 5 月白宫召开人工智能峰会，宣布成立人工智能专门委员会（National Science and Technology Council Select Committee on Artificial Intelligence）；2018 年 6 月，美国国防部宣布成立新的联合 AI 中心（JAIC）；2018 年 7 月，美国人工智能被列入 2020 财年政府研发预算优先事项；2018 年 8 月，通过《国防授权法》，法案规定重点发展 AI、机器学习和量子科学技术；2019 年 2 月 11 日，特朗普签署《美国人工智能倡议》（*American AI Initiative*），以“维护美国人工智能领导力的行政命令”（Executive Order on Maintaining American Leadership in Artificial Intelligence）为题向全美民众发布，将发展 AI 上升为国家战略。

作为人工智能的产业化成果——自动驾驶技术在 2018 年也成为政策扶持的重点对象。2018 年 10 月，美国交通部发布新版自动驾驶汽车政策——《准备迎接未来交通：自动驾驶汽车 3.0》（Preparing for the Future of Transportation：Automated Vehicle 3.0），承诺积极拥抱交通出行的自动化，将采取指南、最佳实践、试点项目等措施为自动化的未来交通做好准备，同时确保统一的监管并革新监管法规。2018 年美国自动驾驶汽车技术逐步走向无人化和商业化。2018 年 2 月，美国加州通过最新的自动驾驶汽车测试法规，允许企业不再需要测试司机，只由远程操作者对测试车辆进行远程监控便可测试无人驾驶汽车。

（三）制定首部物联网安全与标准政策

随着 IPv6 通信协议与 5G 通信技术的推广，万物互联时代即将来临。2020 年全球物联网市场将生产 200 亿台设备，但由于对物联网设备的防护难度较高以及对设备安全性的忽视，近年物联网安全事件呈增长态势。如2018年3月，Spiral Toys旗下的Cloud Pets系列智能动物玩具泄露200万儿童语音信息；2018年4月，中国成都双流机场连续发生多起无人机（无人飞行器）黑飞事件；2018年7月，美国自动售货机供应商Avanti Markets遭遇黑客入侵内网，攻击者在终端支付设备中植入恶意软件，窃取用户信用卡账户以及生物特征识别数据等个人信息。日益凸显的物联网安全问题推进美国政府对物联网安全监管的政策探索与实践。

2017年8月，美国国会发布《物联网网络安全改进法案》（*Internet of Things Cyber security Improvement Act*）希望通过设定联邦政府采购物联网设备的最低安全标准，改善政府所面临的物联网安全问题，并要求联邦政府的设备供应商遵循行业范围内的安全实践。2018年9月，美国事务处理性能委员会（TPC）表示，有必要制定全球性的物联网新基准TPCx-IoTBenchmark，或初始处理物联网数据的网关。物联网网关系统的标准“TPCx-IoTTPCx-IoT”作为首个物联网网关系统的标准，可以使行业能直接对不同物联网网关软件和硬件解决方案进行比较。[①] 2018年1月，美国商务部与国土安全部联合出台一份网络安全报告草案——《增强互联网和通讯生态系统对僵尸网络和其他自动化、分布式威胁的抵御能力》，报告对新的IPv6网络协议潜在的安全隐患问题表示担忧，建议美国政府加强向公众普及物联网安全性意识。

① 《美国出台多项物联网国家法案》，http：//news. xinhua08. com/a/20180920/1778545. shtml。

B.6
凸显全球影响力的金砖国家媒体格局研究报告

姬德强　应志慧*

摘　要： 报告首先梳理了“金砖国家”概念的历史演变，及其结构性和解构性特征，并呈现围绕“金砖国家”的一系列理论争论。随后，报告从金砖国家媒体的集体特征和个体差异两个维度，分析了地缘意义上的集体崛起和国家之间媒体发展和建制化的巨大差异。报告提出金砖五国需要在媒体领域寻找发展与合作的出路，才能进一步促进全球媒体格局的转型。在此基础上，报告从中国国际传播的立场出发，从规范层面和现实层面总结提炼金砖国家媒体存在的价值，同时强调，中国应当积极拥抱金砖概念从而不断驱动国际传播权力的转移。最后，报告选择五个国家的代表性媒体案例，分析了其在国际传播中的做法和经验。

关键词： 金砖国家　国际传播　全球影响力　媒体格局

一　全球传播视野中的金砖国家：怎样的崛起？

“金砖国家”（BRICS）已经不是一个新名词了。十八年来，这个 21 世

* 姬德强，博士，中国传媒大学国家传播创新研究中心副研究员，国际媒介与传播研究学会（IAMCR）国际传播分会副主席；应志慧，中国传媒大学传播研究院硕士研究生。

纪的新兴经济体的隐喻式代称已经广泛深入全球经济形势和政治格局的讨论，也激发了来自不同立场的学者对于新的国际秩序（包括全球媒体和传播秩序）的想象；与此同时，金砖五国也正以其不断增长的个体或集体影响力，在全球和地区事务上扮演着越来越重要——当然也是更加复杂——的角色。在这个意义上，理解“金砖国家”需要结合外部和内部两方面的视野，而这一辩证的视野处理的是金砖国家是否能对全球传播产生影响的范式（paradigm）问题。

就外部性而言，“金砖国家”既是一个建构的存在，也是一个解构的对象。“金砖国家”的概念本身首先是西方经济和金融精英“赋予”巴西、俄罗斯、印度、中国和南非的。2001 年，美国高盛公司首席经济师吉姆·奥尼尔（Jim O'Neill）在他的《建构更好的全球经济金砖》（*Building Better Global Economic BRICs*）[①] 一文中首次提出了“金砖四国”这一概念。2006 年，金砖四国外交部长在纽约聚首，开启了金砖国家的正式对话机制。2010 年，南非加入，金砖四国变为金砖五国（BRICS），直至今日。截至 2018 年底，金砖国家领导人峰会已经举办了十届。随着金砖国家新开发银行等机构和新合作机制的建立，一方面，金砖五国整体在全球经济格局中的作用日益显著，与既有全球机制比如国际货币基金组织和世界银行的关系也更加复杂；另一方面，金砖五国之间的经济、政治和文化关系也不断扩大和深化，既有共识也有矛盾和张力。伴随着“金砖国家”概念的流行和事实上作为一个合作机制的确立，质疑和解构的声音也从未间断。这些声音聚焦于“新兴经济体”经济模式的单一从而导致增长放缓和不做保证的可持续性，五国内部的巨大差异和显性与隐性的矛盾，以及各自的政治与社会制度的“问题”。哈什·庞特（Harsh V. Pant）认为，虽然欧美内部的经济与社会问题使国际金融秩序在 21 世纪以来出现了治理空白，[②] 代表新兴经济体的“金砖国家”可以借机对过往的旧秩序提供挑战，并想象和尝试一种新的秩

① Jim O'Neill, "Building Better Global Economic BRICs", https://www.goldmansachs.com/insights/archive/building-better.html.

② Harsh V. Pant, "The BRICS Fallacy", *The Washington Quarterly* 3, 2013.

序，但也许我们从一开始就把“金砖国家”吹捧得太高了。[①] 经济增长虽然在一定时期内相对较高，经济模式却是单一的，内部的不一致和难整合使五国对西方干预有着不同的反应，遑论五国经济体量之间的巨大差异和强弱分化，如此等等使“金砖五国”挑战全球经济和金融秩序仅仅成为一个“修辞”。[②] 从更长的历史时期来看，回顾 20 世纪，所谓“新兴经济体”（emerging economies）并不是一个新概念，包括“金砖国家”在内的新兴经济体在全球经济尤其是金融自由化中扮演了非常重要的角色。[③] 在这个意义上，“金砖国家”的崛起可以被认为是全球经济进一步自由化的一部分，直到下一次经济危机的出现。因为，在这个过程中，只有很少一部分国家，如当年的“亚洲四小龙”能够保持较长时期的经济增长，与此同时，全球资本主义也会继续去挖掘新的“新兴”经济体。所以，“新兴”不是暂时的，是不能发展成发达国家的，而可能是“永远的新兴”（forever emerging）。[④] 在这个意义上，有关“金砖国家”的讨论仍然没有跳出“世界体系理论”的“中心—边缘”的二元依附关系，相关讨论的出发点和标准仍然是顽固的“西方中心论”。

更深入分析上述讨论的意识形态本质，我们可以发现其内含的“霸权主义”叙事。从全球秩序的角度而言，由西方学者提出的“金砖国家”概念并没有如 20 世纪第三世界国家所积极和主动呈现的反帝与反殖民的内涵，而是暗含了某种“霸权主义”的替换危机。正如殷之光所说，“在一个新现实主义的基本逻辑预设下，强权依旧是秩序的制定者”。[⑤] 西方担心的是新的强权从非传统意义上的西方国家产生，而其中还有另外一种“霸权主义”

① Harsh V. Pant, “The BRICS Fallacy”, *The Washington Quarterly* 3, 2013.

② Harsh V. Pant, “The BRICS Fallacy”, *The Washington Quarterly* 3, 2013.

③ Ruchir Sharma, “Broken BRICs: Why the Rest Stopped Rising”, 2012, http://www.foreignaffairs.com/print/135439.

④ Ruchir Sharma, “Broken BRICs: Why the Rest Stopped Rising”, 2012, http://www.foreignaffairs.com/print/135439.

⑤ 殷之光：《国际主义：从第三世界独立历史出发的世界秩序叙事》，《东方学刊》2018 年第 1 期。

的存在，那就是曾经社会主义的俄罗斯和如今依然社会主义的中国，其间的意识形态色彩很浓重。因为，“在传统西方的永久和平观中，只有实现了制度与价值观的统一，才能实现真正意义上的和平”。[①] 在这个意义上，金砖五国在被命名者“他者化”的过程中，其各自历史中的经济、政治与社会实践的具体性和多样性也被忽略了。与此同时，金砖国家在经济领域的集体性崛起也与内部的各种分裂叙事深刻绑定在一起。比如，如何让政治制度或者政治文化发挥促进经济稳定增长的决定作用，在不同的发展中国家中是不一样的[②]（而这一趋势显然是不可持续的，因为可持续的经济增长模式与“不具有可持续性的”集中性权力制度是不可相融的）。简而言之，作为西方中心主义和霸权主义的现代民族国家世界秩序框架里的“他者”，经济崛起、挑战西方成为考察“金砖国家”的最主要考量，其他政治、文化与社会的本土色彩并没有得到太多关注。在这个意义上，金砖国家的崛起仅仅可以在现实主义国际关系框架里进行解释，而无法对新的国际秩序及其规范性观念的形成带来更多可能。

就内部性而言，金砖五国一方面进一步尝试在金融、贸易、文化乃至媒体等层面展开合作，另一方面也在各自利用金砖的概念和机制，展现自身在全球和地区关系中的重要性，凸显出一种“若即若离”的主体性。

以 2017 年 9 月 4 日发布的《金砖国家领导人厦门宣言》[③] 为例，文本中包含的金砖五国的主体性既有现实主义的利益关系，也有规范层面的对改变全球秩序的渴望，当然，很明显的是，中国把自身的经济和社会发展以及全球化话语植入了这一宣言。利益关系层面，宣言强调发展主义和五国之间的互补性；而全球秩序层面，宣言则从传播正义的角度聚焦于多样性和公正性的伦理诉求。引用宣言自身的话来说，“我们坚持发展事业，秉持多边主

---

① 殷之光：《国际主义：从第三世界独立历史出发的世界秩序叙事》，《东方学刊》2018 年第 1 期。

② Ruchir Sharma，“Broken BRICs：Why the Rest Stopped Rising”，2012，http：//www.foreignaffairs. com/print/135439.

③ 《金砖国家领导人厦门宣言》，新华社，http：//www. xinhuanet. com/world/2017 - 09/04/c_1121603652. htm。

义，共同推动建立更加公正、平等、公平、民主和有代表性的国际政治、经济秩序”。在这个意义上，我们发现，作为西方主导的全球化话语中的“新兴经济体”，在强调发展的同时——也伴随着变化的、复数的、在地性的发展观——也采用了20世纪后殖民语境中第三世界国家所使用的全球政治经济和传播新秩序的话语逻辑。在很大程度上，中国成为金砖五国中最愿意承担这一话语言说的国家，展示了中国主动的对于地缘政治代表性的诉求。为了佐证这一历史的和在地的逻辑，可以比照2018年领导人峰会后发布的《金砖国家领导人第十次会晤约翰内斯堡宣言》。[①] 除了一以贯之的对共同发展、多边主义和公平公正的全球秩序的展望，宣言还明确纳入了当地革命的政治遗产，即曼德拉所领导的民主化运动，如宣言所说：“我们在纳尔逊·曼德拉百年诞辰之际相会，认可他为全人类服务的价值观、原则和奉献精神，以及他为国际民主运动和全球和平文化推广所做的贡献。”在这个意义上，我们可以重申，金砖确实是一个开放包容的合作机制和话语空间，既能够上至人类和平发展，也能够下到每个国家的发展问题。就全球传播而言，金砖为每个国家都提供了一个探索合作和主动言说的平台，也使五个发展中国家都能够按照自身发展议程来讲述既相似又不同的金砖故事。

二　金砖五国的媒体格局：集体特征与个体差异

结束了金砖国家在全球崛起的元叙事分析，我们来看一下五国在媒体领域的发展与合作。

近年来，在经济实力和政治影响力迅速崛起的同时，媒体产业也成为金砖国家发展的一个不容忽视的增长点。可以说，除了对媒体产业增长的诉求之外，金砖五国在媒体发展中具有的共同点是试图利用媒体发展来争取国际认可，赢得话语权，成为区域化或全球化媒体建设中不可分割的一部分。其

① 《金砖国家领导人第十次会晤约翰内斯堡宣言》，新华社，http：//www. xinhuanet. com//world/2018 -07/27/c_ 1123182948. htm。

中，中国和俄罗斯聚焦媒体在全球传播秩序变迁中的推动作用，表现出政府更直接地参与媒体的扩张，而印度、巴西和南非的媒体因为地理区域的差异分别在南亚、拉丁美洲和非洲南部呈现区域化的媒体发展和影响力优势。在媒体产业的增长方面，金砖五国的互联网经济增长较为迅速。尽管经济发展水平和社会结构不均衡等因素影响了互联网的均等化普及，但整体上，五国的互联网用户数量都在稳步提升。社交媒体、数字付费、网络音乐、网络视频、共享经济等多样化的文化产业类型的嵌入成为金砖国家经济增长的新空间。当然，我们不得不提到的一个重要背景是，金砖五国占全球43%的人口体量是媒体产业发展的一个持续的资源动力。

如我们在第一部分所阐释的，外部性与内部性的认知差异，趋同的向心力和求异的离心力同时存在于“金砖国家”这个名词背后。就媒体产业而言，尽管使用了“金砖国家”这样一个结合体的名词，这五个国家的媒体制度和媒体发展的差异仍是十分显著的。在媒体发展的历史上，各个国家由于时代背景和政治、经济、文化、国际关系等结构性动力的不同，形成各异的媒体制度，比如南非长期的殖民历史和种族隔离制度与西式所谓自由媒体制度的嫁接，俄罗斯在冷战结束后利用媒体扩张试图恢复曾经的国际地位，等等。就国际传播而言，金砖各国的目的不同，采取的传播形式也依据国情发展不一：印度、巴西由自由市场构成的媒体产业向外输出的更多是电视剧、电影这类文化产品，重视经济效益的获取，并且传播的辐射面着重于周围国家，而中国、俄罗斯这类政府主导的媒体“走出去”则更多是通过新闻媒体等建制化媒体传递国家声音和价值观，并尝试从理念和结构上谋求改变不平衡的国际传播格局。

下面，我们将简要梳理和分析五国的媒体产业和媒体制度，以求描画不断凸显着全球和地区影响力的金砖国家的媒体格局。

（一）俄罗斯

1991年苏联解体后，俄罗斯面临经济社会大转型，独立媒体迎来了一段黄金发展期，传媒集团通过接受政府资助和并购，呈现集中化趋势。在经济和政治势力的控制下，传媒企业成为获取利益和谈判的筹码。2000年普京上任后，政府通过整肃独立媒体、严管广电媒体、运用经济大棒等手段瓦解“逆鳞”寡头，重新掌控媒体。[①] 目前，俄罗斯媒体大致可以划分为政府独资媒体、国营媒体和国有商业媒体，同时对外国资本投资媒体行业有严格的准入限制。政府在媒体管理中承担主体角色，设立的主要管理部门是俄罗斯联邦通讯与大众传媒部，下属新闻出版与大众传媒署、俄罗斯联邦电信、信息技术和大众传媒监管局共同对广播电视媒体进行监管，除此之外还通过经济手段实施控制。历经30年的市场化转型和集中化发展，俄罗斯媒体实现了自身由“舆论工具”到“现代传媒集团”的转变，这是市场经济原理和准则在媒体行业运用的结果。[②]

俄罗斯媒体监督委员会（Роскомнадзор）2017年的统计数据显示，目前俄罗斯共有注册媒体78355家。其中，杂志占37%，报纸占28%，网络媒体占11%，电视媒体占10%，广播媒体占7%，通讯社占2%。虽然杂志类媒体占比最高，但其社会影响力并非最高。电视媒体依然占据俄罗斯媒体的核心位置，分为国家级（约有20个）和地方级（有900余个）电视台，两者传播力悬殊。网络媒体在近几年获得了迅猛发展，网站数量大约有600万个，居世界第六位。

俄罗斯的互联网用户数量在2017年达到8700万，移动互联网用户在2017年增加了20%。[③] YouTube是俄罗斯最受欢迎的社交媒体工具，约有63%的俄罗斯网民在使用。互联网媒体的兴起以及观众对新闻和娱乐内容需求的多样化推动了俄罗斯媒体行业加快转型。新媒体在俄罗斯的发展也如传统媒体一样受到许多规制和监管。

在对外宣传上，2005年成立的今日俄罗斯电视台（Russia Today）异

---

① 展江：《普京治下俄罗斯国家与媒体关系探析》，《南京社会科学》2009年第4期。

② 王海、申龙飞、周婧怡：《俄罗斯媒体市场化转型与集中化发展的政府规制导向》，《新闻战线》2018年第13期。

③ 《媒体：2017年俄罗斯网民总数达8700万人　增长3.5%》，俄罗斯卫星通讯社，http://sputniknews.cn/russia/201801171024499058/，2018年1月17日。

军突起，成为最重要的外宣媒体。作为主流媒体顺应新媒体的崛起，重视国际化专业传播团队的建设，今日俄罗斯电视台在 YouTube、Facebook、Instagram 等新媒体平台，采用本土化传播策略，开设多种语言频道对不同目标群体进行差异化的、精准的国际传播。

（二）中国

从传媒产业结构上看，传统媒体市场从 2011 年起整体呈现衰退的趋势，互联网和娱乐产业崛起为传媒产业中的支柱行业。截至 2016 年，中国的报纸种类为 1894 种，报纸出版数量约 390 亿份，递减趋势明显。到 2017 年，移动互联网占媒体产业的市场份额超过一半（51%），广播电视约占 13%。在文化产业方面，中国目前是仅次于美国的世界第二大电影市场，电视受到互联网冲击地位下降但在内容创新和公信力上仍保持良好态势，互联网娱乐进入规范化轨道，短视频用户规模达 6.12 亿。中国网民规模在 2018 年底达到 8.29 亿，手机网民规模达到 8.17 亿，微信朋友圈、QQ 空间和微博使用率分别为 83.4%、58.8% 和 42.3%，社交媒体的商业变现能力有了稳步提升。[①]

改革开放以来，中国的媒体制度保持了“一元体制，二元运作”，也是在改革开放背景下，中国媒体规制的变迁伴随着市场化提速而持续加速，[②] 变得愈加复杂。在传统媒体监管方面，形成了以党和政府的宣传、思想和文化管理部门为主导，各类媒体行业组织自律为配合的监管制度。近来，随着“媒体融合”逐渐从技术和产业议程转化为政治议程，[③] 中国的媒体制度也随着技术和市场环境的变化，主动、适时地进行了调整，以创新性、包容性和整合性为特征的“全媒体”政策将催生新型传媒集群和

① 中国互联网络信息中心：《第 43 次中国互联网络发展现状统计报告》，http://www.cnnic.net.cn/hlwfzyj/hlwxzbg/hlwtjbg/201902/t20190228_70645.htm，2019 年 2 月 28 日。

② 喻国明、苏林森：《中国媒介规制的发展、问题与未来方向》，《现代传播（中国传媒大学学报）》2010 年第 1 期。

③ 姬德强：《短视频驱动下的媒体融合：问题与挑战》，载梅宁华、支庭荣主编《中国媒体融合发展报告（2019）》，社会科学文献出版社，2019，第 88 页。

媒体平台，乃至新的数字基础设施[①]的出现。在网络媒体监管方面，法治化进程不断推进，以大数据和人工智能为代表的新技术正在成为有效监管的技术保障。

20 世纪末期“走出去”战略制定后，中国的国有媒体逐渐开辟了国际化发展道路。加入 WTO 后，在经济全球化的浪潮下，中国传媒市场面临激烈的竞争和生存压力，加之以美国为主导的西方舆论环境对中国对外传播的长期怀疑乃至敌对，国家开始注重软实力和国家形象建设，通过政府与市场结合推动传媒和文化产业“走出去”。2009 年以来，面对“中国威胁论”“中国殖民论”等刻板论调，中国媒体尝试在“西强我弱”的国际舆论格局中通过自我生长进行突破，发展国际传播，在跨文化传播框架下巧妙讲述中国故事。[②] 经过十余年的努力，中国初步建立了覆盖全球的以国家媒体为主体、文化机构为辅助的国际传播新体系和新格局，下一步需要“胸怀大局、把握大势、着眼大事”，注重内涵发展，善用新兴媒体，制定“一国一策”，增强传播实效。[③] 处在世界多极化、经济全球化、文化多元化、社会信息化的数字媒体时代，“一带一路”倡议的全面推进为中国对外传播事业的创新提供了难得的历史机遇，[④] 对亚洲和非洲国家在通信领域方面的积极援助也有助于中国的全球话语传播，讲好中国故事。

（三）印度

由于价格低廉、识字率提升和互联网普及度低等原因，以报纸为代表的传统媒体在印度传媒行业中的地位仍独占鳌头。印度报纸种类约有 77600 种，通用语言以英语和印地语为主。媒体行业构成中，电视、电影、印刷共

---

① 姬德强：《媒体融合：打造数字时代的基础设施》，《中国社会科学报》2019 年 8 月 2 日。

② 黄廓、姜飞：《国际主流媒体发展战略研究及其对中国国际传播的启示》，《现代传播（中国传媒大学学报）》2013 年第 2 期。

③ 胡正荣：《国际传播的三个关键：全媒体·一国一策·精准化》，《对外传播》2017 年第 8 期。

④ 史安斌、盛阳：《“一带一路”背景下我国对外传播的创新路径》，《新闻与写作》2017 年第 8 期。

占据了85.6%，但增长态势远不及游戏和数字广告等新产业。作为继美国和中国之后的全球第三大电视市场，印度拥有1.68亿家庭电视用户。截至2018年，印度互联网用户达到5.66亿，普及率为40%，成为全球互联网普及增速最快的国家之一。由于政府积极的数字化普及和廉价网络政策，“数字化印度”形成了不可阻挡的潮流，农村互联网普及率三年内从9%上升到25%，城乡差距和性别差距明显缩小。[①]

印度社交媒体的传播影响力显著提升，2017年超过美国成为Facebook第一大国，活跃用户达到2.41亿人，用户增速是美国的2倍。[②] 印度多年以来效率低下的官僚机构和腐败问题阻碍了互联网工程的推进，直至2014年，莫迪政府上任后积极推动新媒体技术建设，并与硅谷众多科技公司展开合作。据业界估计，到2023年，印度的互联网用户将达到6.664亿，成为全球第二大的互联网市场。[③]

印度的媒体类型可以梳理出三种模式：首先是多样化的独立媒体，其次是国家控制的媒体，最后是一些团体和组织拥有的小型媒体。[④] 印度社会对于媒体行业长期奉行自由主义的政策，以保持新闻媒体的独立，并在1966年成立了新闻理事会（Press Council of lndia）专门负责监督国家权力机构。尽管版权费用高昂，印度广播行业仍保持活力。在新闻媒体的管理和规制上，印度缺乏相关的新闻法与真正有效的新闻自由保护机构，同时，自由主义体制下高度的商业化不可避免地使媒体组织为了牟取利益而成为政治阶层和商业集团的工具。政府对媒体施加间接控制较为普遍，比如，政府通过向杂志、报纸、新闻机构提供补贴，并提供印刷和广告配额，以便使媒体获得优惠待遇。

印度在全球范围内日益提升的形象很大程度上归功于其文化创意产业、

① https：//dazeinfo. com/2019/03/08/india – internet – users – 2018 – mobile – report/.

② 《Facebook印度活跃用户超美国成全球第一》，腾讯科技，http：//tech. qq. com/a/20170714/046569. htm。

③ Number of internet users in India from 2015 to 2023（in millions），statista 2019.

④ Mushtaq S.，Baig F.，“Indian Media System：An Application of Comparative Media Approach”，*South Asian Studies* 31（2），2016.

媒体和通信业的活力，媒体与电信行业迅速自由化、私有化和放松管制的政策，与数字传播分发技术结合改变了印度的媒体格局。① 在全球文化产业中，印度以宝莱坞为代表的电影工厂最为突出，为世界提供了一个流行的印度定义，推动印度从南亚走向世界，也推动了全球信息流动从单边性迈向多边性。

（四）巴西

2013～2017 年，巴西报业市场的年增长率为 4%。当前，电视仍是巴西最常用的媒体，2016 年，巴西拥有近 6500 万个电视家庭。与此同时，互联网行业蓬勃发展，2016 年，巴西拥有 1.19 亿互联网用户，约占人口的 55.65%，预计到 2021 年这一数字将超过 1.33 亿。特别在社交媒体方面，巴西拥有 1.021 亿 Facebook 用户，约占人口一半，与印度相似，是全球最活跃的 Facebook 用户市场之一。

20 世纪 70 年代末，巴西重新踏上民主化进程后，逐步放松新闻管制，激活了国际传播的生命力。在规制和监管方面，1988 年巴西宪法规定了言论自由和新闻自由，设立了通信部，依据法律监督和管理媒体传播内容，针对互联网和其他新媒体活动订立了《巴西电信法》《信息获取法》等规范条例。巴西的广播政策与政治利益和国家控制密切相关，政府通过广播和电视许可证的分发作为对媒体产业的“赞助”。巴西的公共服务媒体和广播并没有为加强社会民主做出贡献的历史，也没有起到提高教育和文化水平的作用，相反，市场媒体和商业广播在很大程度上承担了这一责任，并且在传统上也允许市场媒体不受限制地发展。② 寡头政治和教会集团控制着巴西的许多媒体企业，以至于媒体在实施公共服务方面面临长期的困难。但媒体集团在整个拉丁美洲的不断扩大，以及互联网发展和卫星等新技术的提升，使今

---

① Thussu D. K.，“A Million Media Now! The Rise of India on the Global Scene”，*The Round Table* 101（5），2012.

② Matos C.，“Media and Democracy in Brazil”，*Westminster papers in communication and culture* 8（1），2011.

天巴西的媒体格局与过往有所不同。

随着在世界信息与传播格局中地位的提升，巴西更加重视国际新闻、国际媒体和文化产业，开办了面向葡语世界的国际电视频道——环球国际有限电视频道（Global International Cable TV），节目内容多元化，视角全球化，成为葡语世界观看巴西的一扇窗口。国产电视剧是巴西的一大文化特色产品，从20世纪70年代以来走出拉丁美洲扩展到了全球。巴西政府重视公共外交，在2010年3月设立了专门负责对外传播的门户网站Portal Brasil，网站设有英语、葡语、西语三种语言，汇聚巴西媒体与国际媒体对巴西的新闻报道。①

（五）南非

相比而言，南非的媒体市场是金砖国家中最不发达的，媒体部门也是非洲大陆上最复杂的。经过十多年的数字技术发展，南非的娱乐和媒体行业收入预计将从2014年的1212亿兰特增长到2019年的1763亿兰特，复合增长率为9.4%。② 传统报纸市场相对稳定，但针对特定群体的小报市场呈现惊人的增长。广播电视由南非独立通信管理局（ICASA）监管。电视是受监管最严格的媒体部门。与广播媒体的监管不同，印刷媒体没有明确的法律规范条例。南非通讯社是南非唯一的全国性通讯社，独立于政府经营，在非洲南部影响较大。截至2018年底，南非拥有近3100万互联网用户，互联网普及率占国家总人口的53.7%，③ 32%的南非人口（约1800万）是活跃的社交媒体用户。其中绝大部分都使用移动媒体工具，最主要的功能需求是通信，其次是社交网络和娱乐。互联网广告将成为媒体收入的主要贡献领域，数字付费和电子竞技、网络音乐等媒体娱乐产业将成为新媒体发展的重要推动者。

① 周俊、毛湛文：《巴西国际传播的发展与特点》，《中国记者》2012年第1期。

② "Digital fuels growth in Africa's entertainment and media industry", PWC. https://www.pwc.co.za/en/press-room/digital-fuels-growth.html.

③ "Internet World Stats", https://www.internetworldstats.com/af/za.htm.

南非媒体历史可分为种族隔离时期和种族隔离后两个主要阶段，在种族隔离的黑暗时期，言论自由受到严格控制，鉴于这一历史，南非后来将新闻自由写入宪法以摆脱政府对媒体的控制。南非媒体产业的特点是混合媒体经济，媒体数量众多，国有和私营媒体并存。

目前，独立报业集团、时代媒介集团、纳斯派斯集团、卡克斯顿集团和新非洲投资集团组成了南非的五大媒介集团，相互竞争，积极拓展国际业务。除了泛非网络 M-Net 的更大知名度外，该国的电影产量也有了大幅增长，从 2005 年的 5 部增加到 2017 年的 222 部。① 南非对于国际重大新闻事件的关注不断提升，媒体对相关事件或活动的参与和投入持续深化，并通过世界杯等全球媒介事件来提升媒体的国际认知度。

根据以上梳理，金砖国家传媒业和通信业发展虽不均衡但保持了较高增速，其对“软实力”的关注起初也都是与壮大本土文化产业相关的，只不过巴西的发展重点是电视剧，印度是电影，中国与俄罗斯的重点则是新闻。② 传媒娱乐产业在金砖国家中都是经济的朝阳产业，依赖新兴媒体技术展露出高增长的态势。以中国为例，截至 2018 年 12 月，网络视频、网络音乐和网络游戏的用户规模分别为 6.12 亿、5.76 亿和 4.84 亿，移动广告的市场规模超过了传统媒体广告市场的总和。虽然以美国为模式的商业媒体系统已经全球化，但是像金砖国家这样的由技术创新和新的消费模式引发的转变，正在从底部推动新形式或者另类的“全球化”文化产品。

金砖国家媒体的兴起和成熟为发展中国家媒体的去西方化或者去美国化提供了一种选择，但五国在语言、历史、政治制度、文化、媒体系统方面的差异巨大；在内部，这些国家经历了快速的经济、社会、政治、技术和文化转型。它们与西方殖民主义的不同关系以及不同的当代地缘政治地位，形成

① “Ntional Film and Video Foundation”, http://www.nfvf.co.za/home/?ipkMenuID=1.

② 梁悦悦：《金砖国家经验与全球媒介研究创新——约瑟夫·斯特劳巴哈教授访谈》，《国际新闻界》2017 年第 3 期。

了它们对当前在世界中地位的不同看法和观点。[①] 内部的多样性和差异性成为金砖国家实现长远合作不得不克服的困难。

因此，对于金砖国家媒体格局、制度及其国际影响力的研究需要在充分认识到差异性的基础上，理解各国媒体和新闻业与本土政治和国际体系的关系，并承认发展的过程充满了矛盾，而不是单向进化和一帆风顺。

三　中国国际传播视野中的金砖国家

2017 年 9 月 4 日，中国国家主席习近平在金砖国家领导人厦门会晤大范围会议上提出，金砖国家应在合作的第二个十年，“致力于推动国际秩序朝更加公正合理方向发展”。这里的更加公正合理的国际秩序就包括一个更加公正合理的国际传播秩序。这是除了合作发展议程之外，中国领导人所提出的更加开放和更加包容的国际格局和文明秩序的新主张。基于此，中国国际传播视野中的金砖国家及其全球影响力，可以划分为两种认识论。

第一是规范层面，强调从国际传播秩序的伦理正义出发，思考如何通过金砖机制，重塑国际传播的公平公正，尤其是赋予全球南方国家平等的传播权利，这也是以反种族、反殖民和反帝国主义为内核的 20 世纪国际传播新秩序运动的遗产之一。正如龙小农所说，“金砖国家崛起及其传媒合作是推动全球传播秩序重构的重要变量，但也要遵循全球传播秩序变迁自有其规律和基本遵循”。[②] 这里涉及的是对一个理想国际传播秩序的规范性诉求，也是基本内化了一个反对媒介帝国主义的经典国际传播范式框架。不管是中国自身还是金砖机制，都在这一框架内被赋予了一个未完成的历史使命。芬兰学者卡尔·诺登斯顿（Karle Nordenstreng）的总结更值得回味：“金砖国家的力量在于促使我们把视野放置在更广泛的世界格局和政治经济结构上，并

---

① Hongmei Li，Leslie L. Marsh，“Building the BRICS：Media，Nation Branding，and Global Citizenship”，*International Journal of Communication* 10，2016.

② 龙小农：《金砖国家重构全球传播秩序：历史依据与现实路径》，《现代传播》2019 年第 6 期。

要求我们思考宏观的理论问题，重拾后殖民主义传统和重视非西方文明，迈向一个去西方化的世界。”[①] 近年来，诺登斯顿教授也通过与中国传媒学者合作研究金砖国家媒体，实践着这一学术主张。

第二是现实层面，讲好金砖故事[②]是中国国际传播的重要抓手之一。在一个中国驱动的建设人类命运共同体的背景下，机遇与挑战并存，合作与矛盾共生，更加复杂的国际与地区状况要求全球化的中国需要多个平台、多个抓手来进行多边外交，实施多维度的国际传播。金砖就是一个重要抓手，可以借助四个国家在欧亚、非洲、南美和南亚的影响力，以及金砖国家作为新兴经济体的集体形象，提升中国的传播力和影响力。与此同时，以金砖国家为目标和抓手的国际传播也是包括“一带一路”在内中国其他国际传播战略的重要补充。多个平台多条路，才能在应对国际舆论危机、影响国际舆论环境上游刃有余。因此，中国国际传播视野中的金砖国家，既有规范性价值，也有现实的操作价值。

四　金砖国家媒体全球传播的经典案例：一国一例

（一）俄罗斯：今日俄罗斯（RT）

今日俄罗斯（Russia Today 或 RT）是由俄罗斯政府资助的俄罗斯国际电视网络，是一个主要针对俄罗斯境外的国际受众进行传播报道的电视频道，用以提升其国际形象。该电视台提供英语、西班牙语、阿拉伯语等多种语言内容，全天候播出新闻、纪录片、脱口秀等多样化的文化节目，并声称拥有超过 5.5 亿的受众。RT 是俄罗斯试图融入国际社会的传播途径之一，同时渴望“与西方价值观不相容”的民族主义，它的标语“更多问题”传达了俄罗斯政府对西方主流媒体话语的质疑，在这方面上看，RT 被一些研

① 姬德强、李展：《2017 中国传播论坛暨金砖国家传媒国际研讨会综述》，《现代传播》2018 年第 10 期。

② 高晓虹、赵晨：《提升合作传播能力　讲好金砖国家故事》，《对外传播》2017 年第 6 期。

究者认为是代表克里姆林宫的一个声音，媒体最终的编辑权力仍掌握在政府手中。[①]

RT 的创建是俄罗斯在国际传播中公共关系战略的一部分，其全部收入来自国家财政，获得的国家预算收入在逐年提升，即使在金融危机时期政府的财政支持也没有减弱，可以说 RT 能够在世界媒体中占有一席地位，离不开俄罗斯政府在背后的强力支持。2005 年后，RT 在几年间不断发展壮大，于 2007 年建立了阿拉伯语频道，2009 年建立了西班牙频道，2010 年建立了专注于面向美国传播的 RT America。除此之外，RT 还开设有纪录片频道和 YouTube 等社交账号。RT 在国际传播中对传播对象进行了精准化的定位，利用新媒体技术分发内容产品，并且根据全球主要语种的差异化开设了主频道和美国、英国、法国、西语、俄语、德语、阿语共 8 个频道，实施全面化本土化战略，高度适配变化的市场需求。

（二）中国：中国国际电视台（CGTN）

中国国际电视台（CGTN）于 2016 年 12 月 31 日开播，由央视各外语频道统一更换频道台标和呼号，合并成为中国首家环球电视网。CGTN 共有英语、西语、法语、阿语、俄语、纪录等 6 个国际频道，3 个海外分台，1 个视频通讯社，1 个以移动新闻网为主的新媒体集群。目前 CGTN 在全球 150 多个国家和地区落地，拥有超过 2.4 亿用户。CGTN 的 Facebook 主账号拥有超过 7000 万粉丝，[②] 远超其他西方主流媒体，除了主账号，还建立了 CGTN 美国、CGTN 非洲等多语种的分账号。

面对全球化下的孤立主义、民粹主义等国际传播环境，日益争夺激烈的国际话语权使中国的舆论形势不容乐观。内部看，新时代中国的国家意志要求对外国际传播能力的建设；而在外部，中国处在国际传播的黄金时代，拥

---

① Nordenstreng, K. , & Thussu, D. K. (Eds.), *Mapping BRICS Media*, Routledge, 2015.

② Sarah Cook, "The Globalization of China's Media Controls: Key Trends From 2018", https://thediplomat.com/2018/12/the-globalization-of-chinas-media-controls-key-trends-from-2018/.

有良好的外部环境来建设话语权，实现国际媒体发展上的弯道超车。从CCTV到CGTN不只是呼号的改变，它更是承担着对外传递中国声音的旗舰角色，提升了中国在国际新闻界的影响力，避免在国际舞台上的失语失声状态。CGTN的口号“See the difference”意为“看见不同”，通过CGTN，让世界看见中国的身影，也让中国看见世界不同的观点，这与习近平总书记对国际传播工作提出的“联接中外、沟通世界”的期盼相辅相成、相契相合。[①] CGTN的建设正是中国想要重塑在全球传播格局中的位置，改变中国在全球的形象，希望通过题材严肃而非商业化、娱乐化的文化产品来塑造国家形象。[②] 与此同时，CGTN试图向全球展示一个更加客观、真实和立体的世界，向全球受众提供公共信息产品。

（三）南非：M-Net

1971年，南非广播公司设立南非广播公司电视台（SABC-TV）。之后，南非电视的发展一直是单一的国家所有制，直到1986年M-Net的创建，才结束了南非电视台的垄断局面。M-Net是非洲最有影响力的收费电视频道，由纳斯派斯集团建立，从1992年起开始服务于非洲各国，1995年起开始面向欧洲国家播送节目，包括南非在内的40多个非洲国家共有100多万用户订购该频道的节目。[③]

M-Net所属的纳斯派斯集团通过海外并购、引入外资拓宽国际业务。非洲媒体市场目前仍以电视为核心，M-net对非洲市场持续加大对电视业务的投入，逐步渗透到南非、亚洲、欧洲和美洲延伸付费电视网络。另外，在引进国外节目接轨世界文化上，M-Net与国外媒体通力合作打通传输路径，帮助观众及时了解国际电视的最新动态。

---

① 《CCTV变CGTN，央视下的是一步什么棋》，http://www.ichmw.com/show-10-156-1.html。

② 梁悦悦：《金砖国家经验与全球媒介研究创新——约瑟夫·斯特劳巴哈教授访谈》，《国际新闻界》2017年第3期。

③ 王丹娜：《南非国际传播的发展与特点》，《中国记者》2012年第3期。

（四）巴西：环球电视网

环球电视网于1965年创建，是巴西最大最具影响力的电视台，也是拉丁美洲最大的商业电视网。环球电视网在起步阶段就和美国企业合作建立起了先进的现代化商业电视经营模式，成为第一家以跨国公司模式组建的电视台。

新闻网络对全球媒体流量的影响相对较小，与金砖国家中的俄罗斯和中国更多聚焦于新闻不同，巴西在电视娱乐上获取了国际传播的捷径。内容主要分为娱乐、体育和新闻三个板块，1966年后环球电视网开始制作电视剧，几十年的电视剧发展令其成为全球最大的肥皂剧制造商，“内容为王”的发展理念生产大量优质的电视剧打开了国际市场，将巴西故事传播到世界各地。① 环球电视网在对外输出文化产品时，尊重受众需求，提前对引进国家的社会文化进行调研分析，了解落地受众的收视习惯，对剧集进行删减处理，并设立专门的互动频道“环球聊天室”，增强受众黏度。

（五）印度：《印度时报》

《印度时报》创建于1838年，是印度历史最悠久的英文报纸，也是当今世界上发行量最大的英文报纸。它在印度中产阶级和上层社会中有着广泛影响力，同时其网站得益于与门户网站的合作，拥有世界上最大的报纸网站点击量。

作为具有代表性的印度英文报纸，《印度时报》成为印度与国际交流的重要平台和纽带，在内容生产编辑上关注国际问题，实现国内外信息与价值观的互动和流通，对外潜移默化地传递印度的态度与声音。印度媒体在南亚地区有着区域化的优势，但从《印度时报》的国际新闻报道可以观察到它对亚洲整体的关注不够，而更关注美国等西方大国。② 近年来，第三世界国家的崛起加速了印度国际传播的迫切需求，《印度时报》拥有的庞大受众群体使其成为让世界认识印度的重要窗口与舆论的风向标。

---

① 朱婧：《巴西环球电视网的传播策略及启示》，《新闻论坛》2017年第3期。

② 赵瑞琦：《〈印度时报〉的发展与国际传播特点》，《中国记者》2012年第6期。

技术—实践篇

Reports on Technology-Practice

B.7
无人机传播应用发展报告

黄骏　彭兰*

摘　要： 作为传播技术的无人机正浸入人们日常的传播实践之中。无人机技术不仅创新了传统媒体的新闻报道方式，改写了常规的电影等视听行业的生产模式，还促进了空中图像民主化运动，给予每个个体从空中观看世界和分享世界的权利。无人机应用的发展，需要相应的管理措施、道德规范及人才培养做保障。未来的无人机技术应朝着更加专业化、系统化和规范化的方向发展。

关键词： 无人机　传播技术　传感器　人工智能　用户生成内容

---

* 黄骏，武汉市社会科学院文化与历史研究所助理研究员、清华大学新闻与传播学院博士生；彭兰，清华大学新闻与传播学院教授、博士生导师，新媒体研究中心主任。

与大数据、虚拟现实以及人工智能等新技术一样，具有“视觉义肢”特性的无人机技术正逐步渗透到各种行业发展以及日常生活之中。中国深圳被全球无人机爱好者称为“无人机之都”，拥有无人机行业企业2000余家，全行业年产值超过300亿元，占全球民用无人机市场的70%以上。[①] 2018年9月，世界海关组织协调制度委员会（HSC）将无人机归类为“会飞的照相机”，在贸易上按照“照相机”来管制，这有利于我国此类商品出口到国外的民用市场。

最早作为军事用途的无人机，现如今已经在农业耕种、社会安保、商品物流以及医疗救助等领域发挥作用。不过，与人们日常生活联系最紧密的，当属消费级无人机所带来的传播领域的变革。无人机在新闻领域的应用有哪些主要方向？无人机正在对影视制作产生什么影响？无人机和其他技术结合还将如何推动传媒业变革？无人机在管控与人才培养方面的挑战是什么？本文将对这些问题进行逐一梳理。

一　鸟瞰的历史：从摩天大楼到无人机

人类自古就有登高望远的需求，王之涣的“欲穷千里目，更上一层楼”代表了人们登高放眼、不断拓展新视野的愿望。随着工业化的发展，人们在钢筋混凝土的城市中，搭建高耸的摩天大楼以塑造城市中心，拓展人类的观视范围。而放眼郊外，滑翔伞与热气球将人们短暂送上天空去感受俯瞰的魅力。19世纪中叶，在商业摄影发明后不久，“冒险爱好者”借助气球、风筝甚至火箭将相机发射到了天空来记录景色。[②] 1860年，美国摄影师詹姆斯·布莱克乘坐热气球，在波士顿630米上空拍摄了现存最古老的航拍照片。20世纪后期以来，技术的进步将短暂的俯视瞬间记录下来，机械摇臂、航拍直升机以及谷歌地球为专业机构获取鸟瞰素材提供了条件。而无人机的广泛应

① 杨阳腾：《无人机获国际市场“通行证”》，《经济日报》2018年11月20日。

② Olivia B. Waxman, “Aerial Photography's Surprising Role in History”, *Time Magazine*, 2018-05-31, http://time.com/longform/aerial-photography-drones-history/.

用使“空中图像民主化”，普通人也有了鸟瞰世界的权利。

无人机，英文中被称为“Drone”或“UAV”（Unmanned Aerial Vehicle），指的是利用无线电遥控设备和自备的程序控制装置操纵的不载人飞行器。由于其易于操作、价格低廉以及方便携带等优势，无人机逐渐渗透进众多行业，尤其对传统的专业航拍领域带来冲击。对于记者来说，无人机既不是军事武器也不是玩具，而是协助记者拓宽采访视角、挖掘故事深度的重要手段。而对于普通人而言，它亦可以是旅行途中探寻不一样风景的“第三只眼”。作为一种有效的全景影像获取设备，无人机逐渐渗透进普通消费者市场。通过搭载高清摄像头，小型无人机可以在高空拍摄或录制影视素材，包括极限运动航拍作品、风景航拍作品以及商业宣传片等，无人机航拍作品的全新视觉体验在社交媒体平台中广受欢迎。

二　“天空之眼”：无人机创新新闻报道

无人机方便、快捷以及视角独特等优势，使它成为专业新闻机构的标配。自2016年美国联邦航空管理局（FAA）宣布通过测试的记者可以使用无人机来进行新闻报道以来，在2017～2018年里，美国全国新闻摄影师协会和波因特学院（Poynter）已经为几百名记者准备了无人机飞行认证。麦克拉奇报业（MNI）拥有43名持有执照的无人机飞行员，而拥有近30名无人机飞行员的美国有线电视新闻网（CNN）围绕无人机报道组建了一个新的机构——CNN AIR。

早在2015年6月，新华网就成立了无人机新闻编队，这也是我国首个专业化的无人机航拍新闻团队，同时新华网开设了专门的无人机频道，集中发布无人机新闻作品。2016年3月，人民网联合美国高通公司和零度智控启动了无人机报道战略。在央视，无人机也进入常规新闻报道和大型活动报道或表演中。在地方媒体方面，地方电视台也纷纷将无人机拍摄技术融入本地的新闻报道与直播中，例如北京电视台、山东电视台、深圳广电以及云南电视台等省市电视台购置充足的无人机设备，利用无人机在新闻现场摄录素材，或进行连线直播。

目前，无人机在新闻报道中的应用主要体现在以下三个方面。

（一）突发事件现场的快速到达与多层面素材采集

突发事件报道是媒体记者抢发头条新闻的重要阵地，而照片或视频对于事件现场的还原至关重要。过去对于人难以达及或难以进行全面观察的某些现场，一些媒体也会通过直升机来进行航拍。不过由于突发现场环境复杂，贸然使用直升机航拍可能会对现场工作产生干扰，媒体通常也很难快速调动直升机资源。无人机的出现，为记者的“到达”提供了一种便利的方案，无人机飞行高度更低，可以捕捉很多直升机拍摄不能获得的细节。因此，无人机可以成为记者的重要工具，既可以从空中获得现场的完整图景，又可以深入某些局部进行近距离拍摄。

2015 年 8 月，天津港国际物流中心发生爆炸，事发当天《人民日报》、新华社、《北京青年报》、《新京报》、《法制晚报》等媒体的摄影记者赶到现场通过无人机拍摄了大量的现场鸟瞰图片。新京报的首席记者陈杰的无人机作品《天津爆炸》获得了 2016 年世界新闻摄影“荷赛奖”，这是国内新闻记者用无人机拍摄的照片首次获得“荷赛奖”。这次事件也让中国媒体感受到了无人机在突发事件报道中的独特力量，此后，在洪灾、地震等灾害报道中，无人机拍摄的照片、视频几乎成了标配。

同样的情形也发生在美国的 FOX 电视台，它们在报道飓风厄玛（Hurricane Irma）时也采用了无人机技术。FOX 播出的 4 分多钟的新闻视频，以无人机航拍与记者现场出镜画面穿插剪辑的方式报道灾后的佛罗里达群岛。航拍镜头展示了大量倒塌的房屋和树木，而记者的近距离体验补充了画面细节——岛上的水电及通信设施大面积被破坏，最终导致岛上的居民都暂时离开以避难。① 因此，航拍的视频镜头在灾难报道中既可以运用于高空

① “Drone footage reveals staggering damage in Florida Keys”, Fox News, https: //www. youtube. com/watch? v = wIHsXys_ pyY.

全景俯瞰新闻现场，也能低空追随飞行增强视觉的动态效果，恰当地补全了记者出镜报道时缺乏全景和动态画面的不足。

类似地，2018 年 9 月的巴西国家博物馆大火的报道中，美国公共广播电台（NPR）借助无人机第一时间传回了博物馆的航拍图片，向观众传达了这座南美洲最大博物馆烧成废墟的惨状（见图 1）。

图 1　巴西国家博物馆大火后的残骸

资料来源：https：//www. usatoday. com/story/tech/news/2018/07/03/drones – replace – july – 4th – fireworks – western – towns – worried – wildfires/752966002/。

有从业者指出，无人机的灵活性使其更容易深入城市的 3D 环境（Dull、Dirty、Dangerous），即枯燥、脏乱和危险。[①] 它能帮助拍摄者在相对安全的区域完成飞行、拍摄、传输和发送等一整套流程。记者使用无人机的绝妙之处不仅仅在于它是一个报道工具以及搜集内容的新方式，它还能提供保护记者自身的安全区域。记者的工作正在变得越来越危险，无人机能够使记者在免受伤害的同时成为有价值的天空之眼。它能预见到记者将要面临的伤害，并在事情变得更糟时成为搜索救援的有力工具。[②]

① 陈立：《无人机 + 新闻媒体如何开启飞行模式》，《中国航天报》2016 年 1 月 19 日。

② Peck, G. , “Eyes in the Sky：Drones Delivering News”, http：//www. editorandpublisher. com/news/eyes – in – the – sky – drones – delivering – news/.

（二）宏大场面的全景拍摄

尺有所短，寸有所长，并不是所有的新闻场景都适合航拍。有媒体从业者归纳了无人机适合宏大题材的叙事，突出体现在四个方面：城市建设大格局、山川海岛大景观、节庆活动大场面和新闻事件大现场。① 如2018年的港珠澳大桥通车的报道中，央视动用无人机拍摄了这座世界级工程恢宏的气势，体现了这座世界最长跨海大桥的建设规模与高超设计。这种从未有过的视角，让观众对于大桥有了不一样的感受（见图2）。

图2　空中俯瞰的港珠澳大桥

资料来源：http：//news. cctv. com/2018/10/23/ARTIbdvp3dfR8fVaGA7wxpnS181023. shtml。

2018年的博鳌亚洲论坛前，《人民画报》的记者发布了十张空中看博鳌的航拍图。这组图片不仅有博鳌亚洲论坛的国际会议中心，还有反映博鳌特色的灯塔、阳光海岸、椰林沙滩以及旅游场所的基础设施情况。

除此之外，航拍无人机也被应用到大型体育赛事中。例如在武汉国际马拉松赛上，无人机拍摄一大批选手同时跑上武汉长江大桥的壮观场景，而配合赛事实况转播的城市俯瞰镜头也成为传播城市形象的手段，因为“俯瞰

① 刘育璁、田璐：《无人机航拍：新闻报道的“新视角”》，《新闻与写作》2017年第4期。

带给了人们对城市空间最美好的想象和欲望的满足”。[①]

对这些宏大的场景，无人机的空中俯瞰，在空间上突破了传统摄影的限制，它不仅带来视觉上的震撼，还可以让人们对事物的整体有更好的感知与把握。

无人机拍摄，还可能帮助人们发现那些隐藏的宏大场景。例如，共享单车的兴衰虽然是近两年媒体关注的一个热门话题，但是，很多报道中的图片都是微观的视角。2018 年，自由摄影师吴国勇带着无人机在半年里跑遍国内 20 座城市 32 处共享单车的“坟场”，将航拍与地拍相结合，拍下了题为《无处安放》（图 3 为其代表作之一）的视频与照片组合的系列作品。对于想穿透当下社会中的现实问题并用影像记录下来的他来说，无人机对这组作品的完成起到了决定性的作用。[②] 这些极具视觉震撼力的照片和视频，超越了人们的日常见闻，将问题的严重性充分地展现在人们面前，也大大增加了这一新闻选题的分量。

（三）突破常规的新视角、新素材、新形式

无人机这一“把眼睛送到空中”的“摄影假体”，叠加了眼睛与翅膀的双重功能，是一种幻想的感官，一种奇异的观看方式——以一种超越普通人想象的形式运转，动用机器的自动知觉义肢获得人类凭借肉身根本无法看见的场景。[③] 我们可以发现，无人机的“上帝之眼”为新闻报道赋予了全新的视角。例如，《纽约时报》记者乔希·哈纳利用无人机拍摄了玻利维亚拉帕拉帕尼市（Llapallapani）干涸的河床，这座曾经是全国第二大的湖泊如今已没有了水源，船只滞留在沙滩上，当地的渔村不得不进行自我改造。[④] 这

① 胡翼青、汪睿：《作为空间媒介的城市马拉松赛——以南京马拉松赛为例》，《湖南师范大学社会科学学报》2018 年第 4 期。

② 陈紫翔：《你骑过的共享单车去哪了？航拍下的“无处安放”》，搜狐网，https://www.sohu.com/a/244441163_339661。

③ 周海晏：《时空大数据：数字化城市的“假体观视”——无人机航拍技术对城市时空关系的重构》，《福建论坛》（人文社会科学版）2017 年第 12 期。

④ Josh Haner, “Taking Visual Journalism into the Sky With Drones”, *The New York Times*, 2018-05-02, https://www.nytimes.com/2018/05/02/technology/personaltech/visual-journalism-drones.html.

图3 《无处安放》系列作品之：上海浦东共享单车“花田”

资料来源：https：//www. sohu. com/a/244441163_ 339661。

种空中视野的观感能让普通受众从更宏观的视角意识到事态的严重性，这也为推动当地政府的生态环境改革提供了有力的证据。

央视的电视新闻报道也越来越多地运用无人机航拍技术。如2018年春节期间播出的《广东肇庆迎来摩托车大军返乡高峰》的新闻，拍摄了10万摩托车大军从广东肇庆驶向广西梧州的场景，通过一连串的航拍镜头将春节回家的人流及轨迹完整地呈现在人们面前，使人们对每年一度的“地球上最大规模的人类迁徙”有了更直观的感受。

而在另一则央视报道《悬崖上的村庄 曾经艰难的回家路》中，无人机拍摄了大凉山阿土勒尔村这座“悬崖村”的艰难上山路，展现了“向上悬崖绝壁、向下万丈深渊”的险要环境，这也为后续扶贫脱贫工作的报道做了铺垫。

2017年两会期间，新华网推出的《无人机航拍：换个姿势看报告》，将航拍画面、AR体验和数据新闻结合在一起，配合总理政府工作报告的同期声，带来与众不同的体验，虽然这样的形式是否会提高传播效果还不确定，但至少拓展了无人机采集素材的应用思路。

除了俯瞰的特长外，无人机在运动轨迹方面的灵活性，也可以使它获得不同于手持设备拍摄的效果，特别是在长镜头拍摄方面。这也有助于为常规报道获取新的视觉材料。

将无人机应用于新闻直播，也日渐流行。除了航拍画面以外，飞手会在直播中植入更多的作者影像、情感以及位置等信息，直播时的解说、动作和定位都成为新闻的有机组成部分，增加了亲切感、真实感与共在感。无人机直播不仅为媒体直播带来创新可能，也使公民新闻有了新的表现形式。更多普通飞手可以参与到突发事件的报道中，同时他们也能在突发事件发生时为救援人员提供更多有效的实时信息。

无人机拍摄也更容易实现同一对象的定期、定点拍摄，这为时间维度的素材积累提供了基础，给对比性报道提供了更多可能。

总体来看，无人机拍摄对常规报道题材的创新，主要来源于空间拓展、时间延伸后的视觉张力、新维度素材的引入、新细节的发现、与其他内容的新组合形式等。此外，无人机可以深入以往的“无人之境”，也有可能为媒体带来新的选题。

从发展历程来看，无人机报道经历了从“奇观化”到“日常化”的阶段。早期的无人机新闻报道利用“天空之眼”的特殊视角构建了受众“奇观化”的观视体验，因而更加适用于突发的以及宏大叙事的新闻题材。而如今这项技术正在融入传统的新闻报道叙事中，与其他的拍摄视角和视觉体验一起共同构建日常化的新闻故事。

虽然也有人认为无人机的拍摄缺乏人的情感，但《新京报》摄影记者陈杰认为，记者要做的其实是传递，而传递信息有很多种手段，比如手机、相机、无人机。只要通过它们能传递一些有效的信息，从不同的视角呈现出来，让人能从多角度去观看这个事情，都是可以的。[①] 事实上，很多时候，

① 王子诚、刘晶：《新京报记者陈杰天津爆炸航拍照获“荷赛”奖》，《新京报》2016 年 2 月 19 日。

无人机的拍摄还是由人来控制的，人可以通过与无人机连接的手机屏幕来取景，拍摄还是带着人的关注与视角，而那些无人机自动拍摄的照片，则可能帮助人摆脱以往经验的约束，它所采集的一些新视角的信息，也可能为记者的报道提供全新的线索与思路。

当然，除了反映环境、景观、大场面外，无人机新闻在报道题材与形式上还能如何创新，如何避免形式大于内容的应用，仍有待进一步探索。

三　“视觉义肢”：无人机改写影视生产

无人机不仅是记者新闻采访报道的好帮手，同时也被应用到电影、电视剧、纪录片以及普通人日常拍摄的自娱自乐中。对于专业影视机构来讲，它丰富了影视作品中的视觉内容，无论是推进剧情、抓住眼球还是制造立体的宏大场面，无人机航拍都是重要的辅助手段。除此之外，亲民的价格也将无人机推向了消费级市场，它带给个体的“视觉义肢”造就了“空中图像民主化”，每一个人都能航拍图片与视频分享到社交媒体中。具体而言，目前航拍无人机在影视生产中的应用主要体现在以下三个方面。

（一）航拍纪录片中无人机的应用

无人机恢宏的航拍镜头成为纪录片的天然拍摄素材。2017 年，结合直升机和无人机拍摄素材的《航拍中国・第一季》得到了很好的口碑和评价，全国乃至全世界观众都可以借助纪录片了解另一个视角的中国。它以空中视角俯瞰中国，全方位、立体化展示中国历史人文景观、自然地理风貌及经济社会发展变化。虽然整个片子是以直升机航拍为主，但在一些直升机不方便拍摄的角度与位置，无人机显现了自己的力量。2019 年 3 月播出的《航拍中国・第二季》则首次在无人机中运用了一镜到底技术，通过精心设计的飞行轨迹和高难度的飞行技巧，在一个镜头里呈现同一区域内的多种景观。

2018 年 11 月，国家地理频道和哔哩哔哩动画同时推出了航拍题材的纪录片《鸟瞰中国》第二季。它通过无人机等航拍摄影技术、电脑特效以及地面拍摄相结合的方式，通过独特视角带领观众一览中国广漠壮丽的自然风光、鲜明多变的气候，现代大都市的飞速发展和先进的大型基础设施，将充满意境的影像呈现给全球观众。

这一类航拍中国风景的纪录片，区别于传统的国家形象片，能够从软性化的视觉角度更好地讲述中国故事，实现跨文化传播。

（二）无人机在电影拍摄中的运用

轻便、灵活且携带方便的无人机也赢得了众多电影导演的喜爱。张艺谋曾畅想，希望有生之年拍一部“只使用无人机拍摄的电影”。[①] 无人机可以为电影提供气势恢宏的全景镜头，而在过往则需要交由直升机完成。无人机电影公司 Mob 的创始合伙人托尼（Tony）估计，“直升机每天拍摄 10 个小时的照片，可能会花费电影人 2 万至 4 万美元。空中小型加工公司每天可以提供 4500 ~ 13000 美元的无人机，其中还包括机组人员、设备和保险。”[②] 2012 年电影《007：大破天幕杀机》中的开场摩托车镜头使用了无人机。而在马丁·斯科塞斯的《华尔街之狼》中，无人机被用来从上方拍摄一场狂暴的派对场景，让观众能够快速进入角色的生活。

除了航拍的上帝视角给电影创作带来了更加丰富的电影语言之外，无人机在空间穿越、高速移动、追踪等难度较大的拍摄情景中，相比传统拍摄也有着得天独厚的优势。而对于导演而言，无人机不仅可用于航拍，它还有潜力替代电影拍摄时经常要用到的摇臂和滑轨。摇臂和滑轨都是成本高、操作难的大设备，一般的摇臂至少有 6 米长，而滑轨使用则更加麻烦，操作至少需要 3 个人，拍摄前的布轨至少需要半小时，使用时还要考虑道路是否平整。电影摄影师正在寻找越来越有创意的方式来使用无人机技术：在 2015 年的《侏罗纪世界》中，一架安装相机的无人机低空俯冲，模仿类似于翼

① 爱范儿：《张艺谋新片杀青，讲了个“无人机与电影”的畅想》，https：//baijiahao. baidu. com/s? id = 1573756960730410&wfr = spider&for = pc。

② Stephanie Zacharek，“How Drones are Revolutionizing the Way Film and Television is Made”，*Time Magazine*，2018 – 05 – 31，http：//time. com/5295594/drones – hollywood – artists/.

龙的飞行爬行动物攻击人群的场景；而在2018年热映的《影》《头号玩家》以及2019年初大热的《流浪地球》中均能找到无人机的航拍镜头。

（三）无人机与“空中图像民主化”

飞机或直升机上摄影飞行花费不菲，而无人机大大降低了航拍门槛与成本，这在一定程度上实现了空中图像的民主化。小型无人机，通常在汽水罐和迷你冰箱的尺寸大小之间，相对便宜且易于飞行，并且可以安装各种有效的载体，包括高分辨率相机和热成像装置。[①] 这带来了消费级无人机在大众中的普及，任何人都可以借由自己的无人机探索未知的观视体验。一系列面向普通人的无人机摄影大赛应运而生。在2018年的世界无人机航拍大赛（2018 Drone Awards）中，自由摄影师Florian Ledoux凭借作品《北极熊上空》（Above The Polar Bear）夺得年度航拍大奖（见图4）。中国的航拍摄影师刘潇潇、水庆华、杨旭东等人也榜上有名。此外，搜狐每年也在举办无人机摄影大赛，借此推动航拍视觉影像的艺术创新。

作为社会成员，我们比以往任何时候都更懂得视觉知识。[②] 密歇根大学艺术系教授马修·比罗说：“无人机使我们摆脱了传统艺术中基于水平地面的观视场景，它以某种方式把自己的身体抽走，给我们一个颠覆的视角，使我们走出了自我。”[③] 现如今，手机摄像头和社交媒体无处不在，每个人都是摄影师，并且都在以前所未有的方式记录自己的生活。Instagram和Snapchat等社交媒体加快了影像传播速度，视觉手段也成为文字之外另一种有力量的表达手段。

而在中国，以抖音和快手为代表的短视频平台成为用户拍摄、发布和观

---

① Alex Fitzpatrick, “Drones are Here to Stay, Get Used to It”, *Time Magazine*, 2018 - 05 - 31, http://time.com/longform/time - the - drone - age/.

② Josh Haner, “Taking Visual Journalism into the Sky with Drones”, *The New York Times*, 2018 - 05 - 02, https://www.nytimes.com/2018/05/02/technology/personaltech/visual - journalism - drones.html.

③ Stephanie Zacharek, “How Drones are Revolutionizing the Way Film and Television is Made”, *Time Magazine*, 2018 - 05 - 31, http://time.com/5295594/drones - hollywood - artists/.

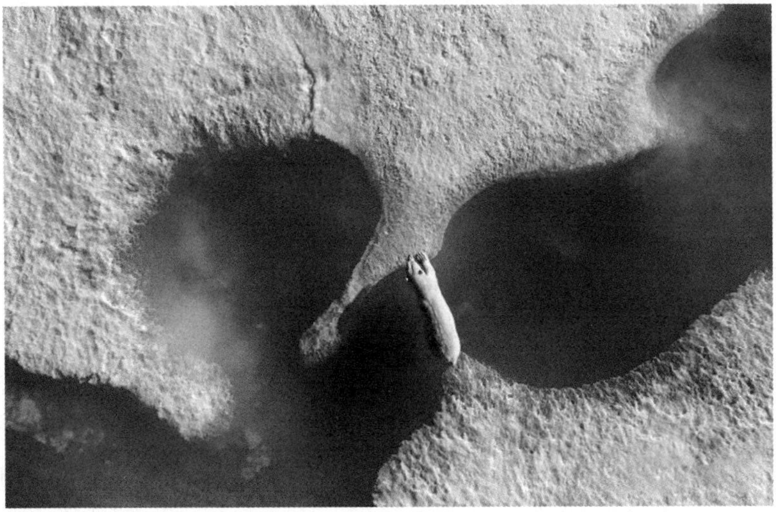

图4　2018 Drone Awards 年度航拍大奖作品 Above The Polar Bear

资料来源：https：//www. nationalgeographic. com/photography/proof/2017/11/arctic - aerial - wildlife - pictures/。

看航拍视觉作品的实践场所。部分地方政府借由抖音话题挑战激发市民与游客创作和发布城市航拍短视频，如“15S 发现武汉”以及“冰雪吉林 dou 来嗨”等。此外，以发布航拍作品为主的抖音账户“航拍中国”和“极限航拍”也积累了数十万的粉丝。“空中图像民主化”促使人人都有机会成为飞行摄影师，消费级无人机带来的用户生成内容（主要为图片和视频）不仅给社交平台带来了丰富的视觉内容，同时也为部分地方的“网红城市”“网红景点”的营销开辟了自下而上的传播模式。

四　超越“会飞的相机”：无人机与其他技术的结合

除了新闻报道，无人机也在进入很多行业的应用。截至 2018 年，中国工业级无人机总量达到 25000 架左右，在 70 多个领域得到广泛应用，是全球应用无人机最多的国家之一。其中，农业植保无人机 14000 架，安防无人机超7000架，测绘、环保、电力巡检等行业无人机逾3000架。[①] 这些无人机被精通技术的农民用来喷洒作物，被研究人员用来检测环境污染，甚至被有关机构用来寻找失踪的徒步旅行者。[②]

无人机在其他行业的应用，反过来也给媒体带来启发：当无人机与其他技术相结合时，将进一步拓展其在传播领域的应用空间。

（一）无人机+传感器+人工智能带来全方位信息采集能力

迄今为止，无人机在媒体更多的是因其拍摄功能受到关注。但无人机在媒体应用的边界，还会因传感器的发展而进一步扩张。

随着物联网的不断发展，作为物联网基础设施之一的传感器将进一步普及。传感器是“人的器官的延伸”，它们可以代替人的眼睛、耳朵等去探测和感知，而相比人的能力，传感器在感知的广度、深度、准确度等方面有着显著的优势，这也就意味着它在新闻业有着广泛的应用前景。

在某种意义上，无人机上的摄像头，本身就是一种传感器，无人机自动采集的照片与视频信息，也为媒体提供了另一种信息来源。

但未来的无人机上用于信息采集的传感器，可以超越摄像头这一单一类别，例如，如果在无人机上搭载环境数据的采集器，如红外成像仪、气体传感器等，可为环境报道、突发事件报道等提供更多维度的现场数据。虽然这个方向上的应用普及还依赖于轻型传感器的发展，但从技术发展趋势来看，这是完全可以期待的。多元传感器的引入，将进一步提升无人机的信息采集能力。

无人机+传感器的应用，也会因为人工智能和大数据、云计算等技术的助力而进一步智能化，并渗透到更广泛的场景中。

从社会环境的监测角度看，这几种技术联合应用的积极意义在于，有助于提高安防能力，改善治安环境。例如，在犯罪率居高不下的墨西哥恩森那

① 《深圳上半年无人机出口超60万台》，《深圳晚报》2018年11月12日。

② Alex Fitzpatrick, “Drones are Here to Stay, Get Used to It”, *Time Magazine*, 2018－05－31, http://time.com/longform/time－the－drone－age/.

达，当地警察部门通过配备无人机巡逻，半年内犯罪率下降10%。而在2018年，中国最大的无人机公司大疆与美国著名的警用安防设备公司AXON达成合作，是目前公共安全+无人机行业应用的最典型实例：大疆开放飞行平台的负载接口，AXON将已有的安防设备接入经纬M200系列，实现软件硬件一体化控制，成功通过无人机采集执法信息，汇总到执法机构认证的视频数据库。[①] 但从另一角度看，也会带来“全景监狱”的效果，对公民的监视和对隐私的侵犯也可能加剧。

（二）无人机编队表演成为新艺术与“新媒介”

无人机不光有“观视”他者的功能，夜间的无人机飞行中散发的光源犹如萤火虫一般，成为“被看”的对象。无人机编队飞行作为一项新的新媒体艺术形式，被用在许多重大场合的露天表演之中。无人机操纵团队需要对无人机的飞控系统和地面站进行编程开发，通过设置每台无人机飞行路线、速度、坐标等参数，让无人机能够按照预设的程序进行表演。最早的大规模无人机编队飞行表演源自2015年的林茨新媒体艺术节，100架无人机在德国托尔内施（Tornesch）上空飞行，与地面上的交响乐相互辉映共同演绎了华美的乐章。[②]

在2018年的平昌冬奥会开幕式上，1218架英特尔Shooting无人机点亮了夜空，创造了同时放飞数量最多无人机的吉尼斯世界纪录。英特尔为开幕式和夜间颁奖仪式设计开发了定制动画图案，包括不同的体育项目、奥运五环等各种奥运相关的标志。[③] 而同样是在2018年，美国《时代》杂志与英特尔的无人机飞行表演团队合作，创造了杂志有史以来第一张由无人机编队飞行制作的TIME封面（见图5），这也是美国有史以来最大的无人机演出之一。除此之外，张艺谋导演的《对话·寓言2047》把无人机编队搬到了

① 秦小童：《无人机还是下一场技术革命吗?》，界面新闻，2018年9月5日，http：//w. huanqiu. com/r/MV8wXzEyOTI5Nzc0XzIxOTlfMTUzNjExMjkyMA = = 。

② Future Lab，“DRONE 100”，https：//ars. electronica. art/futurelab/en/project/drone - 100/.

③ 《1218架无人机点亮平昌冬奥会夜空》，http：//www. sohu. com/a/222169741_ 204321。

室内，80 架无人机在国家大剧院内自动编队飞行，无人机的动态光影配合器乐演奏，实现了传统与科技的跨界融合。

图 5　无人机编队形成的时代杂志封面

资料来源：http：//time. com/longform/time - drones - behind - cover/。

无人机的编队飞行，造就了另一种意义上的“媒介”，它们不仅成为一些重大活动的构成要素与信息传播新载体，也为城市传播、广告营销等提供了新的介质。

（三）无人机与 VR 技术营造“沉浸式飞翔”

无人机最开始与虚拟现实技术的合作应该归功于古建筑遗产的保护项目。无人机航拍可为人们提供文物建筑本体及周边环境的详细影像资料。在获取文物建筑影像后，测绘专家可以利用摄影测量技术分析无人机影像，为文物建筑保护工作提供支持。结合三维重建技术，实现文物建筑全面数字化的分析与建档。[1] 随后通过虚拟现实技术（VR）为文物保护单位提供新的

① 付力：《无人机影像在文物建筑保护中的应用》，《现代声像档案》2017 年第 1 期。

宣传展示方式，让不可移动的文化遗产进入全数字化时代。

而在近两年，世界各地都在研发无人机 + 虚拟现实的新技术模式。这两者的结合能将无人机实时拍摄的场景传输到 VR 设备上，从而让人产生更加真实的感官模拟体验。法国的无人机公司 Parrot 已经在做这样的尝试：用户能够通过附属 VR 眼镜与搭载在飞机上的镜头联动，来体验第一人称视角的飞行快感。大疆发布的 VR 飞行眼镜更加推进了虚拟现实技术与无人机的结合。这种技术直接将人眼送上天空，为使用者提供更清晰的画质和飞翔式的沉浸感。这种类似于飞行员的观感，是以往个体借助无人机连接的手机屏幕鸟瞰世界所不能达到的。它犹如坐在无人机驾驶舱担任飞行员驾驶无人机的感觉。

五　让“飞翔”可控：无人机的飞行监管与专业人才培养

无人机让媒体和普通人都体验了飞翔的快感，但应用不当的话，它也可能会出现“飞翔”的失控。对于这样一个全新的设备及应用领域，要让其“飞翔”可控，在很大程度上有赖于飞行监管、道德准则制定及专业人才培养。

（一）无人机飞行管理的基本思路

2018 年 1 月，国务院、中央军委空中交通管制委员会办公室组织起草了《无人驾驶航空器飞行管理暂行条例（征求意见稿）》。2018 年 6 月 1 日，国家民航局主导的《民用无人驾驶航空器经营性飞行活动管理办法（暂行）》正式实施，提出无人机飞行活动需要首先维护国家安全、公共安全、飞行安全，并在促进行业健康可持续发展的基础上进行。这为无人机的行业应用发展开放了高速路，同时也规范了无人机从事经营性通用航空飞行活动的准入和监管要求。

目前，国内外无人机飞行管理方向主要为两个方面。

其一是对飞行器的飞行区域、高度等进行限制。例如，在中国，对首批155家民航机场设立禁飞保护区，飞行器从外部接近禁飞区边界时，将自动减速并悬停。以跑道两端中点向外延伸20公里，跑道两侧各延伸10公里，形成大致20公里宽、40公里长的长方形区域为限高区（与禁飞区不相交的部分）。在限高区中，飞行器的限制飞行高度为120米。① 除民航飞行保护区外，北京、上海、杭州和武汉等一线或新一线城市都设立了不同程度的禁飞区、限飞区以及限飞高度，并在特殊的大型活动期间如全国“两会”、博览会、大型庆典等公告全城禁飞。

其二是防止无人机飞行对普通人隐私权的侵犯。在美国，这方面的管理思路更为突出。美国媒体行业制定的无人机应用的基本道德，也包括防止无人机记者透过窗户窥视或飞跃别人家的院子。② 正如“无人机女孩”（The Drone Girl）莎莉（Sally French）所言，“无人机所有者应该认识到人们的隐私与和平，尊重土地所有者的家园边界”。③

（二）无人机记者的道德准则

2018年，谷歌新闻实验室（Google News Lab）联合美国新闻学院教授、无人机摄影师、媒体从业者、无人机开发人员等发布了无人机记者道德准则。④ 准则提出，无人机记者应遵守联邦、州和地方法律，以解决安全问题，并遵守全国新闻摄影师协会、专业记者协会和电台通过的道德守则所体现的道德决策。无人机新闻是由控制空域的政府当局依法监管的一种新闻形式，无人机新闻伦理应该比其他新闻伦理更加严格。该道德准则主要

---

① 《中国无人机的“得”与“失”》，新华网，http：//uav. xinhuanet. com/2018 - 02/02/c_129804119. htm。

② Travis Fox，“Drone journalism's battle for airspace”，*Columbia Journalism Review*，2018 - 10 - 9，https：//www. cjr. org/innovations/drones - faa - journalists - airspace. php.

③ Al Tomkins，“The 2018 drone journalism forecast”，Poynter，https：//www. poynter. org/news/2018 - drone - journalism - forecast.

④ Google News Lab，“Drone Journalism Code of Ethics”，https：//nppa. org/magazine/drone - code - ethics.

内容为：①

> （1）安全是首要考虑的问题。不得危及人、动物或财产。
>
> （2）新闻编辑室不应鼓励非法飞行，如夜间飞行、民航线路飞行、人的上空飞行等。
>
> （3）尊重隐私。要在满足公众对信息的需求与对公众潜在的危害或引发其不适之间找到平衡。
>
> （4）尊重摄影时刻的完整性。在使用无人机拍摄时，无人机记者不应故意促成与改变所拍摄的事件，或寻求改变、影响事件。
>
> （5）不要过度增强所拍摄视频。音乐有可能奠定编辑的基调。慢动作可能会出现戏剧性，改变新闻故事的背景。视频加速可能会滋生虚假的紧迫感。
>
> （6）针对无人机飞行设备的一切安全性知识与技能。具体包括：无人机安全飞行是飞手在操纵无人机时的首要考虑因素；无人机记者有责任去打磨他的飞行技术并要时刻保持警惕；飞手在飞行前与飞行后都要对无人机设备进行全面的安全检查。

美国的无人机记者道德准则对于无人机的飞行管理具有启发性作用。中国目前的暂行条例主要规定的是无人机飞行的区域、高度以及飞手实名制等问题，侧重宏观规范以确保国家安全、公共安全与飞行安全。未来中国媒体机构应该发动各方力量制定更为详细的无人机记者道德规范，在暂行条例的基础上增加居民安全、个人隐私以及详细的飞手安全飞行细则。

（三）无人机新闻的教育与培训

2017～2018年，美国全国新闻摄影师协会联合波因特学院（Poynter）、

---

① Google News Lab，“Drone Journalism Code of Ethics”，https：//nppa.org/magazine/drone－code－ethics.

内布拉斯加州大学无人机新闻实验室以及大疆公司教会了近千名记者如何合法和安全地飞行，并且为他们提供了无人机飞行资格认证。但美国地方州府与国家无休止地变动限制飞行条例，以及联邦航空局对空域豁免请求反应缓慢，致使无人机目前还无法成为日常工具。[①]

在美国的相关课程中，培训人员着重考虑的是新闻和摄影的伦理政策，以及远程控制飞行所带来的政府控制的空域安全问题。他们会帮助记者学习如何阅读FAA的地图、了解机场运营和掌握基本的天气问题。[②] 除此之外，佐治亚大学、威斯康星大学、俄勒冈大学以及密苏里大学都系统开设了无人机新闻的课程。例如，密苏里大学在网上公布了它们的无人机入门指南（MDJ Starter Kit）。它们把无人机新闻课程培训分成了五个部分（如图6），包括法律、航空、道德、设备以及机构任务规则等方面的内容知识。该大纲涉及多个知识领域，不仅包括多层面的规章制度还包括具体的无人机设备使用等。具体而言，法律上涉及国家层面的107条例以及记者最基本的法律常识；航空上涉及航空机场安全距离、警报区域、避雷区域以及其他特殊领空区域；道德上包括飞行安全、个体隐私以及公共空间的不可侵犯；设备上包括飞行器是否正常工作、数据是否更新以及附加元件的使用；机构任务规则包括气象、新闻价值、飞行器的适用性以及所属新闻机构的其他决策等。

在中国，近年来与无人机新闻人才培养相关的研究与培训也在起步。

2017年5月7日，中国新闻摄影学会在北京宣布成立由中国记协批准的无人机摄影专业委员会，力图在无人机新闻摄影理论研究、技术推广、规范发展方面发挥作用，《无人机航空摄影教程》这部国内该领域最早的教材也同时发行。

虽然有一些行业性组织的推进，但在中国，有关无人机人才的培养主要集中在业界的职业培训，如新华网开设无人机培训学院以及大疆公司建立的慧飞无人机应用技术培训中心。相比之下，面向学生的高校无人机教育教学

---

① Al Tomkins, "The 2018 drone journalism forecast", Poynter, https://www.poynter.org/news/2018-drone-journalism-forecast.

② Al Tomkins, "Help Drone Journalism Grow", https://nppa.org/magazine/drone-code-ethics.

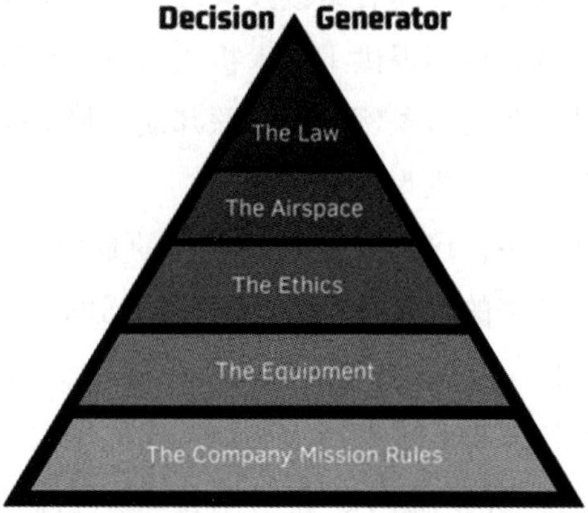

图 6　密苏里大学无人机新闻入门指南

资料来源：http：//www. missouridronejournalism. com/。

相对偏弱。目前只有少数的职业技术学院开设了培养无人机飞手的摄影专业。例如，国内首个开展无人机航拍学历教育的河北外国语职业学院，自 2015 年 9 月开始设立无人机航拍摄影摄像专业。① 而本科类教育方面，只有少数高校设有与无人机报道相关的课程，如复旦大学新闻学院周海晏副教授的“全媒体内容生产”课程已涉及无人机新闻报道业务。② 总体而言，与美国的复合型培训模式（高校 + 媒体机构 + 无人机公司）不同，中国的无人机新闻记者培训大多还是各自为政的模式。

六　结论

无人机作为一种传播媒介，不仅重构了媒体机构突发性事件报道以及宏大叙事新闻，还为传统的新闻采访增添了更多样的报道视角、视觉画面以及

① 骆尧尧：《国内外高校开启设立无人机相关专业热潮》，全球无人机网，https：//www. 81uav. cn/uav - news/201604/21/14322. html。

② 复旦大学信息与传播研究中心：《从融媒大格局到无人机新闻，产学研共同探索新闻新生产》，http：//www. sohu. com/a/288717517_ 706747。

内容元素。国内外影视产业的发展尤其是科幻电影和航拍纪录片的崛起离不开无人机航拍技术的贡献。消费级无人机的普及使越来越多的人拍摄自己的家乡或者在旅游景点充实自己的观视体验，这一方面促成了“空中图像民主化”趋势，另一方面也为城市与乡村形象的传播以及网红景点的打造增加了新的营销手段。传感器、人工智能、虚拟现实等新科技能有效地与无人机技术实现合作和融合，进一步拓展无人机在传播中的应用空间。从管理方面看，中美两国都制定了无人机飞行管理的相关条例和准则：美国偏向于个人隐私以及公共空间保护，而中国更倾向于维护领空安全以及国家军事安全。在飞手等人才培养上，美国高校与媒体机构间已建立了深度的合作办学，培养了数以万计的持证无人机飞行员；中国现阶段还是以媒体机构的社会培训为主，高校无人机新闻采访的教学还相对偏弱。未来中国的无人机传播技术发展，无论是业务、制度还是培养上都应该朝着更加专业化、系统化和规范化的方向发展。

B.8

信息传播技术变革与电视媒体创新发展路径研究报告

李　宇*

摘　要：　信息传播技术正处在深度变革之中，电视媒体面临巨大挑战，同时也存在创新发展的强劲内生动力和外在需求。在新的信息传播技术条件下，一方面内容来源的多元化、内容需求的个性化、传播平台的多样化、分发方式的互动化、播出终端的多屏化等特征日趋显著，另一方面电视媒体的产业环境、作业模式和经营方式亟须变革。其中，5G 的普及将给电视媒体创新发展带来巨大机遇，一方面 5G 为 4K、8K、VR 等技术在电视媒体领域的应用提供了强劲支撑，另一方面 5G 为视频内容的采编播和传输等业务环节带来了革命性变化。可以预见，电视媒体创新发展中的诸多瓶颈性问题将随着 5G 的普及得到较好的解决，有效提升电视媒体的传播效率和节目传播效果。目前，中央广播电视总台在这方面已经率先进行了积极探索，通过与中国电信、中国移动、中国联通和华为公司开展业务合作，推进 5G 时代广播电视业务的升级。下一步，电视媒体机构需要积极探索新的发展理念、模式、路径等，有效适配新的信息传播技术环境，提升竞争力和影响力。

关键词：　信息传播技术　新兴媒体　5G　电视媒体　创新发展

---

* 李宇，中央电视台海外传播中心综合部副主任，博士，主任编辑。

我们正处在一个技术急剧变革的时代，各领域各行业进入前所未有的变革与深度调整之中。习近平主席2018年11月在亚太经合组织工商领导人峰会上的主旨演讲中提到，新科技革命和产业变革的时代浪潮奔腾而至……新科技革命和产业变革是一次全方位变革，将对人类生产模式、生活方式、价值理念产生深刻影响。对传媒领域来说，当前信息传播技术的深度变革给电视业带来了巨大挑战，也激发了创新发展的强劲内生动力。在新的信息传播技术条件下，一方面内容来源的多元化、内容需求的个性化、传播平台的多样化、分发方式的互动化、播出终端的多屏化等特征日趋显著，另一方面电视媒体的产业环境、作业模式和经营方式亟须变革。

2018年是全球5G商用元年，韩国和美国正式推出了5G业务。2019年，全球16个国家紧随其后推出5G商用业务。根据思科（Cisco）2019年的一份报告，5G网络连接规模在全球移动通信网络中所占比例在2022年时预计为3.4%，5G流量在全球移动通信数据流量中所占比例为11.8%；相比之下，届时4G网络连接规模在全球移动通信网络中所占比例预计为71%，4G流量在全球移动通信数据流量中所占比例为54%。① 根据2019年相关研究预测，2025年5G连接规模会达到14亿人，约占移动通信连接总数的15%。届时，中国和欧洲的5G普及率超过30%，美国超过50%。② 目前，全球正在迈向“智能连接”时代，5G和物联网、大数据、人工智能等都是其中关键要素。

在传媒领域，5G的普及将给电视媒体创新发展带来巨大机遇，一方面5G为4K、8K、VR等技术在电视媒体领域的应用提供了强劲支撑，另一方面5G为视频内容的采编播和传输等业务环节带来了革命性变化。目前，中央广播电视总台在这方面已经率先进行了积极探索，通过与中国电信、中国移动、中国联通和华为公司开展业务合作，推进5G时代广播电视业务的升

① www.digitaltveurope.com/2019/02/20/cisco-79-of-worlds-mobile-traffic-to-be-video-by-2022.

② www.rapidtvnews.com/2019022555250/mwc-2019-5g-set-to-cover-15-of-global-mobile-connections-by-2025.

级。2019 年，中央广播电视总台的春节联欢晚会首次运用 5G 网络传输实现 4K 超高清内容的异地传输。可以预见，电视媒体创新发展中的诸多瓶颈性问题将随着 5G 的普及得到较好的解决，有效提升电视媒体的传播效率和节目传播效果。下一步，电视媒体机构需要积极探索新的发展理念、模式、路径等，有效适配新的信息传播技术环境，提升竞争力和影响力。

一　信息传播技术发展与5G 媒体应用

通信技术变革与传媒产业发展密切相关，是传媒产业升级换代的主要推动力之一。在电视产业发展历史上，卫星通信技术发展带来了电视产业的第一次深度变革，电视产业借助卫星通信技术实现了节目内容跨区域分发和全球电视市场形成。互联网通信技术带来了电视产业的第二次深度变革，电视产业借助互联网通信技术实现了内容分发模式非线性、传播方式互动以及高效率低成本等；与卫星通信技术相比，互联网通信技术对于电视产业的传播方式、经营模式、竞争格局等都产生了深度影响。当前，5G 移动通信技术对于电视业的影响不仅限于传播层面，而在于整个产业生态环境，推动电视产业在智能家庭、物联网等背景下实现产业升级。简言之，新一代信息革命将用移动互联、智能感应、大数据、智能学习等构建全新服务体系，5G 则是这场信息革命的基础技术。①

（一）通信技术发展历程

5G 是当前信息技术领域的热点方向，也是未来一个阶段的发展重点。5G 是一个发展中的相对概念，是一个升级迭代的概念，是与 1G、2G、3G、4G 相对而言的。所谓“G”是英文单词“Generation”的首字母，是“代”的意思，所谓“5G”也就是“第五代移动通信技术”。从 1G 到 5G，网络功能呈现大幅迭代的发展趋势。1G 是第一代移动通信技术，采用模拟技术，

① 傅力军：《5G 技术现状及 4K over 5G 业务前景》，《广播与电视技术》2018 年第 6 期。

提供 GSM、CDMA 移动电话业务。受制于当时的技术条件，1G 语音通话质量不太理想，且仅限语音的蜂窝电话业务。2G 是第二代移动通信技术，实现了数字化语音通信，可提供清晰的数字语音通话和极慢数据传输业务。3G 是第三代移动通信技术，支持高速数据传输，能够同时传送声音及数据信息。4G 是第四代移动通信技术，进入无线宽带时代，速率大大提高，采用纯 IP 网络来承载。5G 网络速率约为 4G 的 100 倍以上，5G 网络下载速度可达每秒 1～10G。[①] 5G 标志着物联时代的到来，人与物、物与物将组成一个连接矩阵，数据交互更为高效、规模更为宏大，形成一个大的数据网络。[②]

（二）5G 研发与应用

全球 5G 研究大多起步于 2010 年之后，例如欧盟在 2012 年推出全球首个大规模国际性 5G 科研项目 METIS。5G 商用多从 2018 年开始，2019 年逐渐进入规模应用，2020 年进入全面发展阶段。例如韩国 5G 商用以 2018 年平昌奥运会为正式起点，日本则计划借 2020 年东京奥运会为契机，正式启动 5G 商用服务。另外根据 2019 年数据，2019 年全球在当年内约有 20 家手机厂商开始销售 5G 手机，全年 5G 手机销售量预计达到 100 万。在电信业务方面，2019 年约有 25 家电信运营商开始推出 5G 通信业务，2020 年预计有 26 家电信运营商全面开展 5G 通信业务。

中国在 2013 年启动 5G 研发工作，成立 IMT－2020（5G）推进组，开展 5G 策略、需求、技术、频谱、标准和知识产权的研究和国际合作，并相继发布了《5G 愿景与需求白皮书》《5G 概念白皮书》《5G 无线技术架构白皮书》《5G 网络技术架构》等，从中国的视角明确了 5G 技术的概念、应用场景、关键技术和技术路线等。该项工作在国家层面的领导机关是中国工业和信息化部、国家发展和改革委员会及科学技术部。2017 年底，全球第一

① 陈明明：《5G 时代媒体面临的机遇与挑战》，《传媒观察》2017 年第 10 期。

② 丁邦杰、史亮：《5G 风口将至，传统媒体是否做好了准备》，《青年记者》2018 年第 6 期。

个可商用部署的5G标准在国际电信标准组织3GPP RAN第78次全体会议上发布，中国在标准制定的过程中发挥引领作用。① 根据工信部发布的《信息通信行业发展规划（2016～2020年）》，中国在2017年展开了第二阶段的5G网络测试，苏州、北京、上海、广州、宁波为全国首批5G试验网建设城市；2018年启动规模性组网试验，国家发改委等有关部门在2018年2月批准联通、电信、移动在北京、上海、广州、深圳、南京、武汉等20个城市，率先试点建设5G网络；2019年正式启动5G网络建设进程和预商用计划，力争在2020年能够正式推出商用服务。②

（三）5G的技术特征与传媒应用

从2G开始，数据速率的提速成为关键目标。在2G至5G的演进过程中，新技术、新要求不断出现，通信网络的功能也随之拓展。5G时代不再局限于数据速率的提升，更不是简单地以某个单一技术或者业务能力来定义，而是一系列无线技术的深度融合，高速度、泛在网、低功耗、低时延、万物互联等特性统筹实现。通信界普遍认为，5G是一个广带化、泛在化、智能化、融合化、绿色节能的网络。③

对于传媒业来说，移动化是当前传媒技术发展的一大特征。另外，4K超高清、虚拟现实（VR）、增强现实（AR）等技术逐渐在媒体领域普及。在此背景下，移动设备数量大规模增加，网络流量需求也持续走高，原有的移动通信技术已远远无法满足多样化场景的差异化需要。5G应时而生，综合考虑了用户体验速率、频谱效率、峰值速率以及时延、连接数密度、网络能量效率和能量密度等多项技术指标，业务能力更加丰富。从产业层面来说，5G势必将加速包括移动媒体、移动广告、家庭宽带和电视在内的内容消费。研究显示，全球网络视频点播业务的订户总数在2023年预计达到7.77亿，与2017年相比翻一倍。随着5G的普及，全球网络电视业务将呈

---

① 匡文波、江倩岚：《5G时代的媒体用户变化研究》，《新闻与写作》2018年11期。

② 傅力军：《5G技术现状及4K over 5G业务前景》，《广播与电视技术》2018年第6期。

③ 王永利等：《5G与未来电视广播技术应用》，《现代电视技术》2018年第10期。

现快速增长，而手机平台则是主要因素，视频将在5G流量中占据90%以上的份额。①

在产业应用方面，美国威瑞森公司（Verizon）于2018年10月在美国四个城市推出了“威瑞森5G家庭”业务（Verizon 5G Home），并宣称这是全球第一个商用5G传媒业务。尽管这一定位略有争议，但美国威瑞森公司“威瑞森5G家庭”业务确实是全球基于5G技术开展大规模商业宽带业务的一个里程碑。“威瑞森5G家庭”业务的平均网速为300Mbps，最高网速可以达到1Gbps。该业务在前三月试用期免费，此后每月资费标准为50美元（威瑞森公司业务用户）或70美元（非威瑞森公司业务用户）。“威瑞森5G家庭”业务还与YouTube TV建立绑定合作关系，5G业务用户在前三个月试用期可以免费试用YouTube TV，此后每月需额外支付40美元费用。可以预见，媒体产业升级将随着5G的普及而提速，与此同时，5G也会为传媒产业的内容生产、信号传输、内容分发等持续带来深度变革。

二　5G与电视媒体变革

通信技术的发展必然导致传播方式、经营模式以及产业格局等方面的变化，而且是持续变化。例如，在互联网发展的大背景下，英国广播公司（BBC）于2001年夏天宣布缩减对美国、加拿大、澳大利亚、新西兰和太平洋诸岛的短波广播，这结束了1932年以来英国广播公司的“历史传统”。②2016年2月，英国广播公司三台（BBC3）正式停播，全部改为网络播出。英国广播公司总裁托尼·霍尔（Tony Hall）表示，英国广播公司三台主要面向年轻观众播出，而现在他们更多地在手机或互联网终端上收看节目。英国广播公司三台改为通过网络播出，必然激发其在节目、播出方式、运营模式等方面进行创新。“连接”是互联网价值形成的基本方式，因此，开放与

① www. rapidtvnews. com/2019011854812/ott - market - far - from - saturation - says - ooyala.

② 〔美〕门罗·E. 普莱斯：《媒介与主权：全球信息革命及其对国家权力的挑战》，麻争旗等译，中国传媒大学出版社，2008，第226页。

合作是互联网时代对媒体运营新模式所提出的关键性要求。[①] 当前，随着5G 的发展与应用，电视媒体领域必然会呈现全新的面貌和格局。

（一）通信技术发展与电视业态变迁

5G 意味着峰值 10Gbps 以上的带宽、毫秒级时延和超高密度连接，在网络性能上实现了新的跃升。回顾通信技术发展历程，每一次网络性能的提升都在一定程度上改变了媒体生态，也给电视业发展注入新动能。以中国为例，在 20 世纪 90 年代，2G 的发展推动了电视节目互动的发展。当时，电视媒体为吸引受众的参与和开拓移动通信的盈利渠道，节目中增加了短信互动的元素，观众通过发送短信可以参与节目制作、竞赛类节目比赛投票等。发展至2004 年，湖南卫视《超级女声》短信总收入约1300 万元人民币，此后收入规模持续增长。全国多家电视台纷纷引入短信互动业务，在强化受众参与程度的同时，也有效拓展收入来源。2009 年，中国正式进入 3G 时代，语音和数据的传输速度大幅提升，并且能够进行图像、声音、视频等多媒体形态的传播。也是从这一年开始，手机终端开始参与电视节目的制作播出。早在 2006 年，中央电视台就以多哈亚运会为契机进军手机领域，通过手机电视业务为观众提供在线播放、个性化定制以及下载播放。2013 年，中国进入 4G 时代，4G 牌照运营得到正式批准。4G 在新技术兼容性、速度、通信质量、智能性、资费等方面都具有显著优势，也有效推进了智能手机的普及。在电视业务领域，4G 能以高于 100Mbps 的速度传输音频、视频和图像等，媒体机构开始制作适合手机用户观看的节目内容，大大强化了视频领域的“自媒体”发展，也推动了社交平台上视频业务发展。[②] 5G 投入商用后，传统媒体将在人工智能、大数据、增强现实、虚拟现实等方面全面推进技术融合、设备融合和业务融合，打破过去拍摄、制作、下载、传播环节速率和

① 喻国明、焦建、张鑫：《“平台型媒体”的缘起、理论与操作关键》，《中国人民大学学报》2015 年第 6 期。

② 李素艳等：《移动通信技术迭代背景下电视发展纵览》，《中国广播电视学刊》2018 年第 10 期。

存储的制约瓶颈，意味着新闻短视频黄金时代的到来。[①] 美国记者马特·德拉吉（Matt Drudge）曾说："电视拯救了电影业。网络也将拯救新闻业。"借用他的表述，5G 将拯救电视业。

（二）5G 与电视业务的变革

当前传统电视面临的问题是：在技术变革浪潮中如何改变传统业务方式而继续保持其媒介市场地位。传媒竞争的落脚点永远是受众的竞争。受众选择最能充分满足需要的媒介渠道，而在其他条件完全相同的情况下，他们则选择能够最方便而迅速地满足其需要的渠道。[②] 5G 的高速率及大带宽的特点推动视频制播及媒体融合形态的发展，带来了音频视频传输和下载瓶颈的突破与打通，推动世界从"读图时代"向"动屏时代"转换，更多的人通过移动和可穿戴设备浏览观看以动态画面、现场人声为主要传播方式的内容。[③] 在此背景下，电视业务变革正在向着生产的集约化、个性化、内容的碎片化、传播的天地一体化覆盖、播出的多平台化和互动性、收看的易得性等方面转变。[④]

在业务流程方面，5G 将全面改进传播方式和收视体验。在 5G 时代，网络的低时延意味着没有视频会卡顿或中断，现场直播和大文件下载将在眨眼间完成，这对节目制作、信号传输、观众收视等都将带来革命性变化。在信号输入方面，传统电视台可以通过无线通信实现免布线的空中信号连接，灵活适配演播室、机房、采访现场等节目生产设备的位置，为节目制作提供更为灵活、高效的方式。在信号输出方面，在前端信号源输入部分可以满足超高清信号传输、发布多路 4K 超高清 IP 流，由此实现观众自主选择现场超高清机位的功能。在受众体验方面，5G 网络的速度和带宽将支持观众收看

① 丁邦杰、史亮：《5G 风口将至，传统媒体是否做好了准备》，《青年记者》2018 年第 6 期。

② 〔美〕威尔伯·施拉姆、威廉·波特：《传播学概论》，陈亮等译，新华出版社，1984，第 112 页。

③ 丁邦杰、史亮：《5G 风口将至，传统媒体是否做好了准备》，《青年记者》2018 年第 6 期。

④ 黎斌主编《电视融合变革——新媒体时代传统电视的转型之路》，中国国际广播出版社，2011，第 172 ~ 173 页。

超高清内容，而且在体育赛事等节目中可以选择不同机位、多种视角进行观看，改善直播观看体验。

在内容制作方面，5G 将全力助推超高清视频业务的发展，为 8K 等超高清视频业务发展提供了可行性技术基础。与 5G 网络的广覆盖相结合，8K 技术将改变传统媒体行业采、编、播全产业链各个环节，全面助力广电行业端到端生产模式的转型升级。美国职业橄榄球大联盟（NFL）年度冠军赛也被称为“超级碗”（Super Bowl），既是年度体育盛事，也是媒体大事。美国哥伦比亚广播公司（CBS）在 2019 年冠军赛直播中将首次使用 8K 超高清摄像机拍摄，同时大量使用现实增强技术（AR）。哥伦比亚广播公司将使用 115 台摄像机转播这场比赛，其中包括 14 台 4K 超高清摄像机专门用于虚拟图形生成。此前美国全国广播公司（NBC）2018 年在美国第一次使用 4K 超清摄像机进行现场直播，美国哥伦比亚广播公司则是美国电视界在现场转播中第一次使用 8K 超清摄像机。

5G 会提升数据传播速度，大幅深化万物互联的连接程度。在媒体领域，5G 会大大加速信息传播速度，由此也凸显互联网平台的重要性。如同数字技术发展带来了“数字鸿沟”一样，5G 发展也会造成“5G 鸿沟”。一方面，那些经济和技术实力强大的媒体机构将能在新一轮竞争中抢占更大优势，进一步拉大竞争差距。另一方面，网络属性、新兴媒体特征显著的媒体或平台也将随着 5G 发展而显示出更大优势，因为 5G 的技术特征会给互联网平台带来更大赋能。有学者认为，5G 或许会加速传统电视的“消亡”，而且这一观点在一定范围得到了高度认同。随着通信技术、媒介技术等的变革，媒体形态一直处于发展演进之中，以满足人们日趋多元、多样的需求。印刷、收音机、电视等媒介需要不同的使用技巧以及不同方式的注意力，但这并不是说技术本身决定了人们如何使用它们，而是说它们创造了不同使用方式的可能性。① 另外，通信技术的发展固然会推动媒体转型，但这并不意味着这种媒体形态的终结。以电视为例，在新兴媒体发展大背景下，电视媒

① 〔英〕戴维·莫利：《电视，受众与文化研究》，史安斌译，新华出版社，2005，第 240 页。

体领域的发展前景变得不确定。未来学家乔治·吉尔德就曾宣称电视将会死亡，在他看来，诸如“高清晰度”和“交互性”等概念，仅仅是为了一个走向末路的产业僵尸做美容。① 但实际上，目前欧美一些媒体机构转型发展的成功案例表明，电视业通过创造性改造、创新性发展是能够适应新的通信技术生态的。

三　中央广播电视总台的5G 发展应用策略

习近平主席 2018 年 5 月在中国科学院第十九次院士大会、中国工程院第十四次院士大会上指出，世界正在进入以信息产业为主导的经济发展时期，要把握数字化、网络化、智能化融合发展的契机，以信息化、智能化为杠杆培育新动能。中央广播电视总台组建于 2018 年 3 月，致力于打造成为具有强大引领力、传播力、影响力的国际一流新型主流媒体，而 5G 等新兴技术及其应用则是重要发力点、突破点和创新点。中央广播电视总台已经将 5G 新媒体平台建设作为融合发展策略的重要抓手，为实现跨越式发展、建设国际一流新型主流媒体注入新动能。

（一）积极开展跨界合作，通过强强联合提升发展质量

中央广播电视总台已与三大电信运营商、华为公司开展深入战略合作。2018 年 12 月 28 日，中央广播电视总台与中国电信、中国移动、中国联通、华为公司共同签署了 5G 新媒体平台合作建设框架协议，总台 5G 媒体应用实验室建设随即展开，推进开展基于 5G 网络的 4K 超高清视频传输、4KVR 直播制作、4K 视频移动编辑以及 4K 频道手机投屏等多项应用实验。2019 年 1 月 13 日，中央广播电视总台联合中国移动、华为公司在广东深圳成功开展了 5G 网络 4K 电视传输测试。这也是我国首个国家级 5G 新媒体平台建设后的又一个重要突破，在加快推进 5G 规模试验和应用示范上迈出了坚实

① 〔美〕罗杰·菲德勒：《媒介形态变化》，明安香译，华夏出版社，2000，第 170 页。

步伐。这次传输测试将央视春晚深圳分会场4K超高清信号通过中国移动的5G试验网络回传至中央广播电视总台北京机房，同时将总台4K超高清北京景观信号传送至位于深圳分会场的总台4K超高清转播车展现实时信号。2019年，中央广播电视总台将利用全国“两会”报道等重大报道活动进行5G相关应用常态化测试。与此同时，2019年同步实现10个试点城市4K超高清视频信号的5G直播。

（二）积极推进标准建设，通过自主研发抢占先机

中央广播电视总台依托5G媒体应用实验室，积极开展支撑4K超高清视音频节目回传和直播等领域的5G专项技术研发。中央广播电视总台的5G媒体应用实验室位于光华路办公区，包含5G新媒体平台展示区、5G网络家庭应用场景展示区、5G传输展示区和5G制作展示区四个主题区域。

在推进专项技术研发的同时，中央广播电视总台全力推动5G核心技术在4K超高清节目传输中的技术测试和应用验证，研究制定基于5G技术进行4K超高清视频直播信号与文件传输、接收、制作技术规范等。中央广播电视总台将制定5G新媒体行业标准，持续探索媒体智能化应用，以大数据、人工智能技术为5G新媒体平台建设和业务生产赋能，形成“4K + 5G + AI”的战略布局，全力打造自主可控、具有强大影响力的国家级新媒体平台。

（三）积极推进实际应用，以业务升级促动能转换

中央广播电视总台在2018年组建，是中国广播电视事业的新起点。在激烈的媒介竞争环境下，融合发展成为必然。中央广播电视总台一方面全面推动广播与电视、传统媒体与新兴媒体的深度融合，另一方面抓住5G、4K、AI等技术发展机遇，依托内容资源优势实现发展动能转换。在节目创作方面，时政报道是中央广播电视总台宣传报道的核心任务，同时也是媒体竞争战略资源。中央广播电视总台全方位提升时政融媒体报道水平，增强时政报道融合传播能力，进一步推动时政微视频5G传输制作、时政直播4K

系统拍摄应用。在重大主题宣传中策划推出一批融媒体特别节目，打造全网微视频新范式，在短视频制作的“轻”“短”上发力，借助5G等新技术、新形式提升用户体验。在平台建设方面，中央广播电视总台上线“5G+”频道，推出“全国智慧县级融媒体平台”；充分利用5G新一代移动通信的先进技术，建设5G新媒体平台。在业务布局方面，中央广播电视总台以短视频为切入点，建设短视频制作与发布系统、全台电视节目清流和新媒体素材汇聚系统、节目元数据及大数据系统以及新媒体元数据中心。

四　结语与展望

在传媒发展历史上，随着信息技术发展和通信方式变革，传媒产业一直处在变革之中。无论是马匹信鸽时代、电报电话时代，还是卫星、网络时代，传媒产业都呈现不同面貌。战略环境的改变最终会改变这一产业的价值链。[①] 互联网的根本属性是端到端的架构。克莱·舍基（Clay Shirky）认为，“互联网是有关数据在两点之间移动的一套协议”。移动互联（Mobile Internet）技术来临之后，任何人在物质空间里都可以进入互联网空间的任何一点了。因此，互联网对社会理论产生的影响是根本性的影响。[②] 随着5G的发展，全球通信产业、视频产业等相关领域都将呈现新面貌。根据思科（Cisco）2019年发布的研究报告，视频在全球移动通信网络数据流量中所占比例到2022年预计达到79%，此前在2017年为59%。[③] 当前，传媒产业变革有几个显著特点：一是变革速度加快了，接踵而来的变化加速出现；二是“新颖率”不断增加，也就是说变革中我们所不熟悉的或前所未有的成分的比例在不断上升；三是不同媒体组织中各不相同的变革也是同时发生

① 〔英〕露西·昆：《媒体战略管理——从理论到实践》，高福安、王文渊译，中国广播电视出版社，2013，第186页。

② 〔英〕尼克·库尔德利：《媒介、社会与世界：社会理论与数字媒介实践》，何道宽译，复旦大学出版社，2014，第2页。

③ www.digitaltveurope.com/2019/02/20/cisco-79-of-worlds-mobile-traffic-to-be-video-by-2022.

的，使战略决策的过程更加复杂化。[①] 在 5G 高速移动互联网环境下，一切皆可连接，入口之争已经出现，而争夺的入口将更多元且角逐激烈，[②] 电视媒体的创新发展亟须适应新的技术特点和规律，在发挥原有优势的同时，积极补齐短板、寻求突破，构建新的业务模式和价值增长点。

① 〔英〕露西·昆：《媒体战略管理——从理论到实践》，高福安、王文渊译，中国广播电视出版社，2013，第 222 页。

② 腾讯科技频道：《跨界：开启互联网与传统行业融合新趋势》，机械工业出版社，2015，第 128、129 页。

市场—用户篇

Reports on Market-User

B.9
全球 OTT TV 行业发展报告

胡正荣　李 荃*

摘　要： 2018 年以来，OTT TV 业务在全球范围内持续高速发展。在行业发展探索过程中，呈现一系列突出的发展趋势和特点。聚焦内容战略仍旧是行业发展的关键，同时实现技术的优化升级也愈发重要。此外，拥抱人工智能浪潮、确立健康商业模式、探索布局国际市场也将成为推动行业发展的重要方面。

关键词： OTT TV　视频服务　原创内容　智能化

* 胡正荣，中国教育电视台总编辑、教授、博士生导师；李荃，中国传媒大学传播研究院博士研究生。

一 引言

自 Skype 于 2003 年横空出世以来，OTT 的概念随之产生。实际上，微软的维纳斯计划在某种程度上可以看作 OTT 模式的雏形。该计划最初旨在借助机顶盒终端实现电视对互联网内容的访问，从而将广泛的互联网服务提供给广大用户。但在现实生活中，由于人们在使用 PC 与电视机两类终端上的习惯大不相同，加上当时线路传输能力等技术方面局限，该计划最终夭折。

近些年，伴随着技术的迅速发展和移动端市场的逐渐饱和以及“客厅经济”概念的兴起，互联网视听传播业新舞台的帷幕就此拉开，OTT TV 作为舞台的主角，颠覆性地革新了传统电视业的生态格局。相对于以有线电视、卫星电视、以 IPTV 为主的传统视频阵营，行业内通常将基于互联网收看流媒体视频的新模式称为 OTT TV，即一种借助开放互联网，用户无需订阅传统电视服务就可以在智能电视或机顶盒等不同终端上实现流媒体视频内容收看的业务模式。

与 DVB、IPTV 等传统电视业务相比，OTT TV 有其独到的优势。首先，在产业链结构上更加灵活，可以保证业务的多元延伸；其次，依托互联网，OTT TV 拥有海量、丰富的内容资源；再次，OTT TV 可以实现全网联动和多屏互动，带来极佳的用户体验；最后，越来越多的互联网公司进入 OTT 这个开放的生态，良性的竞争意味着观众可以获得更多的优质服务，进而保证行业持续进步。

二 全球 OTT TV 行业发展现状

作为电视与互联网碰撞后诞生的新模式，OTT TV 凭借包括视听体验出色、内容选择多元在内的突出融合优势从而备受用户喜爱。在“客厅经济”时代，伴随着技术的突飞猛进和多元服务形式的创新，OTT 终端作为智慧化家庭的入口价值得到了肯定。在产业上下游的共同推动下，OTT TV 在全球范围拥有了庞大的用户基础。

（一）全球用户规模不断扩大，业务迅速发展

得益于网络技术的发展所引发的网速解放和资费降低，以及互联网娱乐服务形态的不断丰富，OTT TV 业务在全球范围内发展迅速，用户数量不断增加。

在美国，OTT 已经逐渐成为主流媒介服务形式。截至 2019 年 3 月，拥有 OTT 终端设备的家庭数量达到了 6410 万户，较 2018 年同期增长约 7.7%（净增长 460 万户）。[①] 在德国，民众观看电视的内容和方式也迅速转变。据统计，2018 年德国 OTT 订阅用户相较于上年同期增长约 25%。[②] 在英国，由于国际上现有的 OTT 内容多为英语，因此 OTT 在英国发展形势十分乐观。2019 年 8 月发布的相关报告显示，超过 47% 的英国家庭订阅了 OTT 服务，其总数约为 1330 万户。[③] 在欧洲，同样实现 OTT 业务反超付费电视业务的还有西班牙。西班牙国家市场和竞争委员会（CNMC）的一项调查显示，2018 年通过 OTT 服务进行视频收看的观众已超过三成，超过同期付费电视用户。[④] 在中国，自 2016 年 OTT 行业宏观政策环境基本形成后，OTT 发展进入快车道。截至 2019 年第一季度，覆盖家庭用户数量超过 2 亿户。[⑤]

随着全球范围内用户数量的增加，OTT 行业收入实现了迅速增长。Digital TV Research 最新的数据显示，全球 OTT 收入自 2015 年来持续高速增长。2018 年，全球 OTT 营收增长势头不减，总额接近 680 亿美元（见图 1）。基于此，

---

① ComScore：《The State of OTT：美国互联网电视家庭即将赶超 DVR》，中文互联网数据资讯网，2019 年 7 月 7 日。

② eMarketer：《预计 2018 年全球超过 7.6 亿人收看 OTT 订阅视频》，中文互联网数据资讯网，2018 年 7 月 20 日。

③ Ofcom：《2019 年国家媒体报告》，中文互联网数据资讯网，2019 年 8 月 22 日。

④ 《西班牙的 OTT 服务市场超过付费电视服务》，流媒体网，http：//otv. lmta. com/haiwai/201805/156437. html，2018 年 5 月 29 日。

⑤ 勾正数据 & 阳狮媒体：《2019 家庭智慧屏营销生态发展白皮书》，中文互联网数据资讯网，2019 年 10 月 20 日。

OTT 营收在全球电视业营收中的份额也从 2015 年的 13% 升到 2018 年的 26%，实现翻番。①

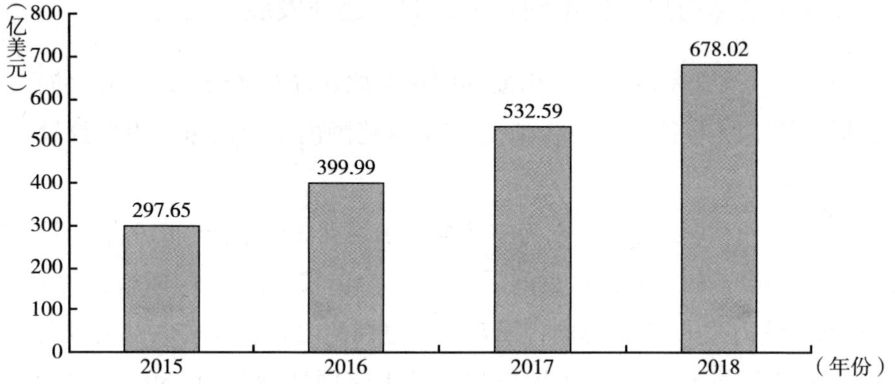

图 1　2015 ~ 2018 年全球 OTT 收入情况

资料来源：研究机构 Digital TV Research。

该报告还显示，在 2018 年全球的 OTT 订阅收入中，SVOD（订阅视频点播）收入增加约 110 亿美元，总额约 360 亿美元（见图 2），其份额从 2017 年的 47% 上升到 2018 年的 53%。这意味着 SVOD 已经成为全球 OTT 订阅收入中较大的一块业务。②

（二）美国仍是全球行业领导者，中国市场日益壮大

美国作为互联网产业最为发达的国家，2018 年以来仍然引领全球 OTT TV 行业。

从 OTT 全球收入占比情况来看，美国仍是全球范围内 OTT 产业最为发达的国家。Digital TV Research 相关报告显示，美国在 2018 年全球 OTT 收入中占比超过四成（约 42%），远超其他国家和地区（见图 3）。该报告指出，

① 《2018 年全球 OTT 收入达 680 亿美元》，智能电视网，https：//news. znds. com/article/40550. html，2019 年 9 月 6 日。

② 《2018 年全球 OTT 收入达 680 亿美元》，智能电视网，https：//news. znds. com/article/40550. html，2019 年 9 月 6 日。

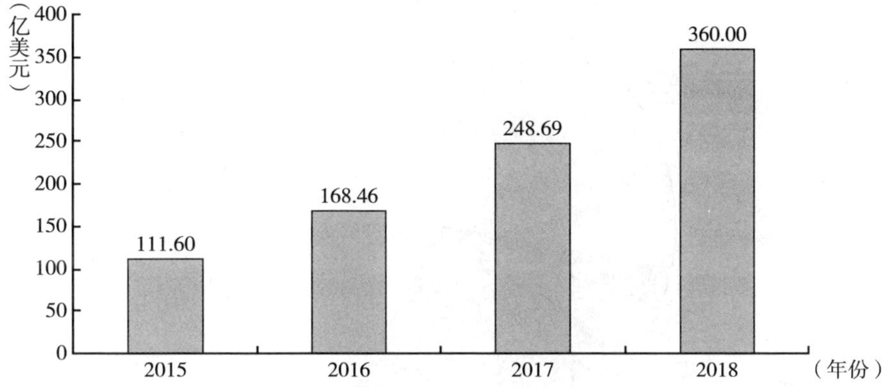

图 2　2015～2018 年全球 SVOD 收入情况

资料来源：研究机构 Digital TV Research。

由于以中国为代表的其他国家和地区 OTT 业务的快速增长，该数值相较于 2017 年（约 43%）有所下降，但是在一定时期内美国仍将处于主导地位。2018 年中国 OTT 收入增长超过 30 亿美元，仅次于美国的 65 亿美元，占全球 OTT 营收总份额的 18%。两国 2018 年的 OTT 收入约占全球收入的一半。①

此外，美国仍然是全球 OTT 市场最大的内容提供国，以 Netflix、Amazon Prime Video 和 Hulu 为代表的美国 OTT 内容提供商在全球 OTT 视频服务订阅用户数量方面共同占据了绝对的市场份额。Netflix 公布的 2019 年第二季度财报显示，其全球订阅会员超过 1.5 亿人，与上年同期的 1.2435 亿人相比增长 21.9%。② 此外，Netflix 在国际市场发展良好，在多个国家都拥有可观的普及率，在挪威、加拿大、丹麦和瑞典其普及率均超过五成。③

① 《2018 年全球 OTT 收入达 680 亿美元》，智能电视网，https：//news. znds. com/article/40550. html，2019 年 9 月 6 日。

② Netflix 2019Q2 财报，https：//www. netflixinvestor. com/financials/quarterly – earnings/default. aspx。

③ eMarketer：《预计 2018 年全球超过 7. 6 亿人收看 OTT 订阅视频》，中文互联网数据资讯网，2018 年 7 月 20 日。

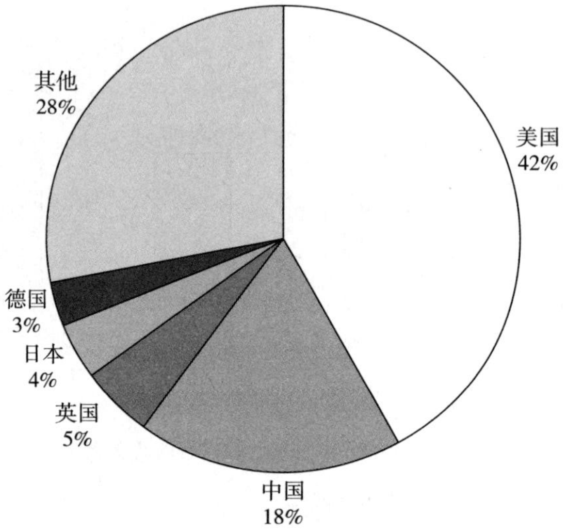

图 3　2018 年不同国家和地区 OTT 收入情况

资料来源：研究机构 Digital TV Research。

（三）新参与者持续入局市场

面对全球 OTT 市场持续高速增长的形势，不断有新的参与者入局全球 OTT 行业竞争中来，其中不乏 Disney、Comcast 和 Apple 这样的重磅选手，推动了全球 OTT 行业竞争的进一步升级。

Disney 于 2018 年 4 月推出第一款 OTT 服务“ESPN +”，另一款 OTT 订阅服务“Disney +”也将于 2019 年 11 月推出。随着 Disney 成功并购 21st Fox，其还将拥有 Hulu 股权的六成。美国电信公司 AT&T 在收购时代华纳后，将其改名为 Warner Media（华纳媒体集团），并计划于 2019 年推出多个版本的全新 OTT 服务，该服务将以华纳兄弟、Turner 和 HBO 原创电影、电视连续剧为特色，旨在帮助该集团在全球 OTT 市场中分一杯羹。一直以来，Apple 都有意参与到 OTT TV 市场中来，最近该公司更是宣布在内容生产方面投入超过约 60 亿美元的资金，为其即将推出的流媒体平台“Apple TV +”制作原创视频。

另外，为了应对 OTT 带来的冲击，传统付费电视提供商也开始寻求进入 OTT 市场，旨在通过提供成本更低的视频服务来改善用户流失的现状，用以对抗 OTT 的 vMVPD 业务的迅速发展。作为运营商应对 OTT 竞争的一种模式，vMVPD 是运营商基于互联网向用户提供的传统付费电视频道的一项服务，消费者可以通过终端收看 vMVPD 传输的 OTT 视频内容。尽管较之于上一年增长速度有所放缓，但其增长速度依然十分可观。ComScore 最新发布的研究报告显示，截至 2019 年第二季度，vMVPD 用户总数已增至超过 850 万。[①] 目前全美提供的 vMVPD 服务主要包括 CenturyLink Stream、DirectTV Now、FuboTV、Hulu Live TV、Sony PlayStation View、Sling TV 和 YouTube TV。

（四）行业竞争日益围绕原创内容

FX Networks 的研究报告显示，2018 年全美共推出 495 部原创剧集内容，其中有 160 部来自线上平台，这也是线上平台首次超过基础有线台（144 部）和公共电视节目（146 部）。[②] 对于 OTT 行业来说，一方面，原创内容在让用户从剧集黏性转变为平台黏性的过程中起着决定性的作用；另一方面，原创内容领域本身蕴含着巨大的利润。因此行业参与者纷纷调动自有资源入局这一领域。

2018 年，Netflix 继续在原创内容方面进行巨大投入。《经济学人》的一份报告显示，Netflix2018 年在内容生产方面投资预计达到 130 亿美元左右，该数额远超此前财报里公布的 80 亿美元。总体而言，2018 年 Netflix 推出了接近 90000 分钟的原创剧集、电影和其他作品，这也让 Netflix 首次超越 HBO，成为艾美奖提名最多（共计 112 项）的网络电视公司。[③]

面对 Netflix 在原创内容方面的来势汹汹，两大传媒巨头 Disney 和

---

① ComScore：《The State of OTT：美国互联网电视家庭即将赶超 DVR》，中文互联网数据资讯网，2019 年 7 月 7 日。

② 《2018 美国流媒体打造的原创剧数量，首次超过电视》，搜狐网，http：//www. sohu. com/a/281920066_ 570245，2018 年 12 月 15 日。

③ 《Netflix 今年内容制作投入将达 130 亿美元》，搜狐网，http：//www. sohu. com/a/240068871_ 313745，2018 年 7 月 9 日。

Comcast 选择了积极应对。研究机构 Ampere Analysis 在其 2018 年 12 月公布的报告中指出，经过 2018 年并购大战后的 Disney 和 Comcast 预计在内容上的支出总额将超过 400 亿美元。Disney 以 713 亿美元收购 21st Century Fox 的大部分资产后，Disney/Fox 的内容支出将达到约 220 亿美元；Comcast 紧随其后，在以 390 亿美元收购欧洲付费电视巨头 Sky 后，其内容支出也将达到约 210 亿美元。在这次并购后，Disney 和 Comcast 将凭借日益庞大的原创内容库主导全球内容消费市场，二者在全球内容支出的份额将达到 20%（见图 4），远远超过 Netflix 等内容提供商。①

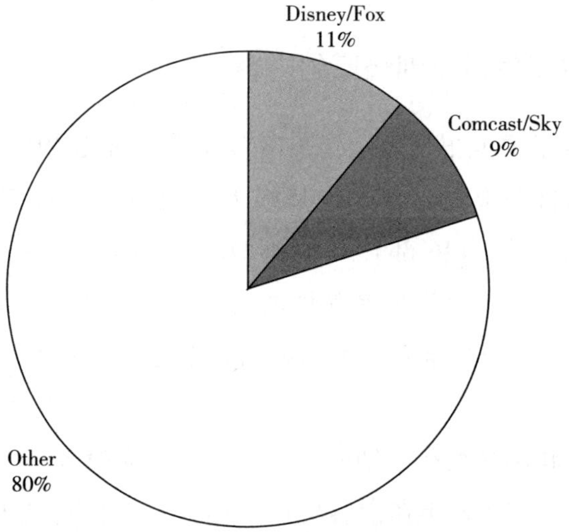

图 4　全球内容支出份额

资料来源：研究机构 Ampere Analysis。

Amazon、Apple 等公司也不甘示弱。2018 年，Amazon 继续在原创内容和剧集版权的购买上投入巨资，续订了大获成功的《了不起的麦瑟尔夫人》第三季。不同于 Netflix 专注于打造小成本 B 级电影，Amazon 目前的原创内容多以艺术电影为主，最具代表性的当属《海边的曼彻斯特》。

① Ampere Analysis, " Two Companies Soon to Control One Fifth of Global Content Spend ", https://www.ampereanalysis.com/blog/40493941-7f03-467d-9b90-723752e04499.

（五）网络盗版现象猖獗

伴随视频内容的付费收看模式普及，资源盗版问题日益凸显。通过 BT 下载网站、非法的在线视频网站以及云盘分享等渠道，盗版影视资源充斥着互联网。以美剧《权力的游戏》第七季为例，盗版检测公司 MUSO 的数据显示，截止到 2017 年 9 月 3 日，《权力的游戏》第七季在全球的盗版下载量超过 10 亿，而合法渠道的观众平均每集约为 3100 万。①

Digital TV Research 的一份研究报告显示，以 Netflix、Amazon、腾讯视频、优酷为代表的全球范围内 OTT 业务因为盗版问题会产生巨大亏损，据预测 2018 年将损失约 374 亿美元，这一数值将在 2022 年达到 516 亿美元左右（见图 5）。

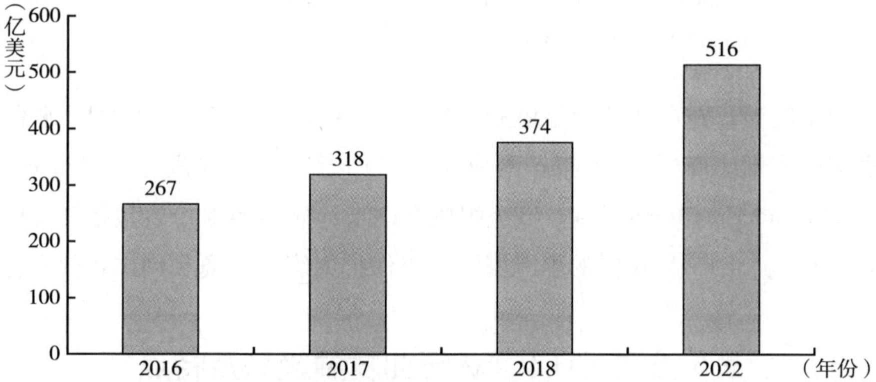

图 5　全球视频网站盗版问题损失情况

资料来源：研究机构 Digital TV Research。

此外，Digital TV Research 预计美国和中国在未来几年都将是因盗版而损失最多的两个国家。2016 年的数据显示，美国、中国分别因为盗版损失约 89.43 亿美元和 42.36 亿美元。到 2022 年，美国的这一数字将达

① MUSO："Game of Thrones Season 7 Pirated over 1 Billion Times"，2017－09－03。

到约 115.83 亿美元，而中国影视盗版损失预计将达 97.78 亿美元（见图 6）。①

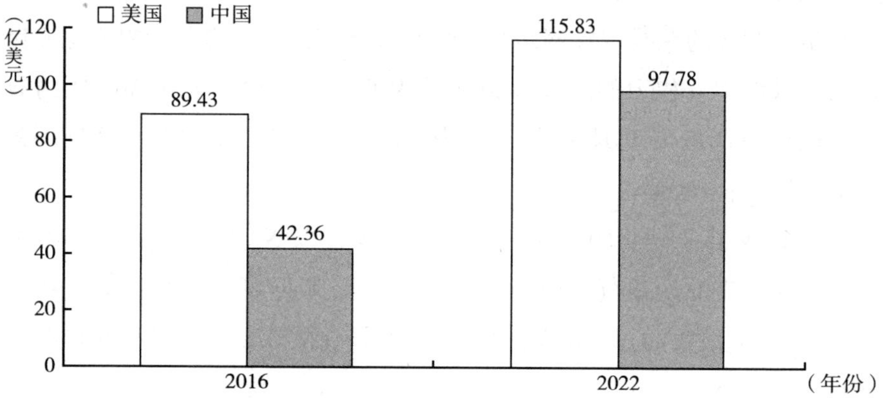

图 6　2016 与 2022 年中美两国视频盗版损失对比

资料来源：研究机构 Digital TV Research。

为了应对日益严重的网络盗版，Netflix、Amazon 和 Hulu 等 OTT 平台联合多家内容供应商于 2017 年 6 月成立了“创意与娱乐联盟”（Alliance for Creativity and Entertainment）。该组织成立以来，先后多次控告包括 Tickbox、Dragon Box、SET TV 在内的串流服务商以保护内容供应商和创作者的利益。

三　全球 OTT TV 行业发展趋势及特点

21 世纪第二个十年，伴随着互联网的日益普及和技术的突飞猛进，来势汹汹的 OTT 令整个广电行业为之震颤，传统电视对渠道的垄断因此不复存在。当下，PC 式微，移动端已达到一个缓慢发展的瓶颈，常年被定义为“即将死亡”的电视却在与互联网的联姻下探索出了新的增长点。近年来，OTT TV 行业的发展体现了以下趋势及特点。

① Digital TV Research：《预计 2022 年各大视频网络因盗版流失金额达 515 亿美元》，中文互联网数据资讯网，2017 年 10 月 31 日。

（一）聚焦优质内容服务，保证用户黏性

对互联网视听业来说，承载变现的关键还是能够满足消费者的多元内容、服务。大量优质内容是进一步提高用户开机率的前提，也是用户“客厅”重回家庭娱乐中心的关键。

总体来看，内容投资力度的不断加大将是行业发展的一大趋势。现阶段，吸引用户的决定性因素仍然是内容，头部内容的精品化及高质量的内容更新既关乎用户数目能否快速增长，同时也决定了用户黏性能否保持稳定。2018 年，国内外平台商纷纷加码内容投入，全球内容支出总额超过 2000 亿美元。[①] 在此行业发展趋势下，OTT TV 的内容运营方式与产品形态也产生了相应变化。

伴随着行业的健全和成熟，原创内容为主，辅以版权购买或将成为行业内容运营方式的主流。长期以来，版权购买一直是平台运营商重要的内容来源。以 Netflix 为例，为了争夺《老友记》这部有史以来最受用户欢迎的优质剧集，2018 年该公司支付给了版权所有公司 Warner Media 将近 1 亿美元的续约费用。但过度依赖版权购买也同样存在一定的风险。这是因为倘若授权合同到期，那些优质的版权内容极大可能会成为竞争对手的武器。2019 年，Netflix 将会把 Disney 新电影的独家发行权和包括迪士尼动画、皮克斯电影、漫威电影、卢卡斯影业以及迪士尼图书馆等大量优质影视内容资源一并交还给 Disney，曾经的王牌内容将成为它们不得不面对的“敌人”。从另一角度来说，多平台联播的方式也不利于用户资源的争夺，因此自制原创内容成为“独播”时代行业内容运营方式的关键。在美国，热门剧集如《权力的游戏》《纸牌屋》《使女的故事》《杰克·莱恩》分别属于 HBO、Netflix、Hulu 和 Amazon。国内各大平台也不遑多让，纷纷打出布局“自制内容”战略，旨在依靠自制剧集和综艺等不同的特色 IP 来获取更多的用户。

---

① Ampere Analysis，“Two Companies Soon to Control One Fifth of Global Content Spend”，https：//www.63ampereanalysis. com/blog/40493941 – 7f03 – 467d – 9b90 – 723752e04499.

在内容产品形态方面，以多元产品为基础、以深度服务为延伸将成为行业发展的一大方向。海量的内容是支撑平台运作的基础，现阶段仍是如此。综观国内外行业领先者，尽管其产品各有千秋，但基本都能够实现包括电影、电视剧、综艺、少儿、体育、动漫、演唱会、纪录片在内的泛娱乐、全方位内容展现。在同样能够提供充足的内容资源的前提下，如何以用户为中心、根据用户所处的不同场景和需求进行服务提供，以及围绕 IP 进行包括周边产品、综艺电影和游戏的延伸开发从而实现品牌连锁效应将是从业者需要关注的重点。

（二）加速技术优化升级，提升用户体验

智能媒介时代，内容、服务作为入口的价值毋庸置疑，但如果提供的内容、服务无法精确匹配用户需求、有效提升用户体验，那内容的价值将会大打折扣。对于 OTT TV 行业而言，技术的优化升级是用户体验实现提升的关键。

大数据、云计算等技术的出现使用户成为可以被分析的数据，进而使 OTT TV 产业链条的进一步扩展成为可能。随着 OTT TV 终端的普及和用户接触媒体时间的增长，用户的精准属性如个人喜好都可基本实现可视化，“用户画像”得以被勾勒出来。通过对积累的海量用户数据进行分析，内容制作方可以精准地制作出用户希望看到的内容，真正做到了按用户需求决定生产；平台运营方则可以整合海量内容，依托新技术按照用户需求实现内容、服务以及广告的精准投放和个性推荐。无论是 Netflix 的《纸牌屋》、《女子监狱》还是 Hulu 的《使女的故事》，这些现象级的剧集都是依托大数据技术的产品、是针对特定用户群最为匹配的内容，这种依托新技术的内容生产方式重新塑造了用户与内容生产者之间的关系。随着技术的不断进步和成熟，这种精确的内容匹配也将更加完善，从而导向更好的用户体验。

对于用户来说，5G、VR、4K、8K 等技术的迭代更新实现了跨时空的观赏体验，是可以带来差异化体验的业务吸引点。以近些年迅速发展的显示技术为例，现阶段包括 Netflix、Amazon 和 YouTube 在内的所有内容提供商

基本都支持 4K 分辨率与 HDR 格式。二者的有效结合所提供的超高清晰度和高动态范围的画面效果会让用户通过大屏终端感受到人们在真实自然世界中的主观视觉体验，从而为用户带来更细腻、更逼真、更震撼的视听观感。除此之外，跨屏互动也是用户在使用产品过程中较为看重的方面。对于用户来说，通过统一账号打通 PC 端、移动端和大屏终端能够进行横跨多端的观看记录的互通，进而实现用户层面的无缝观看体验。同时，多终端的跨屏互动模式还能够集成简洁高效的支付功能，让用户无须为烦琐的付款过程而烦扰。

（三）拥抱人工智能浪潮，打造家庭生态

移动互联技术的迅速发展对传统的电视行业造成了极大的冲击，能够满足用户随时随地获取内容的移动终端成为主流，个人化、碎片化的收看行为取代了家庭的电视观看行为。随着技术的不断演进，兼具互联网数据高效处理能力与传统电视家庭观看氛围的 OTT TV 的出现打破了这一现状，使用户重聚在客厅这一公共媒介空间，“客厅经济”时代由此开启。在人工智能大潮下，作为承载智能化功能的载体之一的 OTT TV 终端应当争取成为智慧化家庭中的关键入口而非作为单一的视频窗口。

作为强服务的互联网入口，现阶段 OTT TV 终端仍处于设备智能阶段，即通过人机之间的简单交互来获取内容服务。随着技术的发展，OTT TV 终端的交互技术已经实现了从传统的触控交互到语音交互的演进，即让用户放下遥控器，带来解放双手的舒适体验。实际上，语音识别技术仅仅是实现人工智能的前奏，如何在家庭场景下发现并解决用户的实际需求即实现场景智能才是最终目的。在场景智能阶段，OTT TV 终端应该包括以下特征。

首先，依托大数据技术，OTT TV 终端传感器除了能够进行不同语音、语义的信息处理之外，还应当具备处理包括自然语音、动作等交互信息的能力，并据此识别用户需求并反馈处理；其次，依托云计算、物联网，大屏终端应当能够主导家庭场景内多设备进行协同工作，创造一个完整的智能生态系统；最后，OTT TV 终端应当在所有家庭智能设备产生的海量数据的基础

上，结合深度学习算法，更好地掌握用户的行为逻辑和习惯偏好，从而提供更加智能、精确的服务，进一步提升用户体验。

尽管当下人工智能在 OTT TV 领域的应用还处于初级阶段，但无论是政策还是市场都在推动电视终端与人工智能寻找结合点的探索。将电视终端与“智慧家庭”的其他家居、设备相连接打造全新的智能生态系统，从用户出发满足其需求体验将是 OTT TV 行业发展的大势所趋。

（四）确立健康商业模式，实现多元共赢

作为凭借内容安身立命的行业，内容付费必然是 OTT TV 行业核心的商业模式。通过让用户为内容付费，原本花费在寻求价值转化的精力可以用于优质内容的生产，从而形成内容、硬件、渠道、用户之间健康的互动产业闭环。

现阶段，用户内容付费已经逐步成为国内外 OTT TV 行业的共同趋势。传统互联网时代，内容平台运营基本以免费向用户开放资源、广告主单边付费的形式运营。付费模式发生转变的根本原因在于用户需求的演进，即随着用户版权保护意识的增强和消费观念的改变，越来越多的用户愿意为优质的内容和服务进行付费。一方面，对于内容平台来说，用户付费能够使平台盈利来源多元化，即为平台带来可观的收益；另一方面，对于用户来说，付费为其带来了更出色的音画效果如杜比音效以及免广告等高附加值的使用体验。在 OTT TV 领域，行业主流的付费模式包括以 Netflix、Hulu、Amazon Prime Video 为代表的订阅式点播（SVOD），以 YouTube、Vice 为代表的广告式点播（AVOD）与以 Amazon Prime Video、Google Play 为代表的交易式点播（TVOD）。考虑到场景的多样化和时间的碎片化，各平台的内容付费方式、产品组合也有所调整。近年来国内的视频平台大力发展的“会员制”类似于订阅式服务，但与此同时国内平台也会采用将部分内容免费提供给用户的贴片广告模式。不同于国内，美国的内容平台通常专注于某一类选择，如 YouTube 主要依靠 UGC 短视频分享和广告收入，而 Netflix 的内容则只向其订阅用户开放。

随着 OTT TV 行业的成熟，内容端的供应平台开始探索发展电视终端的覆盖，发力打通产业链的上下游。构筑一个从内容资源到分发渠道，以用户需求为出发点，产品形态多元、各行业层级合作互利共赢的产业链条将是行业的未来发展方向。在合作的过程中，硬件终端厂商通过与内容端的合作赢得了具有商业价值和用户黏性的海量优质资源，实现了产品渗透率的增长；对于内容供给方来说，电视终端厂商既有的市场资源能够助力其触达更大范围的用户，进而真正实现内容创造价值；对于消费者来说，则能使其享受到内容和硬件的双重福利。此外，行业的成熟还带来了产业链的多元与开放。例如在产业链中接入第三方数据公司，为行业发展和决策提供专业可靠的数据，同时为大屏营销建立高效可信的评估体系，实现平台与广告主的互利共赢。

（五）探索布局国际市场，突破行业桎梏

随着国际化进程的推进以及全球 OTT TV 行业的迅速发展，在本国市场已经获得成功的 OTT TV 服务商开始凭借出色的内容服务水准及成熟的运作模式，不断扩展其业务到全球范围。以 Netflix 为例，它的业务范围遍及全球超过 190 个国家。截至 2019 年第二季度，Netflix 全球用户数量达到 1.5 亿人左右，其中美国本土的数量为 6010 万人左右，国际用户数量则远超本土用户数量，达到 9140 万人左右。实际上，自从 2018 年第四季度开始，Netflix 的海外收入就已经开始超过美国国内收入。① 对于 OTT TV 行业参与者来说，布局国际市场不但可以为行业提供更多的盈利模式，同时还能够在本国市场竞争白热化情况下打造新的突破口。

对于 OTT TV 行业来说，像《纸牌屋》这样符合大众品味的、制作精良的头部内容是打开海外市场的基础，但“本土化战略”能否真正落实才是服务商在国际市场获得认可的关键。Netflix 的全球迅速扩张也证明了服务商对一个国家或地区的了解越广泛越具体，在当地市场就越容易被接受。这些

① Netflix 2019Q2 财报，https：//www. netflixinvestor. com/financials/quarterly - earnings/default. aspx。

认识要涵盖政策监管、制度规范、技术水平、文化传统、用户特征以及行业竞争对手等方面。

“本土化战略”的贯彻通常包括两个方面。第一个方面是服务商要持续跟进当地用户对于内容服务的需求，优化当地用户的使用体验。具体应该包括提供当地语言的字幕、配音以及不断增加在设备、运营和支付合作方面的支持等。“本土化战略”的第二个方面是要照顾到用户对于本土化内容的偏爱，进行本土化内容的生产。目前，Netflix 进行本土化原创内容的国家和地区市场已经达到 17 个，其基本策略是选用当地具有国际知名度的导演和演员。例如在韩国，Netflix 推出的热播原创剧集《王国》就是由韩国知名导演金成勋执导，家喻户晓的女演员裴斗娜担任主角。实际上，制作精良的本土化内容不仅能吸引当地用户，极具当地特色的文化细分内容还能够不断扩充服务商已有的内容库，成为其在全球吸引更多用户的有力工具，为服务商带来全球范围的收益。

四　结语

无论 OTT TV 在不同国家以何种方式发展，其共性都在于打破视频服务领域既有的产业生态及运作逻辑。包括内容生产商、网络运营商在内的不同市场主体不得不对各自的定位、服务以及盈利模式重新思考，以期能够更好地参与到不同的环节。

综上所述，在探寻电视行业新发展的过程中，OTT TV 行业参与主体必须以用户体验为核心，深耕技术创新，向用户提供有保障的互联网内容与服务。同时，要加强国际合作交流，在全球 OTT TV 产业链条的缔造过程中汇聚智慧。

B.10
2018年中国短视频行业发展报告

赵子忠　付姝姣*

摘　要： 经历了上半场的野蛮生长之后，中国短视频产业已进入下半场。本报告在回顾2018年短视频产业发展的基础上，分析短视频产业链的主要参与角色，并对新的风口Vlog进行重点解读。同时，报告分析了短视频产业的投融资概况，以及短视频产业面临的一些问题和挑战。最后，报告解读了短视频产业的政策监管，并展望短视频产业的未来发展趋势。

关键词： 短视频　视频博客　新媒体产业

一　引言：中国短视频产业的转折点

中国新媒体产业的发展经历了早期的“放火烧山”到后来的“攻城略地”再到现在的“步步为营”三个阶段，从粗放化、无序化发展逐步过渡到精细化、规范化运营。作为中国新媒体产业的新生力量——短视频产业已经从早期的野蛮生长过渡到现在的规范化发展，目前已经形成了初步的市场格局、产业地位和较为庞大的用户群体。

QuestMobile《中国移动互联网2018年度大报告》显示：在“2018年12月短视频App行业月活跃用户规模TOP10”中，抖音（42616万）和快手（28497万）稳居前两位；在“中国移动互联网细分热门行业总使用时长占

* 赵子忠，中国传媒大学新媒体研究院院长、教授；付姝姣，中国传媒大学新媒体产业博士后。

比”中短视频（11.4%），仅次于即时通信（28.7%），且短视频处于增长趋势。① CNNIC 第 42 次《中国互联网络发展状况统计报告》显示：截至 2018 年 6 月，我国网民规模为 8.02 亿；综合各个热门短视频应用的用户规模达 5.94 亿，占整体网民规模的 74.1%。②

2018 年，在技术创新、行业竞争、资本搅动、政策监管等多重力量的作用下，中国短视频产业正式进入下半场，2019 年或将是短视频产业重新洗牌的关键一年。

本文将从市场格局、产业风口、资本市场等角度回顾和分析 2018 年中国短视频产业的发展概况，同时从产业困境、产业政策、产业趋势等角度把脉中国短视频产业未来的发展方向。

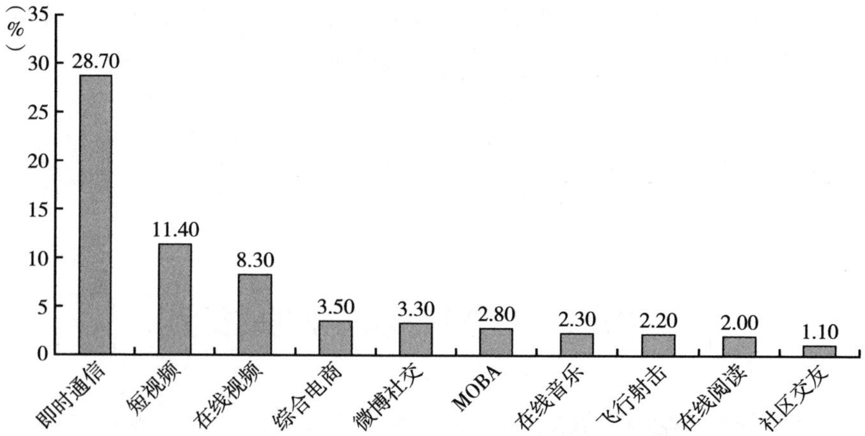

图 1　2018 中国移动互联网细分热门行业总使用时长占比

资料来源：QuestMobileTRUTH 中国移动互联网数据，2018 年 12 月。

二　下半场：中国短视频产业链渐趋成熟

短视频产业经历上半场的快速发展之后，目前已经形成了较为成熟的产

① QuestMobile，《中国移动互联网 2018 年度大报告》，2019 年 1 月。

② 中国互联网络信息中心（CNNIC）：第 42 次《中国互联网络发展状况统计报告》，2018 年 8 月 20 日。

业链，汇聚了短视频平台（如抖音、快手）、内容生产整合者（如UGC、PGC、PUGC、MCN）、内容分发平台（如今日头条、微信）、用户、广告主和电商、政府监管部门以及围绕相关产业环节而形成的技术、金融等第三方服务商（见图2）。

（一）短视频平台：平台角力与技术创新

2018年短视频平台市场格局初定，一方面是以快手和头条系（抖音、西瓜视频、火山小视频）为主的头部玩家，另一方面是以腾讯、阿里、百度为代表的集平台、资本、技术、人才、品牌等多重优势于一身的网络巨头，同时还包括动次、人人视频以及B站等以个性化、垂直化为发展方向的行业新生力量和转型拓展者。

1. 平台角力：三足鼎立，群英混战

（1）头部玩家：快手老铁与头条三杰。凭借着敏锐的市场嗅觉和差异化的市场定位，快手和抖音率先进入短视频领域，并在激烈的市场竞争中脱颖而出，目前已经稳居短视频平台排行榜的前两位。

快手成立于2011年，2013年从工具类产品转型为短视频社区，产品定位平民化。快手侧重于平台人物的运营，吸引用户对人物及其内容的关注，由此捧红了众多“老铁”。抖音由字节跳动孵化，产品定位年轻化。抖音侧重于对内容的运营，吸引用户对内容的关注，由此捧红了一系列的网红景点、网红产品和网红行为。在商业模式上，两者都采用了广告和直播的方式进行变现。此外，快手和抖音都实施了出海战略，并在国外市场中取得了不错的成绩。快手官方数据显示：截至2018年12月，快手拥有超过1.6亿日活用户，3亿月活用户。[①]《2018抖音大数据报告》显示：截至2018年12月，抖音国内日活跃用户（DAU）突破2.5亿，月活跃用户（MAU）突破5亿。[②]

① 腾讯科技：《快手日活用户超过1.6亿　月活用户3亿》，2019年1月10日。

② 抖音：《2018抖音大数据报告》，2019年1月29日。

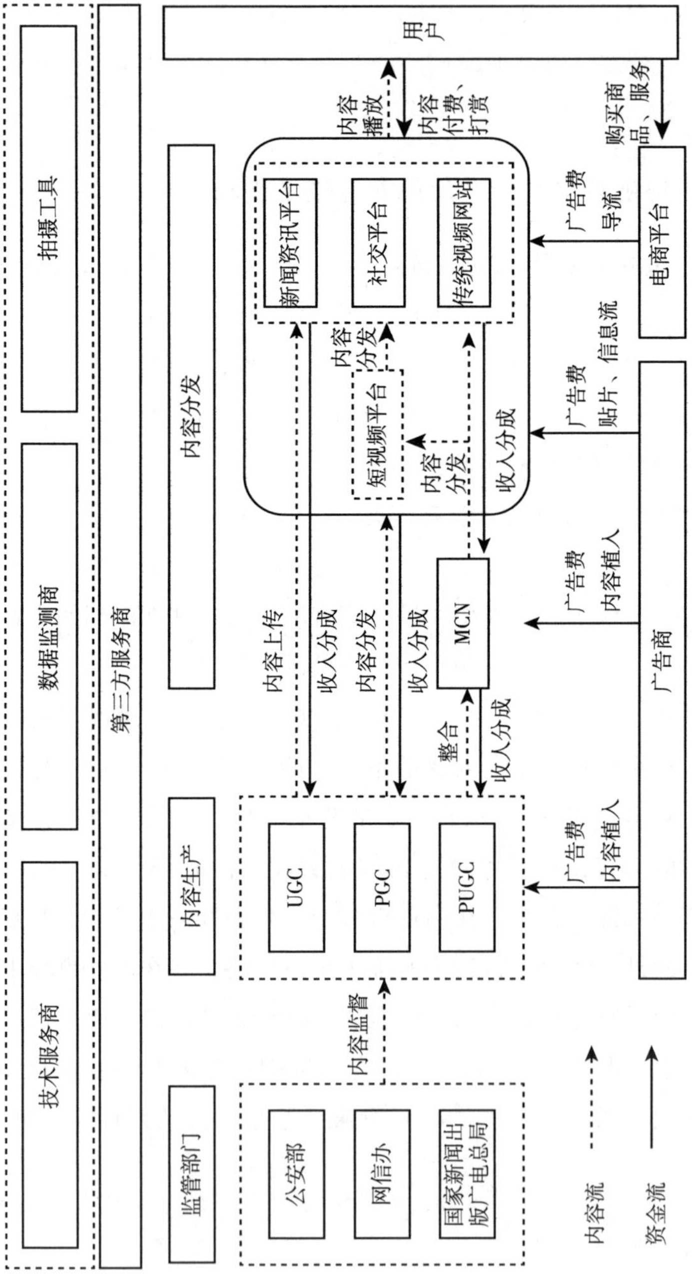

图 2　2018 中国短视频产业链

快手与头条系（抖音、西瓜视频、火山小视频）组成中国短视频平台的一线阵地，同时头条系的抖音在2018年实现了对快手用户量的反超，成为中国短视频平台的第1名（见图3）。

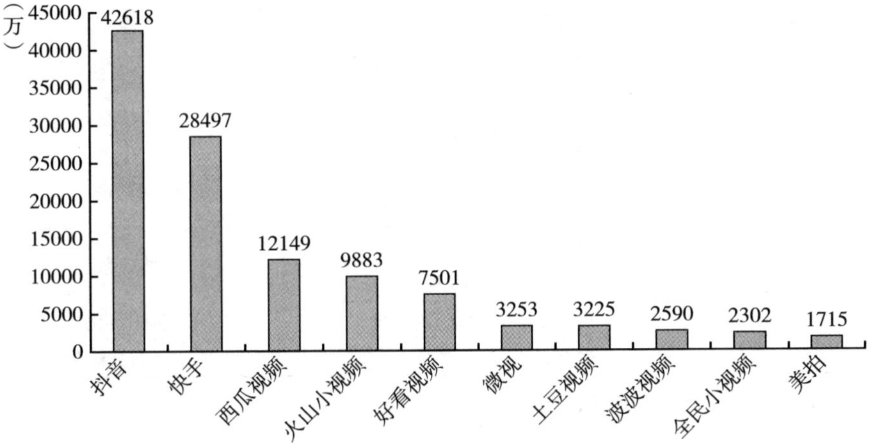

图3　2018年12月短视频App行业活跃用户规模TOP10

资料来源：Quest Mobile TRUTH中国移动互联网数据，2018年12月。

（2）巨头涌入：BAT短视频的孵化+资本战略。在当前的中国互联网产业生态中，通常有风口的地方就有BAT的身影，在短视频产业同样如此。作为中国互联网的巨头，BAT集平台、技术、资本、人才、品牌等众多优势于一身，而这些优势也让它们可以快速地进入相关产业。在短视频产业，BAT一方面利用技术、运营等优势孵化自有平台，另一方面通过投资并购等资本层面的运作方式入局，令中国的短视频产业有了“重新洗牌”的可能性。

从目前的市场状况来看，百度构建了“秒懂百科+好看视频+全民小视频”的内部孵化产品矩阵，其中好看视频和全民小视频（2018年上线）冲进2018年短视频活跃用户排行榜前十。腾讯构建了“微视+yoo视频”的内部孵化型短视频产品矩阵，并大力扶持微视。阿里在淘宝头图视频之后推出了以电商为核心元素的鹿刻小视频，并推动土豆视频向短视频方向转型（见表1）。下文我们会对BAT的短视频投资战略进行分析。

表1　2018中国主流短视频App产品概览

短视频App	产品Slogan	备注
快手	记录你的世界	腾讯、百度参投
抖音	抖音，记录美好生活	头条系
西瓜视频	给你新鲜好看	
火山小视频	为您记录不容错过的精彩瞬间	
好看视频	分享美好，看见世界	百度系
全民小视频	发现真实有趣世界	
土豆视频	只要时刻有趣着	阿里系
鹿刻	只有想不到，没有买不到	
微视	发现更有趣	腾讯系
yoo视频	每一次精彩，yoo视频为证	
美拍	在美拍，每天都有新收获	美图孵化
波波视频	段友云集，搞笑升级	一下科技孵化

资料来源：根据公开资料整理。

（3）后起之秀：很个性，更垂直。从产品定位的角度来说，目前我国短视频平台类型多样，包括社交类（如快手）、资讯类（如西瓜视频）、电商类（如鹿刻）、工具类（如小影）。大众化的短视频平台已经进入饱和状态，以定位音乐类的动次、定位二次元的B站通过个性化、垂直化产品定位在短视频平台市场上开辟了新的天地。

以动次为例，在产品类型上定位为音乐类短视频，在表现方式上采用多格的方式进行展示，不同于一般短视频的单格展示；同时用内容裂变的策略解决优质内容生产难题，加入社交互动元素。这样的产品特点让动次一年内完成三轮融资，其中的两轮融资在一个月内完成。①

2. 技术创新：人工智能为产业赋能

目前，人工智能技术成为包括短视频产业在内的互联网产业的关键技术和创新突破口。在短视频产业，人工智能的应用范围涵盖了内容生产（如人脸

① 《获创世伙伴、莲花数千万元Pre-A轮融资，抖音之后短视频还能玩出什么新花样?》，http：//www. sohu. com/a/226989188_ 114778。

识别)、内容审核(如画面识别)、内容分发(个性推荐)、版权保护等方面。

以快手为例，除了利用人工智能进行内容分发实现内容与用户的匹配外，快手还利用人工智能技术对内容进行审核和过滤，而且“快手在利用语音识别打造字幕生成、通过语音合成实现个性化配音、根据视频内容自动生成音乐、通过2D图像驱动3D建模实现Animoji特效等方面已经取得了诸多成果”。①

(二)内容生产整合者：旧模式、中间人与新角色

短视频产业在内容生产方面延续了互联网内容生产的主流模式，即草根化的UGC和专业化的PGC以及介于两者之间的PUGC。同时，作为短视频内容价值的整合者的MCN继续发挥沟通连接作用，并向纵深方向发展，但存在新的不确定性。此外，短视频的社会口碑也引起了传统媒体、政务部门的注意，促成媒体类和政务类生产者入驻短视频平台。

1. 旧模式：草根化与专业化的并存

短视频产业的内容生产模式延续了UGC + PUGC + PGC的互联网内容生产的主流模式。从整体上来看，短视频平台上基于普通用户的UGC内容持续爆发，内容数量持续增长，有时会出现爆款内容；以Papi酱等网红为代表的PUGC内容快速增长，变现能力逐步提高；以罐头视频为代表的PGC内容在母婴类、美食类、泛娱乐等垂直领域深耕细作，商业模式不断成熟。

进入下半场之后，内容和用户成为短视频平台竞争的关键砝码，头条、微视、百度等短视频平台采用资本的方式驱动内容生产。例如，百度好看视频2019年3月起将提供10亿元专属分成奖金扶持原创作者。②

2. 中间人：MCN的产业探索

MCN在短视频产业链中连接着内容生产者、短视频平台、广告主等产业关键环节，孵化内容生产者和IP并帮助其寻找变现路径、为平台输送优质内容、为广告主寻找商业推广渠道。

---

① 《快手乌镇黑科技揭秘：深度结合产品，让人工智能“接地气”》，https://www.jiaheu.com/topic/516073.html。

② 《百度好看视频：3月起将提供10亿奖金 扶持原创作者》，网易科技，2019年1月23日。

短视频内容的短平快特点和市场环境对 MCN 机构来说或许存在一些不确定因素，从内容变现角度来说，短视频广告整体市场较小且单价较低。部分 MCN 机构开始探索垂直化发展以寻求市场机会。

3. 新角色：媒体类与政务类生产者的参与

短视频产业的快速发展引发传统媒体和政务部门的关注和入驻，这让短视频平台拓展出新的社会功能，《人民日报》、中央电视台、新华社等主流媒体和共青团中央、中国长安网、平安北京等政务媒体都在抖音、快手短视频平台上开设账号。《2018 抖音大数据报告》显示：截至 2018 年 12 月，“共有 5724 个政务号和 1334 个媒体号 C 位出道，抖音成为政务和媒体信息传播的新平台”。[①]

（三）内容分发平台：从内外兼发到外部受阻、内部为主

短视频内容分发从平台归属上可以分为平台内分发和跨平台分发，从平台属性上可以分为社交平台和资讯平台，从分发手段上可以分为智能分发和人工分发。在这里我们从平台归属角度对短视频产业内容分发平台进行分析，兼顾平台属性和分发手段。

1. 平台内分发的智能化与主流化

平台内分发即短视频内容在完成生产后在相应 App 内进行分发，内容生产者在完成内容上传后平台会采用以智能分发为主的分发方式按照内容属性、用户需求等因素进行精准分发，部分内容会有人工分发的可能。目前，平台内的智能分发是短视频内容分发的主要方式。

2. 跨平台分发受阻

跨平台分发即短视频内容分发到其所在 App 之外的平台，主要是微信、微博等社交平台和今日头条、腾讯新闻等资讯平台。跨平台分发主要是以用户分发为主，用户在浏览相关视频之后分享到其他平台。

进入下半场之后，部分平台基于自身平台发展和市场竞争等因素的考虑，限制或禁止外部短视频内容分享到自身平台。例如，腾讯在 2018 年 5

---

① 抖音：《2018 抖音大数据报告》，2019 年 1 月 29 日。

月8日发布的《关于进一步升级外链管理规则的公告》中指出“外部链接不得在未取得信息网络传播视听节目许可证等法定证照的情况下，以任何形式传播含有视听节目的内容”，[①] 受此影响包括快手、抖音、西瓜视频、火山小视频等在内的30多款视频App遭遇分发危机。

（四）用户：存量市场的规模化与新势力的崛起

用户是短视频产业的核心要素，目前短视频产业已经吸引来较大规模的用户群体，用户群体还有扩大的可能。短视频产业的下半场用户的核心作用将会进一步突出，特别是以小镇青年和Z世代为代表的关键用户群体。

1. 短视频用户概览：存量市场的规模化

CNNIC报告显示目前短视频用户规模达5.94亿，且用户使用时长仅次于即时通信。以平民化的快手、年轻化的抖音为代表的短视频平台满足了用户碎片化时间里的娱乐化需求，并收获了小镇青年、Z世代等用户群体。

2. 小镇青年：渠道下沉的目标对象

短视频产业的下半场用户人口红利的局面已经到来，部分短视频平台开始采取用户下沉策略，布局三、四、五线及以下城市。QuestMobile《小镇青年洞察报告》显示：短视频典型App小镇青年月活跃用户规模依次为为快手、抖音、火山小视频、西瓜视频（见图4）[②]。QuestMobile《中国移动互联网2018年度大报告》显示：快手2018年12月用户增量中57.2%来自三、四线及以下城市。[③]

3. Z世代：即将到来的主力军

Z世代，亦称互联网世代，指95后和00后群体，他们正在成为互联网和消费市场的主力军。QuestMobile《Z世代洞察报告》显示：截至2018年10月，Z世代用户突破3.69亿。[④]

---

① 微信：《关于进一步升级外链管理规则的公告》，2018年5月18日。

② QuestMobile，《小镇青年洞察报告》，2018年3月29日。

③ QuestMobile，《中国移动互联网2018年度大报告》，2019年1月22日。

④ QuestMobile，《Z世代洞察报告》，2018年12月19日。

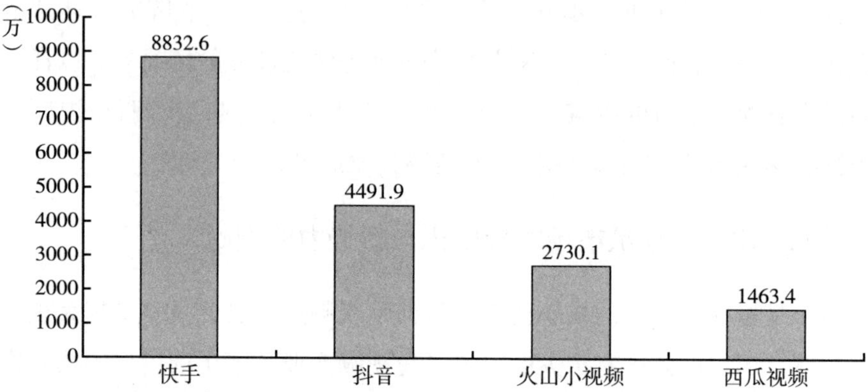

图4 短视频典型 App 小镇青年月活跃用户规模

资料来源：QuestMobile TRUTH 中国移动互联网数据库，2018 年 2 月。

在短视频的用户群体中，Z 世代既是短视频内容的消费者，也是短视频内容生产者的中坚力量。数据显示，B 站、抖音和快手在“Z 世代偏爱 TOP20 的 App”中分别排名第一、第二和第四（见图 5），而在 B 站等二次元短视频平台中来自 Z 世代的内容生产者群体占比也颇高①。

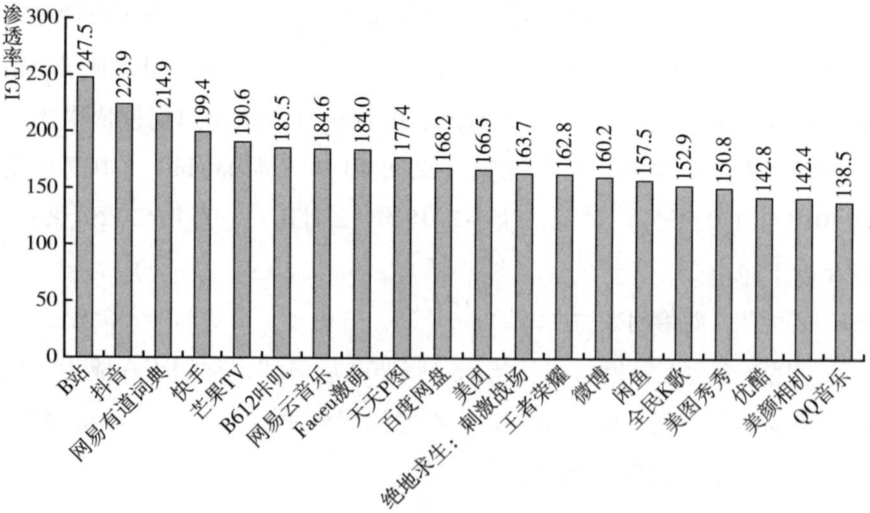

图5 Z 世代偏爱 TOP20 的 App（活跃渗透率 TGI）

资料来源：QuestMobile TRUTH 中国移动互联网数据库，2018 年 2 月。

① QuestMobile，《Z 世代洞察报告》，2018 年 12 月 19 日。

（五）变现：广告、电商、用户付费

艾瑞咨询报告指出，“2018 年短视频营销规模将达 140. 1 亿，预计 2020 年规模将超过 550 亿元”。[①] 经过前一阶段的探索，短视频产业在商业模式上初步形成了广告、电商和用户付费等主要变现方式。进入下半场之后，短视频一方面要对现有变现方式进行精细化运营，另一方面也要探索新型变现方式，实现商业模式的多元化。

1. 广告：类型多样与规模有限

短视频产业的广告主要包括视频中的植入广告、广告视频等形式，视频中的植入广告是指广告主将其产品或服务、品牌植入视频中，从而实现曝光的目的，通常由广告主和内容生产者通过合作的方式实现；广告视频是指广告主通过与短视频平台合作，并借助平台分发的标有“广告”字样的视频。

目前，短视频产业广告市场规模较为有限，且单价较低。进入下半场之后，短视频平台通过用户规模、平台特色等手段实现溢价，从而提升广告收入。

2. 电商：商业变现的主流渠道

对 PUGC、PGC 和 MCN 来说，除了广告的变现方式外，还有电商变现。通常是通过短视频为其电商引流，进而实现用户的转化。进入下半场之后，电商变现或许将成为短视频的主要商业模式。

3. 用户付费：商业变现新趋势

用户付费是短视频变现的又一重要方式，通常是用户通过购买的虚拟礼物对短视频内容的生产者进行打赏，平台和短视频内容的生产者进行收入分成。进入下半场之后，用户付费模式还会持续且规模会有进一步扩大的可能。

（六）产业链概览：整体稳定，局部有变

从整体来看，下半场的短视频产业链汇聚了上游内容制作者（UGC、

① 艾瑞咨询，《2018 年中国短视频营销市场研究报告》，2018 年 12 月 10 日。

PUGC、PGC）、中游的内容整合者（MCN）、下游的内容制作和分发平台，资本的力量贯通产业链的上、中、下游，广告、电商等商业元素也渗透到相关环节。

从局部来看，短视频产业链在部分环节出现了细微变化。首先，头部效应的出现。一方面是头部短视频平台凭借技术和资本的双重优势不断压缩垂直细分平台的生存空间，另一方面内容变现向有用户和品牌优势的头部创作者聚集。其次，内容价值减弱。大量同质化内容的注入导致短视频平台出现“劣币驱逐良币”的现象，一定程度稀释了优质内容的价值，并降低了短视频平台的品牌价值。最后，监管从严。2018 年国家网信办、广电总局等部门多次对相关短视频平台进行约谈下架和永久关停等处理，并在 2019 年发布一系列指导性文件规范短视频发展。

进入下半场之后，短视频产业链将会迎来新的变革，规范化成为短视频产业发展方向。

三 新风口：Vlog 的到来与走红

在短视频产业进入下半场之际，Vlog 作为网络视频的新物种出现在短视频领域，并获得平台、内容生产者、用户和资本等多方的关注。

（一）Vlog 的概念与类型

Vlog 是 Video Blog 的缩写，即视频博客，起源于 YouTube。YouTube 对其的定义是“Vlog: A video-blog. A casual, conversational video format or genre featuring a person talking directly to camera”[①]（Vlog：一种视频博客。一种随意的、对话式的视频格式或类型，以一个人直接对着摄像机说话为特点）。国内有人将 Vlog 定义为“指记录性和人格化较强的视频，制作者多以自己

① 《抖音为 Vlog 开测 5 分钟长视频？解读 Vlog 的前世今生》，http：//www.sohu.com/a/286072639_114819。

为主角记录，再经过剪辑、配乐和适当字幕，制作成具有个人特色的视频日记”。[①]

Vlogger 是视频博主，他们通过 Vlog 以自己的视角记录日常生活片段，通过剪辑、配乐等方式进行再加工，并通过视频网站等互联网平台进行传播，以此来记录和展示生活，也表达自己的一种观点和态度。

Vlog 以生活为主题，类型较为多样，从早期的日常生活记录扩展到旅行日志、开箱测评、Q&A、学习、吃播等多种生活化场景。

（二）Vlog 的起源与发展

YouTube 是 Vlog 的发源地，2012 年美妆博主詹姆的一条 Q&A 问答视频让 Vlog 开始走红，Vlog 也由此从小众范围正式进入大众视野。“截至 2018 年 1 月 19 日，YouTube 上每小时就会诞生 2000 条 Vlog 作品”。[②]

国外知名 Vlog 创作者 Casey Neistat 因其视频辨识度高、专业性强、技巧丰富、日更频率高等特点，被用户称为“Vlog 之父”，其在 YouTube 上订阅用户超过了 1000 万。

在国内，欧阳娜娜等明星借助 Vlog 记录生活、表达观点，并有商业元素的出现。在短视频进入下半场前夕，Vlog 引起了互联网巨头和资本的高度关注。国内的短视频平台如小影、一闪、猫饼、秒拍及网络巨头微博、头条、腾讯等纷纷布局 Vlog。

（三）Vlog 的特点

与一般的短视频相比，Vlog 的特点更为鲜明和独特。具体表现在以下几个方面。

1. 制作的专业化、品质化

一般的短视频在内容形式上更多地表现为时间短、节奏快、可复制

---

① 张昕：《Vlog 的特点与发展趋势——从视觉说服视角》，《青年记者》2018 年第 17 期。

② 刺猬公社：《95 后们在聊的 “vlog” 到底是什么?》，http://www.sohu.com/a/217383173_141927。

性强，这就决定了其内容制作的大众化、通俗化。Vlog 对内容的制作要求较高，包括拍摄工具、拍摄手法、剪辑技巧以及选题规划，通过专业化、品质化的制作提升用户的感官体验。这样的制作要求就决定了 Vlog 的门槛相对更高，这也是目前国内 Vlog 的产量低于普通短视频的原因之一。

2. 表达的生活化、人格化

一般的短视频通过娱乐化的方式满足用户碎片化的内容消费，其内容的表达偏向娱乐化和大众化。Vlog 以记录博主的日常生活为主，在内容表现上更为生活化。博主在记录生活的同时也会运用场面调度等镜头语言以及配乐等方式表达自己的观点和态度，从而使内容更为人格化。

（四）Vlog 的商业化类型

Vlog 的迅速崛起引发了广告主、MCN 等商业机构的关注，在这些机构的推动下 Vlog 开启了商业化之路。目前来看，Vlog 的商业化路径包括以下几类。

1. 产品测评

Vlog 产品测评即视频博主通过 Vlog 的方式记录产品购买、使用等体验，并在这个过程展示产品的功能、特色和用户的体验。与直播测评不同，Vlog 测评能够更多地记录和展示产品的功能、特色和用户的体验，表达上更为过程化、生活化，并通过视频博主的使用体验表现出产品和品牌的人格化。匡威、OPPO 等广告主已经在这方面和 Vlog 博主进行了合作，例如欧阳娜娜就曾发布其开箱测评匡威产品及线下门店体验的 Vlog。一些服务类广告主也开始使用 Vlog 产品测评，例如时尚博主@ SavisLook 的巴黎 7 天游相关 Vlog 就是由法国旅游发展署策划的。服务类产品测评可以更好地表现产品的沉浸式体验，国内的一些酒店也开始尝试 Vlog 营销。

2. 品牌活动

Vlog 品牌活动包括品牌发布会、品牌展览等活动，广告主借助 Vlog 的生活化表达方式传播其现场体验、新品试用等营销信息，通过这种方式表现品牌的生活化、人格化，从而拉近品牌与用户的距离。目前，手机、汽车、奢侈品行业的广告主已经开始利用 Vlog 开展品牌营销，例如苹果公司曾在 2018 年 9 月的发布会邀请时尚博主@ 原来是西门大嫂到旧金山现场并拍摄发布会体验的 Vlog。

3. 深度定制

Vlog 深度定制指通过视频博主的日常生活来传达品牌的相关理念，并引发粉丝的情感共鸣。Vlog 深度定制具有主题明确、非虚构、软性植入等特点，通过定制的方式展现品牌的人格化形象。例如@ 你好 - 竹子和 PUMA 的合作 Vlog 以#你就这样#为主题，通过 Vlog 的方式记录博主的真实生活，传达 PUMA“Do you 你就这样”的品牌理念，在展现品牌人格化形象的同时也拉近品牌与用户的距离。

（五）Vlog 流行的原因

1. 移动网络环境的优化和升级

伴随着网络技术升级和设备换代等技术因素，移动网络的传输速度和稳定性都有了大幅度的提升，这为 Vlog 的上传和播放提供了可靠的网络环境。同时，政府部门“提速降费”政策取得了较为显著的效果并还将继续开展，在“高速低费”的网络环境下用户对 Vlog 的使用黏性将会得到进一步提升。

在即将到来的 5G 时代，移动网络环境将会发生革命性的变革，在这样的网络环境下 Vlog 将会成为内容消费的新方向。

2. 社交平台的持续性红利

微博、Facebook 等社交平台良好的运营现状说明社交平台的红利还在持续，而 Vlog 生活化、人格化的内容特点为其提供了优良的社交基因。一方面，依托于社交平台 Vlog 可以获得较多的流量和关注；另一方面，Vlog 也为社交平台提供了新的内容形态。

3. 用户内容需求的新升级

传统意义上的短视频通常表现为时间短、节奏快、娱乐化、同质化等特点，长期使用会造成用户的审美疲劳。同时，消费升级背景下用户的内容消费需求也将迎来新的阶段。Vlog 的生活化、人格化、品质化等特点既有别于传统的短视频，也契合了用户内容消费升级的新需求。

4. KOL 的垂直化、细分化发展

在短视频的下半场，内容生产整合者开始探索垂直化发展方向，其中自带流量优势的 KOL 在探索路径对短视频内容的发展方向具有一定导向作用。在国内，欧阳娜娜、易烊千玺等明星使用 Vlog 进行社交传播，引发了大量的粉丝关注和模仿。明星和 KOL 在一定程度上推动了 Vlog 从小众走向大众。

5. 电商带货对内容营销的创作需求升级

伴随着网络环境升级和用户内容需求升级，传统意义上短视频电商“带货”的商业变现方式对内容营销的创作提出了新的要求。传统短视频的植入方式对用户的吸引力和转化率都大幅下降，而 Vlog 沉浸式、生活化的表现方式在提升用户品牌认知的同时也带来了良好的转化率。电商内容营销新需求也在一定程度上推动了 Vlog 的流行。

四　资本的力量：短视频产业的投融资

2018 年国内短视频领域的投融资有 30 多起，从投资阶段上来看，短视频领域的多数公司还处于起步阶段，以天使轮、A 轮为主；从公司类型上来看，既有平台类公司（如右划科技、快手），也有非平台类公司（如 MCN、视频自媒体等）；从内容分类上来看，涵盖了搞笑类、饮食类、游戏类、生活类、知识类等领域（见表 2 和表 3）。

（一）平台类投融资

1. 头部玩家获资本加持

快手在 2018 年 1 月和 4 月进行了 E 轮融资，获得了来自腾讯、红杉资本中国共计14亿美元的融资，其估值达1300亿元人民币。

2. 科技巨头多点布局

BAT等科技巨头在孵化内部短视频产品的同时也通过投资方式多点布局短视频领域。腾讯还投资了快手、梨视频、萤火虫视频等短视频平台和小题影视等MCN机构。百度一方面领投了自家的百度视频，另一方面投资了快手和梨视频。阿里投资了国外短视频平台NewTV。

表2　2018中国短视频产业（平台类）投融资概况

类型	序号	时间	公司	融资轮次	融资金额	投资机构
平台类	1	2018－01－03	右划科技	天使轮	数百万美元	高榕资本、真格基金
	2	2018－06－20		A轮	1000万美元	金沙江创投、今日资本、红杉资本中国
	3	2018－12－08		B轮	数千万美元	红杉资本中国（领投）、今日资本、高榕资本
	4	2018－01－12	好兔视频	天使轮	数百万元人民币	昆仲资本、合一资本、IDG资本
	5	2018－01－25	快手	E轮	10亿美元	腾讯、红杉资本中国
	6	2018－04－21		E轮	4亿美元	腾讯
	7	2018－03	动次	天使轮	数百万元人民币	莲花资本
	8	2018－04		Pre-A轮	数千万元人民币	创世伙伴资本（领投）、莲花资本
	9	2018－11－20		A轮	数千万元人民币	坤言资本（领投）、创世伙伴资本、奇艺博同基金
	10	2018－04－16	梨视频	A轮	6.17亿元人民币	腾讯
	11	2018－04－17	TOSEE玩拍短视频	Pre-A轮	数百万元人民币	挑战者资本（领投）
	12	2018－09－05	百度视频	B轮	1亿美元	百度（领投）、晶凯资本、厚泽如意
	13	2018－11－7	酷皮科技	天使轮	数百万元人民币	国金投资（领投）、道生资本

表3　2018中国短视频产业（非平台类）投融资概况

类型	序号	时间	公司	融资轮次	融资金额	投资机构
非平台类	1	2018－01－22	一条视频	C＋轮	未公开	京东（领投）、东博资本（领投）、挚信资本
	2	2018－02－08	闪聚互动	A轮	未公开	国金投资、壕鑫互联、容铭资本
	3	2018－05－28		B轮	未公开	南山资本
	4	2018－02－12	罐头视频	B轮	未公开	东方风行传媒、星茵资本
	5	2018－02－14	花生视频	天使轮	数千万元人民币	未公开
	6	2018－03－01	喵大仙	天使轮	数千万元人民币	何仙姑夫（领投）、微梦传媒
	7	2018－03－13	为它	种子轮	数百万元人民币	未公开
	8	2018－03－28	一符视频	天使轮	未公开	菠萝创投（领投）
	9	2018－04－08	沧眸文化	天使轮	数百万元人民币	何仙姑夫（领投）、微梦传媒
	10	2018－04－18	Hi公社	天使轮	未公开	极米传媒
	11	2018－04－18	二更	B＋轮	1.2亿元人民币	雄牛资本（领投）、前海母基金、坤言资本（领投）
	12	2018－04－24	萤火虫视频	B轮	未公开	腾讯
	13	2018－05－29	抓饭区块链	天使轮	500万美元	新湃资本
	14	2018－06－12	小题影视	A轮	未公开	腾讯、坚果资本
	15	2018－07－05	青橙玩家	A轮	未公开	沃驰科技
	16	2018－08－17	何仙姑夫	Pre－B轮	数千万元人民币	美图
	17	2018－08－21	灰斑马短视频	天使轮	未公开	唯猎资本（领投）、黑天鹅孵化器
	18	2018－10－01	沉浸文化	种子论	100万元人民币	星瀚资本
	19	2018－10－17	云摄美	Pre－A轮	数千万元人民币	太和投资（领投）
	20	2018－11－13	萃店	天使轮	未公开	飞博共创

注：根据公开资料整理。

3. 行业新秀初露头角

在头部玩家和科技巨头的夹缝中，一些短视频新秀开始崭露头角。实拍类移动视频社区右划科技在2018年开展了三轮融资之后估值达到9.75亿元人民币；原创短视频平台云摄美 Pre-A 轮融资后估值达 1.5 亿元人民币。此外，短视频社交电商平台萃店、区块链短视频社区 TOSEE 玩拍短视频等行业新秀也获得了融资。

（二）非平台类投融资

资本在关注短视频平台的同时也关注到了依附于短视频平台的内容生产整合者，如网红、视频达人、PGC、MCN 等。从 2018 年的投融资情况来看，视频自媒体一条视频的 C + 轮投资获得京东领投，估值达到 32.5 亿元人民币；二更 B + 轮融资之后估值达 12 亿元人民币。MCN 机构方面，小题影视、青橙玩家、沉浸文化等机构在融资方面都有所收获。此外，美拍一姐喵大仙和美拍红人刘阳（沧眸文化）等网红也实现了融资。

五　困境：短视频产业的问题与挑战

短视频产业在早期野蛮生长阶段缺乏规范化制约和长期规划，导致现阶段的短视频产业遭遇了内容、版权等方面的问题，同时也面临用户、资本等方面的挑战。

（一）内容同质化

基于娱乐化和碎片化的信息传播环境催生了短视频这一短平快的内容形态，也在一定程度上导致短视频内容的同质化现象。一些短视频平台对原创缺乏保护和奖励，部分短视频平台甚至以模仿为特色，由此导致大量模仿类、搞笑类的同质化短视频充斥于一些短视频平台。

短视频产业进入下半场之后，各短视频平台都在寻求差异化的产品定位，并通过扶持原创等方式避免内容和产品的差异化。

（二）盗版危机

短视频产业早期，一些短视频平台运营方出于吸引用户的目的放任没有版权的内容在平台上传播。同时，部分短视频平台的内容也被其他平台盗用，例如B站上的相关视频曾被360旗下的快视频盗用。盗版内容的滋生在短期内或许能够带来一定的流量和用户，但从长期来看盗版内容会稀释平台原创内容比例和价值，损害平台自身品牌形象，同时还面临法律风险。

短视频产业的下半场，规范化发展成为行业共识，在人工智能技术的帮助和政策监管的要求下盗版内容的传播得到了较大程度的遏制。

（三）人口红利的消失

伴随着短视频平台的渠道下沉，人口红利的消失即将成为短视频平台的一大挑战，目前来看部分平台开始进入用户增长的瓶颈期。增量市场的减少或消失意味着短视频平台进入争夺存量市场的阶段。

（四）资本由热转冷

在内容同质化严重、版权危机、用户增长放缓、商业化效果有限以及监管从严等因素的作用下，短视频产业资本市场即将由热转冷，甚至进入资本寒冬阶段。

进入下半场，头部玩家将会继续获得资本加持，另外差异化的特色短视频平台有获得资本青睐的可能。同时，垂直类的内容生产整合者也能获得融资机会。

六　导向：短视频产业的政策与监管

短视频产业的粗放发展、野蛮生长不仅扰乱了既有的传播生态，也引发了一系列社会问题。基于维护传播生态、促进社会健康发展的考虑，政府部门通过政策法规等方式引导短视频产业向规范化、健康化方向发展。

2018年国家网信办等政府部门曾多次对相关短视频平台进行约谈，积极引导平台的规范、健康发展，相关企业也积极配合政府部门进行整改。2018年4月国家广电总局、国家网信办都约谈了今日头条、快手两家企业，要求“快手”“火山小视频”暂停有关算法推荐功能。随后，抖音上线了风险提示系统，快手 CEO 宿华发表文章道歉并调整运行规则。不久，国家广电总局要求今日头条永久关停“内涵段子”客户端软件及公众号，全面清理类似视听节目产品。随后，今日头条创始人、CEO 张一鸣发表致歉信并进行积极整改。

2018 年 7 月，国家网信办等五部门，开展网络短视频行业集中整治，依法处置了 19 家网络短视频平台，B 站、洋葱视频等做下架一个月处理，秒拍等永久下架。2018 年 11 月，国家版权局开展打击网络侵权盗版“剑网 2018”专项行动，15 家重点短视频平台共下架删除各类涉嫌侵权盗版短视频作品 57 万部，并对违规账号采取封禁账号、停止分发、扣分禁言等处罚。

鉴于短视频产业发展的乱象，2019 年 1 月中国网络视听节目服务协会发布《网络短视频平台管理规范》和《网络短视频内容审核标准细则》，规范管理细则的出台为快速发展的短视频产业提供了正确的运营导向。

七　趋势：短视频产业的未来

经历了上半场的野蛮生长和江湖混战，下半场的短视频产业将逐步过渡到深耕细作、稳步向前的阶段。在这个过程中，5G 的商业化会让短视频产业的业态更加多样，Vlog 等短视频新物种将会快速发展，用户规模稳中有增，商业模式逐渐成熟，资本市场趋于理性，在政策监管之下短视频产业的未来或将更加成熟。

1. Vlog 成为短视频产业新的风口

伴随着 Z 世代等用户群体的崛起，众多短视频平台对 Vlog 的跟进布局，加之资本介入、MCN 机构的运作、5G 的商业化，Vlog 的本土化进程将会进一步加快，或将成为短视频下半场的新风口和重头戏。

2. 电商带货及知识付费类内容大有市场

随着短视频用户在内容观看上的自我教育和需求升级，用户已经不满足于单纯的观看行为来打发时间，具备更多服务功能和消费属性的短视频内容将会获得更多的认可和市场空间，尤以“电商带货”及“知识付费”类的短视频内容为重。

3. 规范化政策力促产业健康发展

短视频产业的下半场，政府相关职能部门对短视频平台的监管将进入常态化，或将针对内容创意、生产资质、发行渠道等方面出台更多指导政策，促进短视频产业更加健康有序地发展。

八 结语：下半场的开始

短视频产业的下半场，产业链逐步走向成熟和规范，头部玩家、科技巨头和行业新秀角力短视频平台；内容生产模式上草根化和专业化并存，MCN 机构继续扮演中间人角色，媒体类、政务类新角色进入短视频行业；遭遇跨平台分发危机之后，平台内分发成为短视频分发的主要方式；小镇青年和 Z 世代成为短视频的典型用户。专业化制作、人格化表达的 Vlog 或将成为短视频的新风口和重头戏。资本市场围绕短视频平台和内容生产整合者进行运作。然而，短视频下半场还面临内容同质化、盗版危机、用户增长放缓、资本转冷等问题。此外，在政策监管的引导下短视频产业逐步向规范化、健康化发展。在可预见的未来，短视频产业在技术、资本、政策等多重力量的作用下将迎来新的发展。

B.11
2018年中国媒体融合发展报告

郭全中*

摘　要： 中国媒体融合取得了新进展，主要体现在传统媒体机构大整合、县级融媒体中心建设积极推进、特殊管理股加速推进、智媒体建设逐步探索、移动化取得初步成效、四全媒体建设有序进行、数据智库转型扎实推进、视频化转型取得初步成效等方面。

关键词： 媒体融合　机构整合　县级融媒中心　四全媒体

在过去的2018年，我国媒体融合进一步深化，在机构整合、县级融媒体中心建设、特殊管理股推进、智媒体建设、移动端布局、四全媒体建设、数据智库转型等方面都取得了一定进展。

一　传统媒体机构大整合

2018年，从中央到地方纷纷进行了传统媒体机构大整合，既有中央级的广电总台，又有省级的湖南、辽宁等，更有地市级的大连等，具体见表1。

---

* 郭全中，中共中央党校（国家行政学院）文史教研部副教授。

表1　2018年传统媒体机构整合重点事件

时间	整合后的机构	被整合机构	涉及领域
2018年3月	中央广播电视总台	中央电视台(中国国际电视台)、中央人民广播电台、中国国际广播电台	广播、电视
2018年11月	天津海河传媒中心	天津日报社、今晚报社、天津广播电视台	报纸、杂志、广播、电视
2018年7月	辽宁广播电视集团(辽宁广播电视台)	辽宁广播电视台等7家单位	广播、电视
2018年7月	辽宁报刊传媒集团(辽宁日报社)	辽宁日报报业集团、辽宁党刊集团等17家单位	报纸和杂志
2018年	大连、锦州、盘锦、葫芦岛、大连、营口、沈阳、抚顺、朝阳等地传媒集团	当地的广电、报刊等所有的传媒资源	广播、电视、报刊等
2018年7月	湖南广播影视集团	原湖南广播影视集团、潇湘电影集团、湖南广电网络控股集团	广播、电视、电影、有限网络等
2018年10月	吉林广播电视台	吉林电视台、吉林人民广播电台	广播、电视
2018年11	广西广播电视台	广西人民广播电台、广西电视台	广播、电视
2018年10月	《新京报》,并且上线新京报新闻客户端	新京报社、千龙网和北京晨报社	报纸、网站

资料来源：根据互联网相关资料整理。

可以看出，传统媒体进行资源大整合的目的是想通过资源大整合来提升自身的能力，其本质是政府主导，其整合的逻辑出发点是传统媒体资源都还是优质资源，认为该整合是“强强联合”。当然，上述整合案例中，如中央广电总台、湖南广播影视集团、新京报社等绝大多数都是强强联合，但也必须清醒认识到的是，在传统媒体营业收入快速下降的当下，不少传统媒体事实上已经不再是优质资源。整体上说，传统媒体机构大整合是一种简单化的资源归堆式的整合，自然能在一定程度上降低成本，但有效整合的关键是先通过传统媒体的供给侧改革来实现市场出清，使留下来的媒体“精干高效”，才能使机构整合取得实效，如果不通过供给侧改革来出清市场化能力低、已经没有发展空间甚至资不抵债的子媒体，这种简单的行政捏合不仅不能构建起现代传播能力，而且会出现“好苹果和坏苹果强堆一起，最后成了一堆坏苹果”的结局。

二　县级融媒体中心全面铺开

在2018年8月21日召开的全国宣传思想工作会议上，习近平总书记指出要扎实抓好县级融媒体中心建设，更好引导群众、服务群众。这是2014年8月18日《关于推动传统媒体和新兴媒体融合发展的指导意见》提出“媒体融合”以来，媒体融合工作的进一步下沉。2018年9月，中宣部对在全国范围推进县级融媒体中心建设作出部署安排，要求2020年底基本实现在全国的全覆盖，2018年先行启动600个县级融媒体中心建设。2019年1月，《县级融媒体中心省级技术平台规范要求》和《县级融媒体中心建设规范》正式发布。

毫无疑问，县级融媒体中心的建设是一项复杂、艰巨的系统性工程，在建设中需要解决如下难题：清楚县级融媒体中心建设的目的；科学界定县级融媒体中心的范围；定位好县级融媒体中心的性质；以互联网为主体来建设县级融媒体中心；融合其他功能来构建县级融媒体中心；统分结合来构建县级融媒体中心；县级电视台要精干高效；合理搭建融媒体中心技术平台等。

目前，在县级融媒体中心建设中，涌现了以智慧政务为方向的湖北长江云，以整合本地传媒资源和搭建多元服务的浙江长兴、河南项城、湖南浏阳等，以致力于成为城市服务商、通过新兴业务来反哺传媒业务的瑞安日报社等模式，上述这些模式都取得了或大或小但实实在在的效果，社会效益和经济效益都得到了体现。

从根本上讲，媒体融合包括县级融媒体中心的本质是抢占互联网尤其是移动互联网的舆论平台，县级融媒体中心的本质是搭建治国理政新平台，其目标为打造现代传播能力和重构商业模式和盈利模式两个方面，打造现代传播能力的核心是利用大数据和人工智能技术来重建用户连接，重构商业模式和盈利模式是在用户沉淀的基础上，通过转型为城市服务商来构建“To G”的商业模式。因此，在具体操作方面，必须以互联网为主体和方向，并做好如下两方面工作。首先，高度重视技术，利用大数据和人工智能技术来重建用户连接。一是秉持“用户体验为王”理念；二是建立起大数据信息资源平台、智能生产和传播平台以及用户沉淀平台三大平台；三是构建融合多种功能的移动智媒体。其次，转型为城市服务商来打造“To G”的商业模式。“To G”商业模式是指面向政府（government）的商业模式，其本质是摸清政府相关部门的真实需求并采取有效的方式来满足。所谓城市服务商，是指基于互联网等新技术和超强的服务能力，作为政府、创新创业者和社会资本三方有机对接的平台和中介，其关键是市场化能力。

三　特殊管理股积极推进

特殊管理股的本质类似于英国和新加坡的“金股”①，党的十八届三中全会《中共中央关于全面深化改革若干重大问题的决定》提出，要对按规定转制的重要国有传媒企业探索实行特殊管理股制度。目前，特殊管理股作为对有着较强意识形态属性的互联网平台的治理手段，自从2017年一点资讯成为特殊管理股试点企业之后，特殊管理股试点正在积极推进中，具体如表2所示。

表2　特殊管理股的主要试点

试点公司	持股方	特殊管理股比例(%)	收益	资源支持
一点资讯	北京文投	1	投资收益	互联网信息服务许可证等牌照资源
铁血网	人民网	1	业务审核费用、投资收益	牌照资源
趣头条	澎湃新闻	1	业务审核费用、投资收益	牌照资源
ZAKER	羊城晚报报业集团	1	——	牌照资源

资料来源：根据互联网资料和调研资料整理。

① 20世纪70年代，英国在国有企业私有化时，采取了金股制度，即政府只持有一股金股，不干涉日常运营，没有收益权或其他表决权，但在某些特殊事项上享有独此一份的否决权。

在动力机制方面，相关主管部门为了解决特殊管理股持股方的动力机制问题，设置了业务审核费和投资收益两种机制来激励特殊管理股持股方的积极性，例如，趣头条2018年给澎湃新闻2000万元左右的内容审核费，还向澎湃新闻发行1480123股C2优先股，作价5500万美元，加上作价极低的1%的特殊管理股，澎湃新闻持股比例共为2.1%。

在具体操作方面，在趣头条上市前夕，趣头条国内运营主体上海基分文化传播有限公司以很低的价格给澎湃新闻派发股本扩张后的1%股权，该1%股权并不享有经济权益，未经政府批准也不得出售给第三方，澎湃新闻有权向趣头条的董事会指定一名董事，即澎湃新闻持有趣头条的特殊管理股。

在国内加强对互联网监管力度的情况下，未来特殊管理股制度会得到进一步扩大，甚至会大范围推广，这将为传统媒体互联网转型与互联网平台进行更广更深的合作，有力地助推传统媒体的互联网转型。

四　智媒体转型成为新趋势

在大数据、人工智能时代，智媒体是大势所趋，更是传统媒体融合转型的必经路径，在这方面，人民日报社、封面新闻、新华社等走在传统媒体智能化转型的前列，并且越来越多的传统媒体开始向智媒体进行转型。

第一，人民日报社新媒体中心更多地引入人工智能技术，推出党报算法和人民号。人民日报社新媒体中心启动“人民号1000+”计划，并且人民号加入主流媒体价值权重的“党媒算法”，推出进一步优化算法推荐功能。人民号是人民日报社新媒体中心尝试平台化的新探索，其本质既是一个媒体与媒体之间、媒体与政务发布之间的协同平台，也是一个主流媒体与自媒体的对接平台。此外，人民号还完善以下功能：智能化审核平台上线，大大提升内容审核效率；内容推荐算法优化，融入党媒平台新算法；打造号主影响力榜单，深度挖掘价值创作者；人民号优质音、视频内容的多渠道分发，获取更多流量曝光；二维码名片、内容卡片化分享，推出更丰富、直观的卡片分享样式。

第二，以全国第一家都市报打底的封面新闻在创立伊始就以智媒体为转型目标，主要措施如下：一是从创立开始，就高度重视技术，积极践行人工智能和媒体的有机结合，努力为媒体植入技术基因；二是组建了技术较为领先、规模较大的技术队伍；三是大力搭建封面云平台，数据研究部自主开发智能开放云平台，从媒体角度出发，搭建一个纸媒和传统媒体融合转型的技术、数据、应用交易平台，降低媒体行业新技术应用的经济成本、人力投入、时间成本等，让传统媒体在转型过程中可以快速提高内容策划、采集、生产、审核、分发的效率；四是积极探索人机交互与智能互动，在前期小封机器人与用户探索性互动的基础上，封面新闻与微软深度合作，引入微软小冰开展人机交互应用；五是建立人工智能与未来媒体实验；六是积极拓展人工智能场景应用；七是封面新闻围绕用户定位不断快速迭代。

第三，新华社的“媒体大脑”助力传统媒体转型。“媒体大脑”是由新华社和阿里巴巴合资成立的新华智云打造的，其产品包括自动采集生产新闻的2410 智能媒体生产平台；实时语音识别及自动转写的工具“采蜜”；媒体大脑・MAGIC 短视频智能生产平台；合成 AI 主播等。其中，MAGIC 可以实现短视频的秒级生产，如 2018 年世界杯期间该平台上最快一条进球短视频从进球到发布耗时仅需 6 秒。

五　移动化取得初步成效

媒体融合的方向是移动化、数据化、智能化、社交化、视频化和服务化，其中移动化是基础和前提，传统媒体创办的新闻客户端下载量大幅度增加。

传统媒体高度重视移动化发展，移动客户端取得了良好效果。人民日报客户端、新华社发布、央视影音、澎湃新闻、浙江新闻、封面新闻、南方 + 等新闻客户端的下载量都大幅度增长，取得了较好的效果。例如，人民日报新闻客户端截至 2018 年 2 月，下载量超过 2.3 亿，人民日报微博粉丝数量超过 1 亿，人民日报微信用户量达 1800 万。到 2018 年底，澎湃新闻 App 下载量达 1.46 亿，移动端日活跃用户数过 1000 万。

到了2018年，移动互联网用户数量难以再高速增长、用户时间也基本到了天花板，这就预示着移动互联网时代的流量已经枯竭，互联网企业之间就只能在存量市场上进行残酷竞争，而标志性事件就是腾讯和今日头条之间的“头腾大战”。在未来，智能红利和数据红利将是传统媒体融合发展的重点和核心。

六 四全媒体建设全面推开

2019年1月25日，在中央政治局集体学习会上，习近平总书记在“全媒体时代和媒体融合发展”的重要讲话中指出，信息变得无处不在、无所不及、无人不用，全媒体不断发展，出现了全程媒体、全息媒体、全员媒体、全效媒体，导致舆论生态、媒体格局、传播方式发生深刻变化，新闻舆论工作面临新的挑战。①

全媒体的内涵体现为全程、全息、全员和全效。其中从流程和过程角度来讲，全程媒体是全流程、全过程的；从技术手段、媒介形态和媒介终端角度来说，全息媒体是利用全部的技术手段、媒介形态、媒介终端实现立体式传播；从传播范围角度来说，全员媒体带动全社会力量参与同时积极发动内部全员参与；从传播效果的角度，全效媒体是媒体要取得全方位的效果。

传统媒体全媒体的实践取得了不错的进展，一是绝大多数传统媒体初步树立起了“全媒体”的观念：变之前的定时传播为即时传播，初步实现了全流程和全过程传播；从之前的单纯“内容基因”驱动转变为“内容基因”和“技术基因”双驱动，采编人员从之前的只重视采编能力转变为“采编能力和技术能力”并重；开始从“精英传播”向“大众传播”转变，开始重视与受众的互动；开始重视互联网传播、服务能力和全渠道评估。二是全程媒体初步建成：当新闻事件发生时，基本实现了全流程传播；在新闻报道

① 习近平：《推动媒体融合向纵深发展 巩固全党全国人民共同思想基础》，http：//www.cac.gov.cn/2019－01/25/c_ 1124044176.htm。

的全过程中与用户及时进行沟通、交流，开始注重用户的体验。三是全息媒体进展较大：积极利用移动互联网、大数据、人工智能、云计算、区块链等最新技术，来提高自身的智能化水平，向智媒体转型；基本布局了所有的媒介手段；基本实现了全媒介传播，并出现了若干个下载量较大的新媒体客户端。四是全员媒体初步实现：吸引当地的政府机构开设政务号；吸引了各领域的专家、名人入驻；在高校等地方吸引大量的学子加入，封面新闻上就吸引了大量的学生加入；开设问答版块，吸引各领域的专家来回答问题，问答版块已经成为传统媒体新闻客户端的重要流量来源。五是全效媒体初有成效：基于传统媒体的传播能力较强，又积极拓展基于互联网的现代传播能力，一些媒体的服务能力得到了很大的提升；一些媒体的经济效益得到了很好的改善；一些传统媒体开始对新闻传播进行全渠道评价，并用此评价结果来指导新闻生产和员工薪酬。

七　数据智库转型成效喜人

在大数据、人工智能等新技术正在成为基础性技术的当下，各级政府大力借助大数据等技术提升治理能力，企业也借助大数据等技术来实现数字化转型，这给传统媒体数据智库转型带来了重大机遇。在数据智库转型方面，《南方都市报》探索出了一条不错的路径。

《南方都市报》数据智库转型的主要做法如下。一是明确定位、机构重组。南都重新明确了自身定位，在“办中国最好的报纸”的基础上，提出了“打造中国最具影响力智库型媒体”。并在 2018 年 2 月，正式成立南都大数据研究院，以数据生产为核心，以智能技术为驱动，以行业标准制定为抓手，主动将自身纳入国家治理体系和治理能力现代化建设，努力成为区域和行业治理链条上的一环。一方面要打造实现市场价值的数据型媒体智库，另一方面通过数据产品反哺传统内容生产、丰富内容门类，保持新闻影响力在高位运行。并通过对原有采编、技术部门的整合，设立了产品部、技术部、民调中心、商业数据部、数据项目运营部。二是智库思维、课题引领。

南都大数据研究院成立之初，在城市治理、区域经济、新经济新业态、新生活、鉴定评测五大领域遴选确立了20个课题项目，后来根据研究进展实行动态增减优化，截至目前确立并推进的课题项目达到50个，相关的报告榜单产品有100个。三是数据应用、服务升级。目前南都共计构建80个数据模型，搭建16个数据库，包括新闻数据库、行业数据库、用户数据库、专家数据库、监测数据库等类型，存量数据10亿条。四是搭建平台、资源连接。目前已经成立南都教育联盟、南都指数联盟、南都创客联盟、广东质量提升联盟、南都金融数字联盟等多个联盟平台。通过资源平台聚合，课题影响力显著提升，资源开拓积累也面目一新。五是机制融合、生产互补。经过探索，南都初步构建新闻和智库生产的融合机制、协作机制、反哺机制。六是专业团队、牵头人效应。一批深耕专业领域、经验丰富的记者、编辑正在成为课题牵头人，同时通过招聘和定向实习生培养，一批有专业学科背景的人才也补充进来，形成一定的人才梯队。

八　视频化转型初见成效

在移动互联网深度覆盖的当下，短视频市场空间巨大，不仅字节跳动、快手等互联网企业凭借短视频红利取得了高速发展，腾讯、阿里巴巴、百度也纷纷投入短视频战局。传统媒体也纷纷布局短视频，而新闻短视频是布局重点，《新京报》“我们视频”、浙视频成为其中的佼佼者。

《新京报》“我们视频”成立于2016年9月，目前专业视频团队已发展到上百人，全网视频生产总数超过2万条，直播场次超过千场。其主要做法如下：一是定位为新闻短视频，坚守机构媒体的公共价值；二是做好品牌，坚持先网后报、移动端优先、视频优先，报社投入大量人力物力，立志做一个好品牌；三是让专业的人做专业的事。

浙视频于2017年1月1日正式上线，截至2018年3月底，浙视频总播放量20.4亿，开展移动视频直播442场。其主要做法如下：一是根据视频生产流程和互联网要求来重构生产流程，重塑了采编各有分工又协同配合的流程；二是在产品风格上，追求网络化而不是传统电视化，简单粗暴、有趣有料；三是在内容生产上，强调新闻化，对于突发事件，要求接报后10分钟内人马整装出发，第一时间到达现场；四是高度重视内容，从以下几个方面着力——精品化，高质量；碎片化，快速度；全国化，国际范。

九　成效与展望

首先，一些传统媒体的媒体融合取得了切切实实的进展。一是《南方都市报》收入和净利润都止跌回升。虽然传统广告依然在下降，但是在数据智库大幅度增长的带动下，营业收入和净利润都出现了大幅度增长，数据化业务已经占总收入的30%以上。二是人民网净利润同比翻番。人民网的广告、业务审核、舆情等收入都大幅度增长，净利润增长100%以上。三是上海报业集团新媒体业务收入占据媒体收入半壁江山。截至2018年底，其新媒体收入占媒体业务收入的比重首次超过50%；新媒体收入同比增长3.49亿元，远超报刊收入的下跌；报刊收入同比下降2.09%，开始企稳；澎湃新闻版权收入达到4000万元；在总收入稳中有升的前提下，媒体主营业务收入占集团营业总收入（集团其他文化产业收入包括图书、文教、音像收入，园区、楼宇、教育收入等）比重持续上升，2018年占到40.41%。

其次，基于政策门槛的媒体融合更容易取得进展。近几年媒体融合的实践证明，虽然也有少数传统媒体完全市场化的探索取得了一定成绩，但是囿于体制机制不可能做出与互联网公司相媲美的互联网媒体，成效较大的则是基于政策等门槛的媒体融合实践，因此，未来的媒体融合更容易在有政策门槛的领域取得成功。

最后，媒体融合需要在理念、技术、商业模式和盈利模式、体制机制等方面不断迭代创新。一是树立起“用户体验为王”和“信息服务为王”的理念；二是积极培植技术基因，为媒体融合插上技术之翼；立于自身优势，采取适应互联网规律的商业模式和盈利模式；完善体制机制建设，为媒体融合建设提供良好的环境。

B.12

2018年中国出版“走出去”研究报告

于运全 翟慧霞 袁鲁霞 王 丹*

摘 要： 本报告通过对2018年国际出版业现状分析、海外涉华图书出版特点和主要议题、中国出版“走出去”成果的系统梳理，呈现了2018年国际出版业和海外涉华图书出版的特点，分析了中国出版“走出去”过程中面临的机遇和挑战，并对下一步中国出版“走出去”发展提出了思考。报告认为，在国际出版业转型升级、国际涉华图书需求加大的背景下，伴随着中国综合国力增强，国际社会对中国关注增加，人工智能和新媒体技术发展日新月异，中国出版“走出去”要继续优化选题内容、丰富合作出版形式、加强国际发行策划，借力新技术，用图书讲好中国发展故事，提升中国出版话语权。

关键词： 中国出版 主题图书 “走出去” 合作出版 新技术

2018年8月，习近平总书记在全国宣传思想工作会议上强调，做好新形势下宣传思想工作，必须自觉承担起举旗帜、聚民心、育新人、兴文化、展形象的使命任务。新时代中国新闻出版工作面临新需求，展现新气象。2018年，在国际出版业稳步发展却也面临多重挑战的态势下，国际涉华图

* 于运全，当代中国与世界研究院院长、《对外传播》主编、研究员；翟慧霞，当代中国与世界研究院副研究员、中国传媒大学传播研究院博士研究生；袁鲁霞，当代中国与世界研究院副研究员；王丹，当代中国与世界研究院研究实习员。

书出版总量增加，语种更为丰富，内容更加多元。面对国际社会发展新形势和新需求，中国出版业全面贯彻落实习近平新时代中国特色社会主义思想，出版“走出去”不断把握发展机遇，尊重出版规律，利用新传播技术与手段，以书为媒，讲好中国发展故事，传播好中国声音。

一　国际出版业现状分析

2018 年，国际出版业发展呈现一些新特点和新形势。非虚构图书成为国际出版市场发展主动力，政治类图书较为畅销，少儿图书出版表现亮眼，童书市场呈现蓬勃活力，有声书热潮全球蔓延，数字出版业务不断拓展，“互联网 + 出版”融合发展不断深入。面对网络和新媒体发展挑战，全球出版业需要做好纸质图书销售的重点业务，同时进行融合发展，通过商业模式和经营方式调整实现转型升级。

（一）全球图书市场呈缓慢发展走势，书业面临多重挑战

2018 年，全球图书市场总体平稳发展，消费者群体较为稳定。纸质图书市场呈现“回暖”之势，部分出版大国图书市场好于上年。美国、西班牙等国纸质图书销量同比上升，德国书业市场总额与上一年基本持平。根据 NPD BookScan 统计数据，2018 年美国纸质图书总销量为 6.96 亿册，较 2017 年的 6.87 亿册增长 1.3%。2018 年美国纸质图书总销量继续保持上升态势，实现小幅增长。① 自 2013 年起，西班牙图书市场纸质书销售连年回暖。根据 GFK 的调研数据以及出版商、发行商等反馈，西班牙图书市场 2018 年实现增长。2018 年德国图书市场总额与上一年基本持平，微增 0.1%。②

① 《〈成为〉领跑，美国纸质图书销量第六年实现上涨》，http://www.chuban.cc/gjcb/201902/t20190214_180585.html，2019 年 2 月 14 日。

② 《2018 国际图书市场向中国市场传递了哪些启示?》，http://www.bookdao.com/article/412353/，2019 年 2 月 19 日。

2018 年国际图书出版发展面临多重挑战。联合国公布的最新数据显示，目前全球网络用户已达 39 亿人，首次超过全球总人口的一半。[①] 在互联网和移动互联网的快速发展下，不同网络内容终端与图书争夺着用户的注意力和内容消费支出。媒介和传播技术的发展也对图书出版业进行图书策略制定、种类划分、推广形式等提出了新要求。同时，由于图书出版业存在长期发展缓慢甚至市场下滑的局面，多年积累形成的发展问题也促使国际出版业转型创新发展。

（二）非虚构图书成为市场发展主动力，政治类图书畅销

2018 年，非虚构图书成为促进全球图书市场发展的助推器，势头强劲。2018 年美国图书市场中，成人非虚构类图书较 2017 年销量同比增长 5%，少儿非虚构类图书的销量同比增长 3.0%，YA（Young Adult）非虚构类图书销量同比增长 8.5%。与非虚构类图书增长形成相反局面的是，成人虚构类图书销量下降。2018 年美国成人虚构类图书的销量较 2017 年同比下降 4.6%，降幅明显。[②]

由于国际政坛多变的局势和政治动态影响，2018 年政治类图书成为很多畅销书的主题，表现抢眼。美国前第一夫人米歇尔·奥巴马自传《成为》在发售的第一天在美国卖出了超过 72.5 万册，成为 2018 年美国图书单日销量冠军。在英国、德国、法国、荷兰、西班牙、丹麦和芬兰，《成为》均登上了成人非虚构小说销量榜单第一位。在英国，《成为》开售前五天共卖出了 64732 本印刷版，位列畅销书榜单第二位；德国已经卖出了 20 万册，已另外加印 10 万册；在荷兰，荷兰语版的《成为》位居畅销榜第一，英语版位居第二。[③] 在本国拥有 280 多家分店的英国最大连锁书店水石书店 2018 年

---

① 《ITU：全球互联网用户达 39 亿　超总人口一半》，http：//tech. huanqiu. com/internet/2018 - 12/13766619. html，2018 年 12 月 10 日。

② 《〈成为〉领跑，美国纸质图书销量第六年实现上涨》，http：//www. chuban. cc/gjcb/201902/t20190214_ 180585. html，2019 年 2 月 14 日。

③ 《米歇尔·奥巴马新书销量破纪录，却因特朗普而缺索引》，http：//www. bjnews. com. cn/culture/2018/11/23/524168. html，2018 年 11 月 23 日。

的政治类图书销售额增长了50%以上。[①] 有关英国脱欧公投、美国政局、民主危机等热门选题图书畅销。

（三）少儿图书出版表现亮眼，童书市场具有潜力

2018年，少儿图书市场继续表现强劲，主要英语语言国家的少儿类图书成长性良好，中国童书市场也与国际市场呼应，出现销售增长火爆场面。根据法国行业媒体《图书周刊》数据，2018年法国图书销售额同比减少1.7%，2018年只有两类书的销售额增加：童书和漫画（包括图画小说），增幅均为1%。[②]《全球背景下的中国图书零售市场》显示，2018年中国图书零售市场码洋规模达894亿元，相较上年同比上升11.3%，继续保持两位数的增长。[③] 2018年，当当童书销售继续领跑图书各品类。全年童书占图书整体销售的25.9%，年销售册数为6.2亿册。[④]

在全世界范围内，少儿文学市场都展示出蓬勃活力，其中带有悬疑、奇幻、科普、幻想青春色彩的作品较为受欢迎。同时，由于移动网络、社交媒体等对青少年生活影响愈加深入，童书与社会议题的联系更加紧密，童书的选题也呈现多样化的特点。通过研究国际童书市场发现，家长对儿童早期阅读的重视以及少儿对图书的热爱和家长的陪读等因素成为童书市场的刚性需求。因此，未来童书市场更有稳定性、可持续性，更有成长性。同时，少儿图书出版的品质和创新也成为重要议题。

（四）有声书热潮全球蔓延，数字出版业务不断拓展

目前，有声书成为数字出版中增长较快的业务板块，其在全球范围内受

---

① 《今年在英国，政治类图书的销量激增》，http://www.bjnews.com.cn/culture/2018/11/10/520207.html，2018年11月10日。

② 《2018国际图书市场向中国市场传递了哪些启示?》，http://www.bookdao.com/article/412353/，2019年2月19日。

③ 《童书畅销榜缺乏"新面孔" 少儿图书未来之路咋走?》，http://www.xinhuanet.com//book/2019-01/19/c_1210041743.htm，2019年1月19日。

④ 《当当公布2018年童书销售数据：累计售出童书6.2亿册》，http://www.chinanews.com/cul/2019/01-09/8724420.shtml，2019年1月9日。

到消费者青睐。2018 年，谷歌在 45 个国家以 9 种语言上线了有声书商店，依托已有技术、用户、平台优势进军该领域。[①] 针对有声书繁荣发展的势头，《纽约时报》推出了有声书畅销排行榜，为用户提供有声书推荐和书评服务。有声书公司 Storytel 于 2017 年 10 月进入西班牙，2018 年 11 月进入墨西哥，2018 年西班牙有声书市场价值约在 200 万到 300 万欧元之间。[②] 国际出版巨头哈珀·柯林斯 2018 年第三季度的销售额比上年同期增长 55%，有声读物的增长抵消了电子书销售额的增长疲软，使第三季度数字销售总额增长 12%，电子书和数字音频占同期哈珀·柯林斯总收入的 22%。哈珀·柯林斯首席执行官布里恩·莫雷表示，公司将把所有新出版的叙事类图书都同时开发有声版，以继续拉动销售增长。[③] 中国有声书市场也在快速发展。根据艾媒咨询发布的《2018～2019 中国有声书市场专题研究报告》，2018 年中国有声书市场规模达 46.3 亿元，2019 年市场规模有望增至 63.6 亿元。[④]

随着有声书热潮席卷全球，对以有声书为代表的数字出版业务内容、种类和形式的创新也成为各大国际出版集团的业务重点。在不断扩展有声书业务覆盖国家和领域的同时，出版商也在细分用户群体和需求，通过打造个性化、垂直化的订阅服务保持用户黏性，提升业务上升空间。

（五）“互联网＋出版”融合发展不断深入，跨媒介经营迎机遇

出版业与互联网产业、传媒业的融合发展关系随着信息传播技术的不断进步愈加紧密，特别是畅销书与影视作品、社交媒体产品的互相促进关系尤为明显。例如，截至 2019 年 3 月 10 日，根据刘慈欣同名小说改编的科幻电

---

① 《谷歌在 45 国上线有声书商店，一跃成为该领域有力竞争者》，http：//reader.gmw.cn/2018－01/30/content_27520204.htm，2018 年 1 月 30 日。

② 《2018 国际图书市场向中国市场传递了哪些启示?》，http：//www.bookdao.com/article/412353/，2019 年 2 月 19 日。

③ 《畅销书与有声读物成功拉动销售——回望 2018 国际市场》，http：//data.chinaxwcb.com/epaper2019/epaper/d6909/d8b/201901/94221.html，2019 年 1 月 7 日。

④ 《2018～2019 中国有声书市场专题研究报告》，http：//www.iimedia.cn/63471.html，2019 年 1 月 23 日。

影《流浪地球》票房已突破46亿元。电影造就的巨大影响力成功反哺图书销售，当当网数据显示，春节期间，有上百万人来当当搜索“流浪地球”“刘慈欣”等关键词，订单同比涨幅超12倍。实体书店销售情况也很可观。据北京图书大厦提供的数据，电影上映后到2月19日，该店《流浪地球》一书销售近400册，其他刘慈欣系列图书销售2000余册。①

互联网在出版业的应用使图书的生产、经营、推广方式发生了根本变化，出版业通过重构商业模式，打通产业链，向周边产业延伸，使阅读消费者的用户价值不断增长。全球出版业迎来跨媒介经营机遇，通过将出版业务与媒介协同融合发展，实现多元化经营经济效应。

二　2018年国际涉华主题图书出版现状

与以往相比，2018年国际涉华图书出版总量增加，作者涉及国别范围更广，语种更为丰富，内容更加多元；对中国发展的观察更为细致、议题更加广泛；涉华重大议题形成阶段性出版热点；中国出版机构、作者与国际出版合作的力度加大，在国际出版中的作用进一步提升。

（一）2018年国际涉华图书出版的总体特点

总体而言，与以往相比，2018年国际涉华图书在出版数量、语种、作者、议题等方面都呈现了新的特点。

涉华图书总量有所提升，“一带一路”主题图书增加明显。2018年国际涉华图书总量继续稳中有升。虽受中美关系趋冷影响，美国政治类涉华图书出版数量有所减少，其他西方国家和发展中国家出版的数量却有所增加。德国出版市场甚至出现了罕见的“中国书籍热”②，年内有20多种中国题材的图书相继问世，有多本在畅销书排行榜上名列前茅。巴拿马、埃及、马来西

① 《〈流浪地球〉同名图书卖断货　持续畅销关键还要看内容》，http://media.people.com.cn/GB/n1/2019/0220/c14677-30807848.html，2019年2月20日。

② 史安斌、张卓：《2018年德媒“中国热”：动向与动因》，《青年记者》2019年第4期。

亚等发展中国家也加大了出版中国主题图书的力度。在主题方面，海外涉“一带一路”图书出版增加明显。一方面，出版语种上更加多元。除英语仍为最大语种外，日、俄、韩、德、阿、意、西等语种的出版数量不断增加。另一方面，中国作者与国外学者共著、中外知名出版社的合作出版大幅增加。《保卫“一带一路”倡议》《中国“一带一路”倡议及其金融核心》等书都是中外学者合作的成果。

涉华图书出版仍以欧美为主，数字出版形式多样。与往年相似，在2018年涉华图书出版数量排行榜首位的仍是英国的罗德里奇出版社，无愧于全球“中国研究”出版重镇的称号，第二位是德国斯普林格出版集团，第三位是美国亚马逊。排行前十中，欧洲有7家、美国有3家出版集团。国际知名出版集团、学术及大学出版社是涉华图书出版的主力军（见表1）。另一个值得注意的趋势是，数字出版机构出版数量和影响力提升显著。美国的YBP Library、英国的Forgotten Books和Ingram Digital eBook首次进入排行榜前十名。与2017年相比，2018年电子书出版明显加大，数字出版的形式与格式多样，旧版图书回溯的数字化和修复出版开始增多。哈珀·柯林斯已与几家中国音频出版商进行商谈，将出版数字音频涉华读物。

表1　2018年国际涉华图书出版排行榜

顺序号	出版社名称	国别	类别	2018出版数量(种)
1	罗德里奇	英国	学术出版社	312
2	斯普林格	德国	综合型出版集团	106
3	亚马逊	美国	综合型出版机构	91
4	帕尔格雷夫麦克米伦	英国	综合型出版集团	70
5	YBP Library	美国	数字集成服务平台	48
6	剑桥大学	英国	学术出版社	29
7	泰勒弗朗西斯集团	英国	综合出版机构	28
8	Forgotten Books	英国	再版修复出版社	20
9	Ingram Digital eBook Collection	英国	数字图书出版集团	14
10	列克星敦出版社	美国	学术出版社	13

资料来源：盈科千信科技公司信息库，截至2018年12月10日。

涉华图书研究视角多元，对中国观察更为细致。2018 年外界涉华研究的角度既广泛又不乏热点。在写作方式上，涉华图书以综论性居多，以研究中国政党等政治类议题为例，作者多选择从中国文化、历史角度切入，解读中国政策、中国政党、大国崛起，预测中国未来。而文化类图书中，研究中国传媒海外影响力呈小高潮，中国青年群体被深探，当代与传统文学被追捧。如美国 90 后戴三才所著的《青年中国：不安的一代将如何改变中国和世界》① 在国际上引起了广泛关注，很多知名学者及《华尔街日报》《华盛顿邮报》等媒体给予评论。回顾改革开放 40 年的图书大多先肯定中国取得的成就，重在分析未来面对的困难和挑战。这些图书在国际出版市场上也成为阶段性热点。如德国《商报》前主编巴龙的《中国人：世界大国的心理版图》获 2018 年法兰克福书展的最佳商业书籍奖。

（二）2018年国际涉华图书的主要议题

中国议题依然是 2018 年国际图书出版市场的重点。整体来看，海外涉华图书重点话题可聚焦为以下六大议题。

1. 中国领导人和中国共产党研究持续升温

研究中国领导人及中国共产党的坚强领导及执政理念。涉党议题不仅包括中共领导人个人魅力及在世界政治舞台的领袖风范，还涉及中共自身建设、执政理念以及外交等多个领域。外界普遍承认，在中国共产党的领导下，中国实现了全面发展，中共赢得了人民支持。在这些成绩背后，以习近平同志为核心的党中央所发挥的重要作用，成为海外中国问题专家研究的重点。美国学者萨勒曼·汗在《混乱困扰：从毛泽东到习近平时代的中国大战略》一书中认为，“几代领导人追求着同一目标，让一个脆弱的国家在满怀敌意的世界中保持安全状态”，称赞习近平正实现着几代领导人的宏图大志。值得一提的是，涉党图书也有从文化角度研究中国共产党，试图在中国

① Zak Dychtwald, *Young China: How the Restless Generation Will Change Their Country and the World*, St. Martin's Press, 2018.

文化中寻找中共治国的道理。凯利·布朗在《中国梦：中国的共产主义文化及其权力的秘密来源》[①] 中，首次将中国共产党作为一个文化体而非政治实体进行考量，认为中国的文化、道德和历史对中国共产党的思想和行动产生了深远的影响。

2. 中国改革开放40周年综论贯穿全年

研究中国改革开放取得的成就及面临的挑战成为2018年海外涉华图书的一大主要议题。很多海外作者认为，中国40年改革开放取得巨大发展，但也面临很多问题与挑战，其中“唱衰中国”的声音也颇为引人注目。欧中管理促进基金会主席保罗·优利欧在《中国恢复世界大国地位：终结美国塑造的世界格局》[②] 中指出，改革开放政策促进制度变迁和技术创新，中国成为一个内生型的创造性国家。政府引入现代社会保障制度，在教育、医疗、卫生、养老、环保等方面全面推进改革。这些措施赢得了民心，受到了民众拥护。包括《保证饭碗：中国与全球粮食安全》《住房改革与中国的房地产业：回顾与前瞻》《中国的高等教育改革》《中国医改：从暴力到数字医疗》等图书，从多角度讲述了改革开放带给中国人民历史性的飞跃。与此同时，对当前及未来中国面临的困境表示不乐观。兰德公司资深研究员威廉·奥福尔霍特的《中国成功后的危机》[③] 就代表了一部分学者的声音。该书认为前30年中国的经济建设创造了连续增速高达10%的神话。而后10年发展后劲不足负面影响显现，环境遭到破坏、产能过剩等使中国经济发展的红利逐渐减少，中国面临诸多问题和挑战。

3. 中国参与全球治理成为长线选题

该议题重在解析中国参与全球治理的影响力。很多作者认为，中国积极参与和创新全球治理，为全球提供了公共产品和智慧，促进人类社会的共同

① Kerry Brown, *China's Dream, the Culture of Chinese Communism and the Secret Sources of its Power*, Polity Press, 2018.

② Paolo Urio, *China Reclaims World Power Status: Putting an end to the world America made*, Routledge, 2018.

③ William H. Overholt, *China's Crisis of Success*, Cambridge University Press, 2018.

发展。前东德统一社会党总书记埃贡·克伦茨在《中国：如我所见》[①] 中，高度评价习总书记发出构建“人类命运的共同体”的呼吁，认为没有任何其他国家能像中国那样制订详细和均衡的和平计划，并将之提供给世界各国人民。还有作者认为，中国作为世界最大贸易国之一，也逐渐融入全球金融系统之中，发起的项目融资方案，如亚投行、人民币的海外结算方式，扩大了北京利用金融实力影响现存市场规则和实践的范围。也有不少学者认为，中国成为世界上最强大的国家，对于重塑国际秩序、消除贫困、促进社会进步具有重要意义。英国社会科学院院士马丁·阿尔布劳在《中国在人类命运共同体中的角色——走向全球领导理论》中称，中国在促进人类社会发展方向上发挥了关键作用，当美国从过去的全球角色中撤出时，中国不但可以，而且在塑造世界社会中起到举足轻重的作用。埃及《金字塔报》报业集团董事长艾哈迈德·赛义德·纳贾尔在《埃及、阿拉伯人与“一带一路”倡议：中国模式的未来》[②] 中认为，“一带一路”倡议从适应当前的国际经济形势，到改变环境，构建顺应世界经济力量平衡和变化、符合和平共存价值观的国际新环境以及建立在自由选择而非霸权基础上的合作关系。

4. 中国模式是外界研究中国的重要话题

中国模式对中国崛起及对世界的影响一直受到国际社会的关注。海外学者认为，中国的市场经济体制虽然具有独特性，但成为持续推动世界经济发展的贡献者。《中国恢复世界大国地位》一书认为，中国在国际贸易、投资、服务和技术转让方面与其他国家建立起更紧密的合作关系，不断融入全球经济。《财富缔造者：创办中国知名跨国企业的商界领袖》一书则认为，中国企业正以前所未有的速度在世界舞台上崭露头角，在国外市场上开始脱颖而出，各国的企业管理人员也都希望了解中国的独特经营方式。也有很多作者认为，中国模式是中国成功的保障，其政策的制定具有开放性和灵活

① China Wie ich es sehe, Egon Krenz, Verlag Das Neue Berlin, 2018.

② مصر والعرب ومبادرة الحزام والطريق: مستقبل النموذج الصيني, (أحمد السيد النجار), دار ابن رشد للنشر والتوزيع. (2018)

性。《"红天鹅":异乎常规的政策制定过程如何促进中国的崛起》一书认为,中国政府的政策制定是一个没有确定结果的开放性过程,它受到利益冲突、反复整合和持续反馈的驱动,而非历史、政体类型或政府机构直接决定。既有应对新兴挑战的能力、及时纠错的机制,也有适应经济或国际政治不断变化的能力。

5. "一带一路"图书成果丰富研究深入

该议题重在分析"一带一路"对世界格局的重要影响。多数研究者认为"一带一路"对拉动世界经济有着促进作用。巴拿马专家埃迪·塔皮埃罗在《丝绸之路与巴拿马》一书写道,"一带一路"倡议是一个前所未有的机遇,可能改变世界,并将国际贸易和市场互动作为一体化工具,推动各国及其人民看到集体的利益。也有部分作者对"一带一路"倡议仍存在误解、担忧和质疑。在以往的"过剩产能输出论""挑战西方秩序论""项目不透明论"的基础上又提出了"债权帝国主义论"。《中国对非洲以债养债》一书认为,中国提供巨额债务影响沿线国家及其政策。书中描绘了中国通过债务迫使贷款对象国出让主权的"新殖民主义者"形象。此外,沿线安全保障也成为重要研究议题。外界认为,"一带一路"虽有望造福于东西方世界,但是建设过程中紧张局势和未来挑战以及误解也不容忽视,控制社会政治风险尤为重要。《保护新丝绸之路:中国的"私人军队"》[①] 认为,从中亚至巴基斯坦和从索马里海岸到马六甲海峡的海上丝绸之路具有高度不安全性,建立具有"中国特色"的私人安保公司十分必要。

6. 中国文化魅力吸引海外学者和受众

中国文化"走出去"成为2018年海外涉华图书选题热点之一。外版研究我党宣传工作新变化的图书是2018年的一个亮点。外界认为扭转西方媒体对华报道根深蒂固的偏见,是中国媒体"走出去"的直接动因。比较有代表性的是荷兰学者聂保真的《为中国报道:中国驻外记者如何与世界互

---

① Alessandro Arduino, Xue Gong, *Securing the Belt and Road Initiative: Risk Assessment, Private Security and Special Insurances Along the New Wave of Chinese Outbound Investments*, Palgrave, 2018.

动》认为，西方媒体对中国的报道普遍存在偏见，中国媒体正通过在国际报道中设置议题和纠正偏差向世界讲中国故事。在文学艺术方面，由英国麦理浩出版社出版的金庸小说《射雕英雄传》英文版上市不到一个月，就在亚马逊（英国）上荣登畅销书榜单，进入第七次印刷。有英国媒体人深情解读对功夫的理解："该书让我们懂得了功夫的真正意义，是可以通过努力修炼得到的技能。"该书从一个侧面反映了海外民众对中国文化的喜爱。此外，中国人特别是年轻一代的生活状况也受到了海外图书市场的关注。《青年中国：不安的一代将如何改变中国和世界》一书在2018年产生了较大的反响，《华盛顿邮报》称，中国的千禧一代不像美国同龄人一般萎靡，他们仍是梦想家、奋斗者，坚信能够实现自己的梦想。该书与2017年出版的英国80后作者阿修的《许愿灯：新中国的年轻人》一样，"希望给国际友人们传达一个信息，那就是如今的中国年轻人是一群有信念、有精力，希望被尊重，有上进心的一代"。

（三）国际涉华图书出版的成功经验

国际社会对中国主题图书有巨大的受众需求和市场空间。在中国成为世界第二大经济体、国际影响力不断增强的今天，他们冀望于通过图书了解"中国究竟是什么样的国家""中国会对世界有什么样的影响"。或关切或忧虑，或喜爱或好奇，有关中国主题的图书在海外还是有巨大的发展空间的。如何成为受欢迎和有影响力的图书呢？综合研究外版涉华图书的经验，可以为中国出版"走出去"提供参考。通过对海外涉华图书的分析发现，较受欢迎的中国主题图书通常具备如下特点：一是重视题材，反映中国社会现状、社会热点，为西方读者讲述中国各种题材的故事；二是善抓噱头，满足阅读者的好奇心，以亲历、采访和揭秘的手法深层次解读政治制度和历史文化因素对中国的影响；三是捕捉热点，围绕国际热点事件，设置话题进行研究，引起反响；四是利用资助，部分专家学者为政府或机构承担研究课题，利用多途径的资金来源，深入采访、探讨挖掘中国问题，关注影响中国长期发展的力量，其研究成果备受重视。著名中国问题研究专家凯利·布朗的

《习近平的世界：你需要了解的新中国全貌》[①] 被读者评为五星级图书。作者以曾在中国生活超过30年的经历，奉献给读者当今世界最关心的话题，用通俗易懂的方式向读者介绍了新中国的全貌。在布朗的引导下，读者可以了解到中国领导人、中国社会变化、中国发展状况。读者评论称，该书是了解中国的必读之作。

三　2018年中国出版“走出去”的主要特点

2018年，国际社会探索中国的需求继续增长，对中国对外出版物的题材需求日益广泛和多元。国际社会迫切希望了解中国快速发展的原因和今后发展的方向，更加希望了解广阔、复杂的中国。除其他国家出版的涉华图书外，国际社会也更加期望听到中国出版的声音。在此背景下，中国出版“走出去”契合国际社会关注热点，步伐坚定，成就斐然。2018年是中国出版“走出去”取得实质性突破的一年，在主题图书、国际书展、版权输出和实物出口等各方面都有不俗的表现，以书为媒，讲好中国故事，传递中国声音更加凸显。

（一）主题出版稳步推进，中国发展道路及背后的理念受关注

2018年，在国家的政策倡导和支持下，各出版单位围绕深入宣传阐释习近平新时代中国特色社会主义思想、深入宣传阐释党的十九大精神、中国特色社会主义和中国梦、社会主义核心价值观、庆祝改革开放40周年等主题，推出了《习近平新时代中国特色社会主义思想三十讲》、《习近平用典》第二辑、《改革开放为什么成功?》、《国家相册——改革开放四十年的国家记忆》等一系列主题出版物，形成了热点与亮点。[②] 在中央有关部门统筹部

① Kerry Brown, *The World According to Xi: Everything you Need to Know About the New China*, I. B. Tauris, 2018.

② 章红雨：《〈2018年度中国出版业发展报告〉显示——传统出版与新兴出版共舞市场》，《中国新闻出版广电报》2018年12月18日。

署下，全国各出版集团全力做好习近平总书记著作多语种对外出版发行和宣介推广工作，实现全球发行量再创新高。《习近平谈治国理政》第一卷已出版24个语种，28个版本，还有10多个语种在翻译出版过程中；第二卷已出版10个语种，11个版本，还有16个语种在国际合作翻译出版中。《摆脱贫困》《之江新语》等也应国际社会需要开始多语种翻译。OCLC数据库显示，截至2018年10月底，《习近平谈治国理政》英文版已经进入全世界245家图书馆。在Goodreads和亚马逊书店这两个公共平台上，来自世界各地的78位读者对该书做出评价。多数读者认为，该书是了解中国的一本工具书。通过该书进一步理解了中国共产党的执政理念，如“以人为本”“小康社会”“中国梦”等理论概念。此外，多语种《摆脱贫困》《之江新语》等总书记署名著作、讲话选编和党的十九大文献对外出版，丰富了总书记著作的出版品种。为了更好地提升主题图书影响力，紧跟习主席出访全球步伐，在西班牙、阿根廷、阿联酋、南非等9个国家举办了13场总书记思想对外宣介和文化交流活动，并配套举办了“新时代中国”国际研讨会、中国扶贫国际论坛等近30场外宣活动。这些主题图书的海外多语种出版，有助于更好地了解习近平新时代中国特色社会主义思想、了解当代中国的发展和进步，有助于中外治国理政经验交流和智慧分享，从而更好地认识当代中国所思所想，了解当代中国从哪里来，向哪里去。

除领导人著作外，国家创新与发展战略研究会与中国外文局共同策划实施了“读懂中国”丛书。目前已完成第一批图书出版工作，[①] 共19种中文、15种英文，分别在伦敦书展、美国书展、北京书展、法兰克福书展举办推介活动，并在2018年12月16日的第三届“读懂中国”国际会议上举办了隆重的丛书首发式。该丛书从多维度解读了处在深刻历史变革和伟大复兴进程中的中国，对国际社会“读懂中国”具有重要意义。《中国关键词（第一

① 包括：郑必坚《中流击水：经济全球化大潮与中国之命运》、陈晋《毛泽东时代的中国》、王蒙《中国人的思路》、李君如《治理什么样的国家，怎样治理国家?》、何毅亭《中国共产党的成功奥秘与中央党校》、叶小文《多元和谐的中国宗教》、马化腾《指尖上的中国：移动互联与发展中大国的社会变迁》、朱民《中国经济：崛起在世界的地平线》等书。

辑）》、《中国关键词：“一带一路”篇》和《中国关键词：十九大篇》多语种系列图书，是中国外文局继翻译出版《习近平谈治国理政》多语种图书之后，在中国政治话语对外传播领域做出的又一次尝试，是用中国话语阐释中国实践的又一次探索，因其权威性、便捷性、时效性收获了各方好评，尤其是受到了各国媒体和记者的青睐。该系列图书版权输出方面也成果显著。《中国关键词（第一辑）》合作出版或版权输出达到了14个语种；《中国关键词：“一带一路”篇》合作出版或版权输出达到了13个语种。此外，国际社会对中国文化思想层面的图书表示了极大关注。世界著名学术出版机构施普林格·自然集团签约出版《中国文化精神的特质》英文版。这些主题图书的海外出版，显示了海外读者不仅希望知道中国做什么，更想知道中国为什么这么做。

（二）本土化力度进一步加强，合作出版提质增效

在中国出版“走出去”战略指导下，中国出版机构本土化步伐逐步加快。不管是在内容选题，还是在作者选择、推广发行方面，都取得了一些新的成果。

在选题写作方面，中外合作中国图书编辑部，规模不断壮大；加大中国主题图书海外编辑部的建设力度，精选合作伙伴，完善国际合作出版的地区、国别和语种布局。该举措利用某一个项目版权合作的契机进一步促进中国图书的本土化出版进程。[①] 据不完全统计，我国新闻出版企业在海外设立各类分支机构500多家，与80多个国家的几千家出版机构建立了合作伙伴关系，国际出版选题策划和发行能力都有所提升。据不完全统计，中国外文局下属出版社的海外编辑部已达40家。中国出版集团公司与外国出版单位合作成立的国际编辑部达到20余家，遍布欧亚非拉。

在发行推广方面，进一步利用“中国书架”等平台拓宽出口渠道。针对进入欧美和“一带一路”重点国家主流营销渠道不畅的问题，我国出版

① 何明星：《2017年，中国出版“走出去”的新时代》，《出版广角》2018年第2期。

企业探索建设新的渠道和平台，比如“中国书架”、海外华文书店、国际重点网络书店等，尽可能通过多种方式让中外文版的中国主题图书进入国外市场。2018 年，中国图书进出口（集团）总公司、五洲传播出版社在白俄罗斯、土耳其、古巴、西班牙等国家新设“中国书架”，展销中外文版中国图书。目前，国际主流营销渠道将营销网络延展至 43 个国家和地区千余家主流书店、独立书店，出口图书 109 万册，销售额达 275.7 万美元。[①] 除“中国书架”外，一些地方传媒集团也自创品牌活动。如由凤凰传媒集团开展的“凤凰书架”已经落地匈牙利、智利、荷兰、马来西亚、美国，还将在印度、新西兰挂牌；凤凰传媒集团承办的“江苏书屋”落户俄罗斯、巴西、美国。

在作者选择方面，作为“丝路书香”工程的重点项目，也是“十三五”时期新闻出版“走出去”的一项重点工程，“外国人写作中国计划”取得了阶段性成果。该计划旨在让全球知名汉学家讲述中国故事，架起理解桥梁，为促进相互理解并扩大文化交流、加强出版合作提供更多优秀作品。“外国人写作中国计划”实施以来，在国际上产生了重要影响，带动了一批新闻记者、外交官、教授、学者等对外国人写作中国计划产生浓厚兴趣。第一期已评定出 38 部中国主题内容图书进行资助，进行稿酬补助和出版补贴。如龙安志《寻找中国》系列在 2018 年 12 月启动。目前已发布第三期征集。“外国人写作中国计划”既能贴近海外读者的阅读心理和阅读习惯，又能够比较准确、深入地介绍中国，并适合在海外出版发行，具备国际畅销书和长销书潜质，是打造精品力作的有益尝试。

（三）中国出版企业同“一带一路”沿线国家合作出版更加深入

2018 年，是“一带一路”倡议提出 5 周年。作为促进民心相通的重要举措，加强对“一带一路”国家的拓展是不少出版集团 2018 年的工作重点。在“一带一路”沿线国家，中国出版“走出去”从传统的产品贸易和服务为主，向多元化的进入方式发展，不仅包括实体图书销售、教材输出、

① 刘蓓蓓：《走出去：三个平台最抢眼》，《中国新闻出版广电报》2018 年 12 月 14 日。

大型书展、版权贸易、承接海外印刷等传统业务，而且逐渐向合资、合作、独资、收购等方式的“走出去”业务拓展。[①] 一方面，2018 年，中国出版企业与“一带一路”沿线国家和地区版权合作加强。以凤凰出版传媒集团为例，2018 年上半年向“一带一路”市场输出品种 90 种。旗下出版社同柬埔寨、新加坡、越南、哈萨克斯坦等沿线国家出版社开展了业务合作。另一方面，借助合作平台，更多中国出版物进入沿线国家。成立于 2017 年 8 月的“一带一路”学术出版联盟通过开展联合书展、合作出版、多语种互译、学术和文化交流等合作交流项目的方式建立双边或多边的联络机制。成立一年多来，联盟成员数量从 30 个国家和地区的 94 家单位发展到 206 家，遍及 44 个国家，覆盖五大洲各大区域，成员结构涵盖出版商、学术机构和专业团体，出版学科包括人文社会科学等各方面。联盟成员将一大批中国内容图书翻译成不同文字在世界各地出版发行，据不完全统计，图书签约数量近 1500 种。[②] 以“一带一路”学术出版联盟为纽带，越来越多的中国图书进入海外图书主流渠道和重要馆藏，中国图书海外发行营销能力不断增强。

（四）利用国际书展和文化综合活动推广优质中国图书

国际知名出版展会是提升中国图书国际认知度和影响力的重要平台。2018 年，中国出版企业在利用海内外图书博览会的效果方面进一步提升。第 25 届北京国际图书博览会共有 93 个国家和地区参展，海外展商 1520 家。达成中外版权贸易协议 5678 项，同比增长 7.9%。其中达成版权输出与合作出版协议 3610 项，输出引进比为 1.74∶1。[③] 而在国外书展上，中国成功举办古巴、意大利和阿尔及利亚 3 个国家书展主宾国，成为历史上举办主宾国活动最多的年份。另外，中国出版企业也通过形式多样的文化推

---

① 刘可扬：《“一带一路”背景下的中国出版“走出去”》，《中国出版》2018 年第 16 期。

② 《新时代“一带一路”学术出版高峰论坛在京举行》，中国青年网，http：//news. youth. cn/gn/201808/t20180829_ 11712637. htm。

③ 刘蓓蓓：《走出去：三个平台最抢眼》，《中国新闻出版广电报》2018 年 12 月 14 日。

广活动，促进“走出去”产品在海外的有效阅读与传播，切实提升“走出去”的质量和实效。如凤凰出版传媒集团自创品牌活动“凤凰文化庙会”等，通过展出、演示、阅读、对谈等方式，推介“走出去”图书产品。上海出版集团举办2018“阅读中国”全球春节联展、2018年新春中国主题图书“一带一路”中东欧四国联展等。这些文化活动让海外民众对中国图书有了更多综合、立体的了解。此外，影视图书作品联动也呈现积极效应。人民文学出版社以中央电视台大受欢迎的文化节目《朗读者》为基础编纂的同名图书已与俄罗斯、德国、印度等6个国家出版社签订了8个语种的版权合作协议。未来一年，将有8个语种的《朗读者》同名书籍传播海外。

（五）数字出版大踏步“走出去”，新技术优化国际出版流程

2018年，中国出版企业在利用数字出版、数字化传播方面做了更多探索。以备受海外年轻读者欢迎的中国网络小说为例，根据数字出版企业掌阅科技公布的报告，掌阅的海外用户已经超过2000万，其中超九成用户为35岁以下读者。掌阅App海外版目前已上线英语、韩语、俄语、印尼语、法语、泰语、阿拉伯语、乌尔都语等14个语种版本。掌阅已有100多部原创作品授权到海外，翻译成韩、日、泰、英多种文字，在当地市场表现良好。[①] 同时，中国出版企业加快推进海外中小学移动数字图书馆项目建设，国际青少年双语学习多媒体课程及在线平台项目、全球出版和数据服务中心建设都取得了一定成果。2018年9月，浙江出版传媒波士顿融媒体中心成立。10月，马来西亚500所华文小学里都设立了数字图书馆，采用“数字平台＋移动终端＋数字图书＋数字化阅读”的形式，这是丝路书香工程“海外中小学移动数字图书馆”项目成果。另外，中国出版企业研发出版软件助力国际出版流程优化。以App“出版圈”（Publishing1st）为例，该软

① 《第二十五届北京国际图书博览会：出版“走出去”渐入佳境》，新华网，http：//www.xinhuanet.com/book/2018-08/30/c_129943010.htm。

件由江西出版集团研发，集合了国际出版社交、版权洽商、国际出版机构大数据、即时翻译辅助沟通功能，可以实现全球出版企业、版权经理、作者、出版人、出版物的智能匹配搜索和关系联通。[①]“出版圈”自2018年发布以来，已有50多个国家和地区的出版机构负责人、版权负责人、版权经理、版权代理、编辑、书探、图书经纪人、作者、出版促进协会等海外出版从业人员和机构代表入驻，收录了近6000条全世界出版机构的联系信息，对于促进全球出版交流与版权合作具有重要价值。

四　2019年中国出版“走出去”展望

虽然中国出版业在“走出去”方面取得了显著进步。但也应看到，中国图书离“走进去”还有一段距离。中国出版“走出去”图书的影响力和传播力仍有待提高[②]。图书题材同质化、思想类图书较少、具有全球影响力的精品力作不多、能够深入国际主流销售渠道的分销体系较为缺乏、对中国出版“走出去”的效果评估不足等问题依旧存在。针对这些情况，我们就2019年及今后一段时间中国出版“走出去”工作提出如下建议。

（一）注重传播规律，加强中国图书的国际策划推广

在“走出去”过程中，中国出版企业要以打造具有国际影响力的精品力作为目标，将具有中国特色、中国气派、中国风格的图书推广到全球文化市场之中。这其中一个重要的环节就是国际策划推广，要重视精准传播、深度传播、二次传播。《习近平谈治国理政》第一卷、第二卷的海外发行为我们提供了参考，那就是“推介活动要突出该书的时代价值与新闻价值；以双边外交活动为依托，通过外交渠道取得对象国高层的支持，使国外首发推介活动都有当地政要，甚至总统、总理、议长等高层领导出席；每次活动均

① 《国际出版人在泰安热连“出版圈”》，搜狐网，http://www.sohu.com/a/281722686_177490。

② 周蔚华、杨石华：《中国出版对外交流与国际合作40年》，《中国出版》2018年第20期。

邀请当地知名学者、重要媒体出席，强化以新书为载体的新思想传播的学理色彩。[①] 这些做法可以为我们时政类主题图书的海外推广提供借鉴。

（二）结合国际社会关注点，讲好中国发展故事

针对海外读者对华关注更加深入和多元的趋势，向国外读者提供更多具有影响的思想文化类、反映当代中国社会生活的图书。结合国际社会对中国的关注热点，讲好中国各领域发展的故事。2019 年，要以习近平新时代中国特色社会主义思想的对外传播为主线，以新中国成立 70 周年为契机，加强策划、编辑出版更多符合中国实际、符合国外受众需求和习惯的外宣图书，打造更多有深度、有创意、有趣味、有生命力的作品，向世界讲好中国发展的故事，在增加中国出版“走出去”数量的同时，也要提高“走出去”产品在海外的有效阅读与传播，提升“走出去”的质量和实效。

（三）利用互联网技术优化版权贸易和国际出版交流合作

在国际出版业“互联网 + 出版”融合深度不断增强的情况下，要充分运用大数据等新传播技术分析国外读者的消费需求、消费心理、消费习惯，针对不同国家制定不同的“走出去”战略，实现“一书一策”“一国一策”。人工智能技术在出版物市场预测、读者阅读需求实时监测、读者阅读反馈即时分析等方面的发展潜能巨大。[②] 要发挥好人工智能技术在出版物选题策划等方面的优势，更好地了解海外读者对中国文化的阅读需求与心理。主动借力新技术，以满足国外读者的合理阅读诉求为主要出发点和落脚点。

---

① 陆彩荣：《扎实推进习近平新时代中国特色社会主义思想国际传播》，《对外传播》2018 年第 10 期。

② 周国清、陈暖：《AI + 中国出版“走出去”：方法、价值与启示》，《出版发行研究》2018 年 10 期。

国别—生态篇

Reports on Country-Media Ecology

B.13 中美贸易摩擦下的全球舆论生态与讲好中国故事的机遇

Dean Wright *

摘　要： 中美贸易摩擦引起了全世界媒体的广泛关注。尽管当前对有关此类报道如何影响中国国际形象的民意调查还极其有限，但显然，对这种有世界影响力的议题的报道必将影响到世人对中国的看法。本文将具体分析以美国为主的英语媒体关于贸易摩擦的报道，剖析美国国内针对贸易问题的民意调查，并探讨现有关于中国与美国世界领导地位的民调。最后，针对美国媒体在世界范围内大幅削减资源投入的情况下中国媒体应如何报道好贸易摩擦提供了一些见解与建议。

* Dean Wright，央视国际视频通讯社智库专家，在报纸、数字媒体和国际新闻等领域拥有十余年工作经验，现为美国华盛顿州贝灵汉市西华盛顿大学新闻学副教授。

关键词： 中美贸易摩擦　国际传播　国际舆论

一　中美贸易摩擦报道的历史背景

自1949年中华人民共和国成立以来，世界媒体尤其是美国媒体对中国的描述可谓天差地别。

在中华人民共和国成立后的最初几年里，中国往往被描绘成一个神秘而又充满敌意的地方。中国与西方媒体之间的联系有限，新闻报道只能通过少数在海外工作的中国记者或是少数常驻中国的西方记者才得以进行。在美国大众传媒的笔下，中国是一个封闭且革命的社会，在与西方的斗争中和苏联保持着一种模糊的盟友关系。像《生死恋》这样广受欢迎的西方电影常把中国描绘成一个动荡不安的混乱之地。

在20世纪60年代发生所谓的中苏交恶之后，美国媒体开始把中国视为一个更加独立与成熟的国家，但依旧对美国并不友好。

20世纪70年代，随着中美两国开始相互接触并寻求关系正常化，一切都开始迅速改变。1971年，美国国务卿基辛格秘密访问北京，随后中美两国开始建设全面外交关系。1979年，中美互派大使，确立了两国之间的外交关系。

随着中美邦交正常化，两国之间的商业和投资往来激增。更为重要的是美国和其他西方媒体加大了对中国报道的投入。

同样，进入21世纪后，中国的媒体机构在世界范围内有了极大的拓展。CCTV和CGTN已经在欧洲、美国和非洲投资设立了诸多新闻编辑室和其他设施。目前在包括美国以内的许多西方国家都可收看到CCTV和CGTN的英语节目。

2010年CCTV+的设立对于向世界讲述中国故事来说同样重要。作为一家视频新闻通讯社，CCTV+用英语和其他非中文语言向西方新闻机构进行视频发稿。这可能是将中国制作的英语内容传递给西方受众最有效的方式。

相比 CGTN 节目在西方国家所能直接接触到的观众群体，CCTV + 的机构客户覆盖到的受众群体要大得多。

2016 年，特朗普当选美国总统，中美关系中对抗性的一面更加突出。特朗普在贸易和关税问题上的保护主义态度现已成为美国的政策。自 2018 年 3 月以来，中国和美国陷入贸易摩擦。截至 2019 年初夏此文撰写之时，中美贸易摩擦还没有短期内结束的迹象。

诚然，贸易摩擦给世界经济带来了不确定性并搅乱了全球市场，但它给媒体机构提供了一个巨大的报道主题。最重要的是，在西方媒体对中国主题求之若渴的背景下，贸易摩擦给了中国媒体一个讲述中国故事的良机。

正如特朗普政府专注于所谓“美国优先”政策、不再在世界许多地方扮演重要政治角色一样，面对黯淡的经济形势，美国新闻机构也减少了外国新闻的报道量。

这就是 CCTV、CGTN 和 CCTV + 的机遇所在。贸易摩擦是美国和其他西方媒体必须报道的“外国”故事。但它们在中国和许多发展中国家大多资源和渠道有限，能接触到的新闻源、新闻人物和专家学者不多，而 CCTV、CGTN 和 CCTV + 拥有这样的资源和渠道，因此西方媒体对这些素材有着巨大的需求。

而关于贸易摩擦的报道会影响到世人对中国及其领导人的看法。尽管目前还没有多少民调来调查贸易摩擦本身如何影响人们对中国的态度，美国已有民调在研究民众是如何看待贸易摩擦及其对美国经济的影响的。调查显示，大体上认同“自由贸易”理念的美国民众的比例较高，认为贸易摩擦会伤害美国经济的比例则相对要低一些。①

分析西方（尤其是美国）视频新闻机构对贸易摩擦的报道尤为重要。通过研究他们报道的主题和观点，我们可以更好地确定中国媒体可以提供什么内容来满足他们的需求，从而更有效地讲述中国故事。

---

① 盖洛普民调，2019 年 2 月 1 日 ~ 10 日；CBS 新闻民调，2019 年 5 月 17 日 ~ 20 日；蒙莫斯大学民调，2019 年 5 月 16 ~ 20 日。资料来源于 Pollingreport. com。

二　中美贸易摩擦全球媒体报道分析

本部分主要探究过去一年里西方英语媒体对贸易摩擦的报道。作为贸易摩擦中的一方，美国对贸易摩擦的报道数量要远多于其他英语国家，所以，本文对美国媒体报道的分析也会更加详尽。对于像 CCTV + 这种希望能影响讲述中国故事的西方编辑和制作人的外宣媒体来说，美媒对贸易摩擦的报道也是重要的一课。

（一）美国

2018 年 3 月 22 日（北京时间 3 月 23 日），美国总统唐纳德·特朗普在推特上宣布，他已指示美国官员采取措施，“打击不公平贸易，保护美国工人，保卫我们的国家安全”。这些措施包括对中国商品加征关税，威胁限制中国在美国的投资，以及指责中国在发放经营许可时的不公平做法。这是美国打响贸易摩擦的第一枪。

彭博对贸易摩擦的报道在美国媒体中最全面，且在信息传播方面始终保持着高质量。总的来说，彭博的报道一直对贸易摩擦的明智性以及美国在这场冲突中取胜的能力带有怀疑的基调。彭博作为美国商界精英青睐的信息来源，有这种态度并不令人意外，因为绝大多数美国商界精英都支持自由贸易、反对关税。

在有关贸易摩擦的早期报道中，有一篇成为彭博以后几个月内报道的范本：布鲁金斯学会（Brookings Institute）研究员埃斯瓦尔·普拉萨德（Eswar Prasad）接受采访时，质疑美国的做法不够明智，并表示中国在“扮演成年人的角色”。①

有些报道则指出了中国在采取报复性措施时可能会遇到的问题。2018 年 7 月 3 日，美国和中国宣布新一轮关税方案后，彭博采访的一位贸易专家

① Bloomberg. com；采访于 2018 年 3 月 22 日播送。

指出，如果中国打击可口可乐、迪士尼和麦当劳等美国品牌的中国业务，可能会对这些品牌的中国合作商造成损失，而其中不乏有政府背景的公司。[①]

在7月24日的一篇报道中，中国香港的一位投资专家在接受彭博采访时表示，中国通过中国铁塔计划在移动领域推广5G技术的努力受到了贸易争端的威胁。[②]

特朗普启动贸易措施后，福克斯新闻频道和商业频道也在早期报道了一些怀疑的声音。福克斯新闻在3月23日的晚间新闻播报中，引用了时任共和党参议员奥林哈奇和全美制造商协会提供的大量材料，质疑征收新关税的做法。[③]

乍一看，福克斯的表态让人颇感意外，因为它一直在为特朗普政府代言。但更准确地说，福克斯是共和党中强大势力的喉舌，而非白宫的喉舌。事实上，福克斯扮演的角色更确切地说是在对总统喊话，而不是为其代言。因此，福克斯关于贸易摩擦的报道反映了共和党内部的分歧，一派通过更民族主义、更民粹主义的方式支持关税，另一派则持更商业的态度支持自由贸易。

福克斯的后续报道反映了这一冲突。在福克斯商业频道2018年6月的一篇报道中，《中国即将崩溃》的作者章家敦宣称，由于中国的结构性危机，美国很容易赢得贸易摩擦。[④]

福克斯新闻频道则在当月的另一篇报道中指出，如若中国对美国大豆、钢铁等货物征收报复性关税，美国中部地区将首当其冲。另外美国一些学界专家预测，中国将利用“聚旗效应”，联合其他国家一同反对美国的贸易措施。

7月初，福克斯的大部分报道中都有专家指出，中国的报复性贸易举措完全针对2016年大选中投票给特朗普的地区。

8月，中美两国中层官员在华盛顿举行会谈，但未能达成任何协议，致

① Bloomberg. com；新闻于2018年7月3日播送。

② Bloomberg. com；采访于2018年7月24日播送。

③ 福克斯晚间新闻；2018年3月23日。

④ 福克斯商业频道；采访于2018年6月24日播送。

使两国各自加征160亿美元的关税。贸易摩擦从而持续，甚至升级。

福克斯和彭博的报道继续反映各自的受众定位。福克斯的报道显然是针对普罗大众的：调查显示，其受众年龄较大，以男性、白人、普通消费者为主。彭博的受众则定位在商业、金融和政府部门工作的投资者和专业人士。如上所述，福克斯拥有一批支持特朗普的观众，同时也是特朗普自己的重要信息来源。

这对中国媒体、官员、新闻从业者来说是重要的一课：了解你想触及的受众。虽然福克斯的各个频道在美国有线电视上拥有的观众数量最多，但考虑到福克斯一贯支持特朗普的立场，这些观众在贸易一类的问题上很难被说服（更多相关信息见文末结论部分）。

8月，特朗普的私人律师将特朗普牵连进违反竞选财务法规一事，而特朗普的前竞选经理也被判犯有税务和银行欺诈罪。也许是由于福克斯对这两起事件进行了大幅报道，对贸易摩擦报道的篇幅相应减少。而且，除有一次例外，福克斯对贸易摩擦的态度不再如从前一般怀疑，出现更多支持性的基调。

8月24日，福克斯报道了中美两国中层官员未能就结束贸易摩擦达成任何协议。值得注意的是，报道关注的焦点是消费者。节目中，主播在片场与记者讨论新加征的关税可能导致苹果手表和Fitbit手环涨价。

8月15日，福克斯就关税对美国农民的影响采访了美国农业部长桑尼·珀杜。珀杜承认，贸易摩擦给农民带来了一些痛苦，但农民愿意忍受这种短期的痛苦，因为总统的强硬立场“对美国有好处”且最终将使美国农业获利。①

8月4日，特朗普经常收看的早间节目《福克斯与朋友》上的一篇报道清楚地阐明了福克斯和彭博在贸易摩擦报道角度和受众定位方面的不同。报道依据的是一项数据并不可靠的民调，其结果显示71%的美国企业主希望对中国商品征收更多关税。节目采访了中西部一家小型焊接公司的老板，他

① 福克斯新闻；采访桑尼·珀杜，2018年8月15日播送。

承认关税使他公司的利益受损，但他表示“短期的痛苦将带来长期的收益”——“中国被孤立了”。诚然，他是焊接行业的专家，但他在对外贸易方面明显不够专业。正如福克斯电视台经常出现的情况一样，这个报道针对的受众只有一个人，那就是特朗普总统。①

相比之下，彭博在8月16日花了8分钟多的时间对香港NATIXIS亚太区首席经济学家艾丽西亚·加西亚·埃雷罗（Alicia Garcia-Herrero）进行了一次别有见地的采访。她表示，市场似乎低估了中国在贸易摩擦中的手段，并暗示习近平不会采取显而易见的行动，而会利用与欧洲和其他国家的关系作为筹码。②

同样，8月24日，在华盛顿的贸易谈判未能取得进展后，彭博采访了另一位顶级嘉宾。美国商会执行副会长迈伦·布里连特（Myron Brilliant）表达了大企业的普遍看法，将特朗普的贸易议程形容为“笼罩在经济上空的乌云”。③

8月24日，彭博采访了美国前助理贸易代表蒂莫西·斯特拉特福德（Timothy Stratford）。斯特拉特福德认为，贸易谈判的僵局将会持续，而美国政府中的一些人认为这“不是坏事”。他说，美国和中国有着非常不同的经济模式和预期。他将中美贸易摩擦比作一场球赛，美国是超级碗冠军，玩的是美式橄榄球，而中国是世界杯冠军，踢的是另一种风格的足球。最终的结果是一场没有什么进展的比赛，只会导致一些球员受伤。④

可以说，福克斯和彭博都是“成功的”，因为它们都在为各自的受众提供新闻素材。福克斯的受众是年龄较大的中产阶级消费者和投资者，其中许多人居住在特朗普在2016年选举中大获全胜的地区。当然，特朗普本人也是福克斯的一位重要观众。而彭博的受众则是在商界、金融界、学界和政府部门工作的投资人、专业人士和政策制定者。

---

① “Fox and Friends”；2018年8月4日。

② Bloomberg. com；采访Alicia Garcia-Herrero；2018年8月16日播送。

③ Bloomberg. com；采访Myron Brilliant；2018年8月24日播送。

④ Bloomberg. com；采访Timothy Stratford；2018年8月24日播送。

就美国的新闻报道和贸易摩擦的进展而言，9 月是非常忙碌的一个月。9 月 7 日，特朗普威胁要征收新一轮关税。18 日，中国宣布将加征关税进行报复。22 日，中国取消与华盛顿的贸易谈判，称没有取得任何进展。两天后，即 24 日，美国和中国各自实施新关税措施，美国又加征了 2000 亿美元关税，中国则加征了 600 亿美元。

9 月 26 日，特朗普在联合国无厘头地指责中国干预美国中期选举，援引中国购买爱荷华州报纸的特别“广告”版面作为证据。而特朗普本人也正因俄罗斯攻击美国总统大选受到特别检察官罗伯特·穆勒的调查。这些特别版面的广告设计得像新闻素材，针对爱荷华州的大豆和农民，指出贸易摩擦正在损害他们的市场和生计。除了福克斯之外，大多数美国媒体都没有认真对待特朗普的指责。第二天，中国外交部长回应说，中国不会被美国欺凌。

其实美国媒体如彭博、福克斯、NBC、CNN 等并没有对贸易摩擦中出现的这些重大事件给以预期的那么多的关注，原因在于它们更多在做国内重大新闻报道，尤其是布雷特·卡瓦诺（Brett Kavanaugh）担任美国最高法院大法官的确认之争，以及资深记者鲍勃·伍德沃德（Bob Woodward）爆料特朗普选举和白宫内幕的新书《恐惧：白宫中的特朗普》的出版。

9 月，在贸易摩擦的视频报道方面，彭博在美国媒体中继续保持领先地位，充分利用中美等国专家资源，报道秉持公正无偏见的立场。

彭博 9 月 5 日的一篇报道为当月定下了基调。前美国贸易代表办公室的高级职员蒂姆·基勒（Tim Keeler）预测贸易摩擦将会是个持久战。他还指出，如果民主党在中期选举后控制了众议院，那么国会中支持对中国采取强硬措施的人会更多。这是因为许多中西部民主党议员和候选人一直强烈主张采取措施保护中西部制造商和工人免受全球市场的影响。①

特朗普关于美国中西部政治的考量几乎可以肯定是他随后指责中国“干预”美国中期选举的原因。除了福克斯之外，其他媒体几乎完全将此事

---

① Bloomberg. com；采访 Tim Keeler；2018 年 9 月 5 日播送。

作为政治新闻来进行报道，认为是特朗普试图表明他对中国的强硬姿态，或许也是为了助力共和党在爱荷华州的选举。

NBC 新闻也对总统的声称表示怀疑，指出他引用的唯一证据是报纸的增刊。

美国主要的公共广播新闻节目 PBS NewsHour 认为，特朗普的指控只是他在联合国亮相的一部分。记者尼克·希弗林（Nick Schifrin）指出，事实上，被白宫称作“干扰”的行为，中国过去常做，其他国家也做过。[①]

然而，福克斯报道认为特朗普的指控非常可信，其国家安全分析师杰克·基恩（Jack Keane）甚至暗示，特朗普有来自美国情报机构的信息。[②]

必须记住的是，不管是此报道还是其他报道，福克斯的报道总是反映特朗普或共和党及其盟友试图影响特朗普的立场。

9 月 24 日，新一轮对华关税生效。CNN 随即播出了其北京制片人蒋欣（Steven Jiang）的报道。蒋欣指出，美国宣布对华加税仅一分钟后，中国立即宣布征收报复性关税；而且，中国政府还在中秋节假期发布了一份长篇贸易政策声明。他还援引一位不愿透露姓名的消息人士的话说，习主席不可能做出让步，因为他认为美国采取的行动是遏制中国在世界市场上崛起的战略举措。[③]

两天后，福克斯商业频道采访了哈德逊研究所中国问题分析师迈克尔·皮尔斯伯里（Michael Pillsbury），谈到中国知识分子和政策制定者对特朗普总统表示敬重，称他“聪明”，是一位优秀的谈判家。福克斯采取这种论调正是基于其目标观众就是美国总统特朗普。[④]

一些美国媒体制作了一些背景性报道，向观众解释贸易摩擦究竟是怎么回事及其可能带来的后果，其中不乏很出彩的报道。9 月 18 日，美国公共广播公司（PBS）NewsHour 播出的节目就是其中之一。节目中，来自布鲁

① PBS NewsHour；2018 年 9 月 26 日。

② Fox Business News；2018 年 9 月 26 日。

③ CNN；新闻报道；2018 年 9 月 24 日。

④ Fox Business News；采访 Michael Pillsbury；2018 年 9 月 26 日。

金斯学会的大卫·韦塞尔（David Wessel）认为，美国消费者不论如何都会为贸易摩擦付出代价。他还提到特朗普政府内部的分歧，比如财政部长史蒂夫·努钦（Steve Mnuchin）和商务部长威尔伯·罗斯（Wilbur Ross）等官员之间的分歧：前者表示希望达成协议，后者则更好斗。[①]

随着美国中期选举的临近，美国大部分媒体都关注中美贸易争端将持续多久，以及对特朗普政府的战略是否合理感到担忧。一些报道聚焦于贸易摩擦对美国中期选举的影响。

美国副总统彭斯（Mike Pence）10月4日发表演讲，指责中国在中期选举前试图削弱特朗普政府，并将新征的关税瞄准支持特朗普的州。中国则指责彭斯“无中生有”。彭斯的这番讲话，以及美国决定退出已有144年历史的《万国邮政联盟协定》，似乎表明华盛顿正在对中国采取更具对抗性的立场。不过，美国其他政府官员以及与政府关系密切的专家后来发表的声明又预示着有希望能够解决争端。

除了临近的中期选举，其他一些重大事件也分散了媒体对贸易摩擦的关注度，其中包括布雷特·卡瓦诺（Brett Kavanaugh）担任美国最高法院大法官的确认之争、沙特记者和美国居民Jamal Khashoggi的遇害、美国东南部遭遇飓风、给美国政要寄送十几个炸弹邮包的嫌疑人被捕、匹兹堡一犹太教堂枪击案致11死。

美国全国广播公司（NBC）10月15日的报道很好地说明了贸易摩擦报道的选举视角。这篇报道聚焦贸易摩擦对田纳西州参议员选举的影响。报道中，一位种豆的农民和一位养猪的农民谈到特朗普的关税如何损害了他们的生意。豆农说，由于中国的报复性关税，他的大豆价值减少了20%，而美国为在贸易摩擦中受害的农民提供的紧急救济无法弥补这一损失。猪农说，关税让他无法雇用工人，他担心贸易摩擦正在损害美国农业在世界各地的声誉。他表示：“如果我们被认为是一家不可靠的供应商，其他国家就会把目光投向别处。”这两位农民说，他们通常是共和党支持者，但由于贸易摩

① PBS NewsHour；采访David Wessel；2018年9月18日。

擦，他们现在支持民主党参议员候选人。[1] 在 2016 年大选中，特朗普在田纳西州以较大优势获胜。但是，即使贸易摩擦对选民有影响，那也不足以让该州的民主党候选人当选，他被特朗普的强力支持者、共和党候选人彻底击败。

其他农民表示，尽管关税损害了他们的生意，但他们愿意承担损失，因为他们大体上支持特朗普总统。10 月 23 日，美国有线电视新闻网（CNN）在一篇视频解释性报道中采访了全国各地的豆农、猪农、乳制品农户和柑橘种植农户。一位豆农说他继续支持总统，因为美国必须对中国采取行动，这很重要。尽管如此，大多数受访农民表示，贸易摩擦带来的不确定性是他们最大的担忧。[2]

11 月美国媒体对贸易问题做了大量报道，其中包括对亚太经合组织峰会的报道。此外，媒体还报道了贸易摩擦对美国中期选举产生的影响，或者说毫无影响。在中期选举中，民主党在众议院获得 40 个席位，从而获得了对该立法院的控制。共和党则保持了在参议院的多数席位，并略有增加。

11 月 18 日，APEC 落幕时，会议明显缺乏合作氛围。美国和中国未能就联合声明的措辞达成一致，以致 25 年来 APEC 会议首次未能发表联合声明，但这并不令人意外。几乎所有美国视频媒体都把报道重点放在了两人之间的冲突上。

在彭博 11 月 18 日的相关报道中，记者斯蒂芬·恩格尔（Stephen Engel）指出，习近平和彭斯的分歧不仅在中美贸易问题上，还在“一带一路”倡议上。在演讲中，习主席谈到了世界该如何在贸易问题上做出选择——“合作还是对抗”——并指出“一带一路”倡议是“一个开放的合作平台”。美国副总统彭斯则指责中国让贸易伙伴背上债务负担，并表示美国不会“让我们的伙伴淹死在债务的海洋里”。他还抨击“一带一路”，称美国不会“提供束缚带和单行道”。[3]

---

① NBC News Report 在 MSNBC 上的报道；2018 年 10 月 25 日。

② CNN；新闻报道；2018 年 10 月 23 日。

③ Bloomberg. com；新闻报道；2018 年 11 月 18 日。

同一天，福克斯商业网的一篇报道中，新闻主播查尔斯·佩恩（Charles Payne）以赞许的语气报道了彭斯的强硬言论。作为呼应，佩恩说，中国正在给经济伙伴们带来“债务借贷陷阱”，因而，亚洲国家已在抵制中国，寻求与美国建立更为紧密的关系。①

中期选举后，分析人士普遍认为，贸易摩擦在大多数席位的选战中不是一个重要因素。例如，在两个受大豆和钢铁关税影响的中西部州——密苏里州和印第安纳州，现任民主党参议员被彻底击败。与此同时，在俄亥俄州，民主党参议员谢罗德·布朗（Sherrod Brown）再次当选。不过，布朗一直支持保护美国汽车工业及其工人的贸易政策。

虽然贸易摩擦可能没有对中期选举产生巨大影响，但有相当多的人猜测，选举可能反而会对贸易摩擦产生影响。

在美国消费者新闻与商业频道（CNBC）的报道中，来自保守的美国企业研究所的 James Pethokoukis 表示，选举结果可能促使特朗普加剧，或者至少坚持贸易摩擦。他认为，特朗普几乎不需要国会支持的反华贸易行动，可能会被威斯康辛州、密歇根州和宾夕法尼亚州的工薪阶层选民视为积极举措，而 2016 年特朗普在这些州仅以微弱优势获胜。②

彭博 11 月 7 日的一篇报道也持类似观点。彭博新闻总编约翰·麦克列思韦特（John Micklethwait）在新加坡报道新经济论坛时表示，选举结果于改变特朗普强硬的贸易保护主义观点无用。“这是他的信念”，麦克列思韦特补充说，已经控制了众议院的民主党人没有多少动力采取更温和的对华政策。刚刚访问了中国的麦克列思韦特说，他见了一些中国官员，他们分为两派：一派认为贸易摩擦只是特朗普的个人意愿，另一派则认为美国领导人之间存在着广泛的反华共识。他说，选举结果应该有助于佐证后者的观点。③

很难说这次选举证实了哪一派的观点。大多数分析人士把选举结果看作选民对特朗普的责难，但尚不知贸易摩擦是否对此有任何影响。反对总统的

① Fox Business News；评论；2018 年 11 月 18 日。

② CNBC Television；采访 James Pethokoukis；2018 年 11 月 7 日。

③ Bloomberg Television；采访 John Micklethwait；2018 年 11 月 7 日。

主要是城区和市郊的选民，因此，虽然无法证实，但可以合理地推测，这些担心贸易摩擦会影响物价的选民，可能已经把关税的影响纳入了他们的考虑之中。然而，总统仍然像以前一样受欢迎，甚至在农村地区更受欢迎，尽管贸易摩擦对农民产生了影响。虽然原因尚未明确，但这些地区都忠于共和党。

随着2018年接近尾声，贸易摩擦战情出现了重大发展。分析人士认为，同期出现的全球市场下跌至少在一定程度上归因于贸易摩擦。美银美林估计，这场贸易争端导致标准普尔500指数在2018年净下跌6%。

2018年12月初，媒体报道了期待已久的习近平主席和特朗普总统在布宜诺斯艾利斯G20峰会上的会晤，以及贸易摩擦一定程度上的休战。几天后，华为首席财务官孟晚舟在加拿大温哥华被捕，随即就给外交形势蒙上了阴影。12月26日传来消息，美国代表团将在2019年1月7日前往北京就贸易摩擦进行谈判。这是两国在其首脑布宜诺斯艾利斯会晤后的首次面对面会谈。

万众期待的G20习特会在12月2日结束，双方达成了90天的贸易休战协议。根据协议，美国同意暂时不对自中国进口的2000亿美元商品征收新的关税，中国也同意开始购买包括大豆在内的美国商品。美国代表团将于次年1月前往北京开始会谈。

美国市场和媒体均对协议内容持怀疑态度。彭博和福克斯商业新闻都对该协议的问题和不确定性进行了报道。

彭博驻北京记者麦肯齐（Tom Mackenzie）称，中国商务部的一份声明明显“缺乏细节”。他指出，声明中说中国已同意购买更多美国商品，并问道，“中国究竟承诺购买什么?”声明还表示，双方同意共同努力解决知识产权、强制技术转让和网络安全问题，但没有透露细节。“这些都是大问题，而你仅有90天时间去解决?”Mackenzie质疑道，“这感觉很牵强”。[①]

在福克斯商业频道，一向支持特朗普政府政策的查尔斯·佩恩却对白宫

① Bloomberg Television；新闻报道；2018年11月7日。

贸易顾问彼得·纳瓦罗（Peter Navarro）进行了咄咄逼人又充满质疑的采访。他问纳瓦罗，中国什么时候会开始降低关税并购买更多美国产品。纳瓦罗的回答含糊其辞，佩恩告诉纳瓦罗，市场“需要更直接的答案”。纳瓦罗回答说，他正在努力给出直接的答案，并说“给他（总统）一些时间来施展魔法”。当佩恩问纳瓦罗，为什么特朗普在推特上自诩为“关税侠”时，这位顾问有点不确定地说，这是特朗普在向他最喜欢的一个总统威廉·麦金利（William McKinley）致敬。①

CNBC 驻北京记者 Eunice Yoon 则报道了中国官员、媒体和商界对习近平和特朗普之间达成的协议的关注点与美国有何不同。她认为，中方更多在强调谈判代表将力求消除“所有”关税，低调谈论 90 天的延期，并尽量不谈知识产权问题。②

与此同时，华为首席财务官、创始人任正非之女孟晚舟的被捕给贸易摩擦增添了一个破坏性的议题。加拿大当局应美国的引渡要求，在温哥华国际机场逮捕了孟晚舟。美国指控孟违反了美国的银行法和贸易制裁。孟晚舟是在习特会当天被捕的，但直到几天后才公布此消息。当特朗普总统在推特上表示，如果此案有助于与中国就贸易摩擦展开谈判，他可能会介入此案时，形势变得更加混乱。孟在缴纳了 1000 万加元保释金后获释，但她交出了护照，并按要求佩戴监控设备，不能离开温哥华地区。

美国媒体的报道几乎完全集中在逮捕事件对贸易摩擦可能产生的影响上。12 月 6 日 CNN 发自白宫的一篇报道，对逮捕的时间表示质疑，并指出，一些政府官员将逮捕视为贸易谈判中的一个潜在筹码。③

同一天，在福克斯商业频道的报道中，来自胡佛研究所的嘉宾迈克尔·皮尔斯伯里（Michael Pillsbury）说，他不相信逮捕孟晚舟是特朗普总统在对习近平主席表明态度。对此，主持人斯图尔特·瓦尼（Stuart Varney）不

---

① Fox Business News；采访 Peter Navarro；2018 年 12 月 4 日。

② Bloomberg Television；新闻报道；2018 年 12 月 3 日。

③ CNN；新闻报道；2018 年 12 月 6 日。

加掩饰地表示了怀疑。[①] 2019 年 2 月底有一些耐人寻味的迹象表明，某种贸易协议可能即将达成。2 月 24 日，特朗普总统以贸易谈判取得进展为由，推迟了 3 月 1 日提高关税的最后期限。

但是，正如特朗普一再证明的那样，不可在他签署之前对一项协议信以为真，甚至即使在签署之时也不可以。2 月 22 日发生在白宫的一段不同寻常的对话说明了这一点。在中国谈判代表、国务院副总理刘鹤以及记者和电视摄像机面前，特朗普对“合同”这一概念的理解和表述与其贸易代表罗伯特·莱特希泽（Robert Lighthizer）产生了分歧。当时一名记者问特朗普，与中国达成的谅解备忘录将维持多长时间？CNBC 播出了这段对话：

> 特朗普：“我不喜欢谅解备忘录，因为它们没有任何意义。对我来说，它们没有任何意义。我认为最好还是直接写个文件。我从来就不是……一个备忘录的粉丝。”
>
> 莱特希泽：“谅解备忘录是两个人之间具有约束力的协议。它很详细，涵盖了所有的细节。这是个法律术语。是个合同。”
>
> 特朗普：“顺便说一句，我不同意。”
>
> （此时，刘副总理大笑起来。）
>
> 特朗普：“我认为谅解备忘录并不是我们想要的那种程度的合同。我想我们正在做一份谅解备忘录，它将成为最终合同。但对我来说，最后的合同才是最重要的，鲍勃，我想你的意思也是……”
>
> 莱特希泽（似乎有些恼怒）：“从现在开始，我们不再使用‘谅解备忘录’这个词。我们要用贸易协议这个术语，好吗？”
>
> 刘：“好的。”
>
> 莱特希泽（对特朗普）：“假设你决定达成一项协议……它将是美国和中国之间的一项贸易协议。”

---

① Fox Business News；Stuart Varney 采访 Michael Pillsbury；2018 年 12 月 6 日。

特朗普："好。我更喜欢那样。"[①]

正如*Slate*杂志的丹尼尔·波利蒂（Daniel Polit）所说，这是"特朗普似乎更关心如何推销协议，而不是协议实际包含什么内容的最新例证"。[②]

这段对话表明，尽管有乐观迹象显示有可能会产生一项贸易协议，但美国谈判代表前方仍有被总统放冷箭的风险。

Belpointe Markets首席战略分析师大卫·纳尔逊（David Nelson）的观点经常被人引述。2019年2月23日，他在福克斯商业频道上说，他看到双方在贸易摩擦中都做出了一些让步——中国因为争端造成经济损失，美国因为即将到来的2020年大选。他说："中国人考虑的是未来几十年，美国官员考虑的是选举。"[③]

理查德·鲍彻（Richard Boucher）是一位备受尊敬的分析师，曾为六任美国国务卿工作过。他在接受福克斯电视台记者玛丽亚·巴蒂罗默（Maria Bartiromo）采访时表示对达成协议持谨慎乐观态度。但他说，更重要的是执行。他表示，同以往与日本达成的贸易协议相比，与中国达成的任何协议都必须有更为严格的执行机制。[④]

2月20日，彭博新闻播出了对美国文化遗产中心（Heritage Center）高级研究员、特朗普2016年竞选顾问、《特朗普经济学》（*Trumponomics*）的合著者史蒂夫·摩尔（Steve Moore）的一个特别精辟的采访。摩尔表示，他相信特朗普真的希望美国和中国之间实现"零关税"，而特朗普挺关税的言论只是一种谈判策略。[⑤]

因此，大部分报道的主题是，双方都希望达成协议，但"信任"是个

---

① CNVBC；新闻报道；2019年2月22日。

② Slate Magazine；2019年2月22日。

③ Fox Business News；采访David Nelson；2019年2月23日。

④ Fox Business News；Maria Bartiromo采访Richard Boucher；2019年2月23日。

⑤ Bloomberg News；采访Steve Moore；2019年2月20日。

大问题。美国官员和一些分析人士一直怀疑中国是否会切实履行协议中的承诺。然而，也有一些分析人士认为，特朗普与莱特希泽之间的争辩，以及欧洲盟国在慕尼黑安全会议上对副总统彭斯冷漠的接待，都在加剧美国自身的信誉问题。

2019 年 3 月产生了一些关于贸易摩擦的重要报道。有消息称，美国公布了其史上最大的预算赤字和贸易赤字，这在很大程度上是减税和贸易摩擦的结果。

PBS NewsHour 节目主要面向富裕、受过教育、有影响力的受众。3 月 10 日，此节目采访了布鲁金斯学会（Brookings Institute）的戴维·韦塞尔（David Wessel）。韦塞尔表示不认同中国正在为关税争端付出更大代价的说法；他认为，预算赤字和贸易摩擦造成的大部分损害都落在了美国消费者和企业的头上。①

同日，福克斯新闻的克里斯·华莱士（Chris Wallace）在其福克斯周日新闻（Fox News Sunday）节目中，对白宫首席经济顾问拉里·库德洛（Larry Kudlow）进行了问题相当尖锐的采访。当被华莱士问及不断膨胀的贸易逆差与特朗普总统早些时候做出的降低贸易逆差的承诺是否相符时，库德洛谈到贸易逆差时说："我不认为这是好或是坏，就是逆差而已。"和其他评论人士一样，他认为贸易逆差是美国经济强劲的迹象。②

到了 3 月的第三周，大多数美国媒体都对协议可能很快会达成的乐观现象进行了报道。3 月 20 日，CNBC 国际频道采访了香港智易东方证券首席执行官（GEO Securities）兰常念（Francis Lun）。兰说，所有迹象都表明贸易争端将在 4 月和平解决。"世界上最大的两个经济体需要彼此，"他说，并补充道，"特朗普总统是一个忙碌的人……习主席是一个忙碌的人。他们都是积极进取的人，想把事情做好。"③

到 4 月底，贸易摩擦出现了更多取得突破的迹象。美国财政部长努钦

① PBS NewsHour；采访 David Wessel；2019 年 3 月 10 日。

② Fox News Sunday；Chris Wallace 采访 Larry Kudlow；2019 年 3 月 10 日。

③ CNBC International；采访 Francis Lun；2019 年 3 月 20 日。

(Steven Mnuchin)在洛杉矶参加一个会议时说,“我们正在进入谈判的最后阶段”。努钦第二天与美国首席谈判代表莱特希泽前往北京进行进一步会谈。

随后一个月,贸易摩擦在美国的舆论关注度有所降低,因为4月的新闻热点是美国特别顾问罗伯特·穆勒(Robert Mueller)发布的2016选战中“通俄门”调查报告,以及特朗普涉嫌干涉司法公正。

尽管如此,北美有媒体还是报道了一些重要的贸易摩擦进展。

4月17日,有消息称,中国经济第一季度增速超过预期。国内生产总值同比增长6.4%,而工厂产出飙升8.5%,投资增长6.3%,零售增长8.7%。正如彭博报道的那样,这些强劲的数据可能会增加中国在贸易谈判中的分量。彭博的报道称,美国强硬派曾认为,中国疲弱的经济表现将使美国在贸易谈判中占据上风。①

然而4月26日有迹象表明,中国可能会满足美国在贸易谈判中的一些要求。彭博报道称,习近平主席在“‘一带一路’高峰论坛”上发表演讲时,用了相当一部分篇幅谈论中国国内改革,承诺解决国家补贴问题,保护知识产权,允许外资进入更多行业,并避免人民币竞争性贬值。这些都是美国在贸易谈判中强调的问题。②

然后就有了上述姆钦的言论。自从他在接受《纽约时报》采访时首次开口表态以来,视频新闻媒体就一直在跟进报道。在福克斯商业频道记者巴蒂罗姆(Maria Bartiromo)不同以往的尖锐提问下,努钦表示,他对北京会谈的进展持谨慎乐观态度。当被问及特朗普总统是否会在5月初对中国征收推迟的关税,并延长欧洲国家的免税期时,努钦拒绝直接回答,但他强调,尽管很快会作出决定,但与中国达成协议的希望也很大。他说,虽然他不愿定位中国在此类问题、知识产权和强制合资企业等问题上的立场,但美国在提出这些问题时是坚定的。他还表示,他并不担心中国对美国进一步在关税

① Bloomberg News;新闻报道;2019年4月17日。

② Bloomberg.com;新闻报道;2019年4月26日。

上进行报复。①

与此同时，彭博采访了胡佛研究所（Hoover Institution）知识渊博的陈兰熙（Lanhee Chen）。陈指出，有报道称谈判代表即将就执行机制达成协议，并表示达成协议非常符合特朗普总统的政治利益。他还说，他认为在民主党总统候选人提名中领跑的前副总统拜登（Joe Biden）很可能对中国采取更强硬的立场，以吸引美国中西部工业地区的关键选民团体。②

2019 年 4 月，媒体还报道了世界贸易争端中的另一个重要参与者——欧洲。4 月 9 日，彭博采访了欧洲议会的德国议员乔·莱宁（Joe Leinen）。莱宁积极参与了与中国和美国的贸易谈判。他强调欧洲的一贯立场，即欧盟不会回应特朗普政府在贸易问题上的恃强凌弱；如果特朗普撤销对欧盟产品暂停征税，欧盟将做出回应。他还对华为发出了一些不祥的信号，表示当欧盟不久为企业参与欧洲 5G 网络设定参数时，“安全问题”将是非常重要的考量。③

说到华为，4 月 19 日，华为创始人兼首席执行官任正非接受 CNBC 采访时，为华为塑造了很好的媒体形象。任重申了之前公司高管发布的声明，即中国政府从来没有要求华为在其产品安装安全“后门”。他说如果政府要求华为这么做，他会拒绝。任正非表示之所以“美国害怕华为”是因为它的“产品太好了”。他带着几分戏谑和挑衅的口吻问道：“如果美国说华为的坏话，为什么中国官员不能为华为说话?”④

2019 年 5 月也许是贸易摩擦报道最重要的一个月，也是中国媒体可以从中学习如何贴近美国受众的一个重要时段。

5 月初，特朗普总统在推特上抱怨贸易摩擦谈判进展缓慢，并提出新的要求，使达成协议的希望破灭。在美国开始征收新关税后，中国回应称，它不会被迫签署一份不利的协议。中国国家主席习近平将贸易摩擦比作长征，

---

① Fox Business News；Maria Bartiromo 采访 Steven Mnuchin；2019 年 4 月 30 日。

② Bloomberg. com；采访 Lanhee Chen；2019 年 4 月 29 日。

③ Bloomberg News；采访 Jo Leinen；2019 年 4 月 9 日。

④ CNBC Television；采访任正非；2019 年 4 月 19 日。

表示争端将持续一段时间，而中国不会退缩。

澳大利亚前总理、亚洲社会政策研究所所长（Asia Society Policy Institute）陆克文（Kevin Rudd）说，特朗普总统的推文和习主席的回应具有历史意义。陆克文 5 月 29 日在《纽约时报》上发表评论文章指出，特朗普的推文几乎正好落在 1919 年中国五四运动的 100 周年纪念日。美国总统威尔逊在一战后的凡尔赛和平会议上把德国在山东的前殖民地转交给日本、而不是归还给中国，引爆中国的五四运动。陆克文写道，正如一个世纪前威尔逊的行动在中国激起了日益高涨的民族主义精神（最终迎来中华人民共和国的成立），特朗普也给了习主席一件强大的民族主义武器。

陆克文写道，即使有达成贸易协议的可能性，但中国领导层中有一些人认为，既然特朗普政府采取了更敌对的立场，那么何必非要达成贸易协议。

陆克文还在文章中写道："过去 100 年里，中国在与美国打交道的过程中大多数时候都认为自己处于弱势。如今，在北京方面看来，中国不再羸弱。"①

就在同一天，福克斯商业新闻主持人翠西·里根（Trish Regan）和 CGTN 英语节目主持人刘欣在福克斯商业台节目中展开了一场"辩论"，美国媒体称这场"主播之战"令人屏息。此前，两名主播在推特上就贸易和科技问题已经争论了好多天。

节目与其说是一场"辩论"，不如说是一个访谈节目。里根在节目中就一些贸易话题向刘欣提问。节目一开始时颇具火药味。里根在介绍刘欣时称她是"中国共产党的代表"，刘欣则纠正里根说，她不是共产党员，只代表自己说话。两位主持人花了 15 分钟的时间，通过不太稳定的卫星连线，就贸易话题在大体上友好的气氛中进行了交谈。双方同意，零关税是一个值得为之努力的目标。刘欣承认，知识产权盗窃确有发生，但中国要解决这个问题。在节目的最后，里根说"没有人想要贸易摩擦"，刘欣邀请里根到中国访问。②

---

① The New York Times；Kevin Rudd 所撰写的评论文章；2019 年 5 月 29 日。

② Fox Business News；Trish Regan 在"Trish Regan Prime Time"节目中采访 Liu Xin；2019 年 4 月 30 日。

尽管该节目有所缺憾，但它无疑是大量美国观众了解中国在贸易争端中的观点的有效途径。笔者强烈建议 CCTV 和 CGTN 能通过更多方式，让像刘欣这样能言善辩的记者与美国和其他西方观众交流，鼓励 CCTV + 向其客户提供此类节目的素材。

（二）加拿大

加拿大媒体对贸易摩擦的报道主要是关注这场争端对加拿大经济的影响，这在情理之中。

2018 年 9 月，加拿大广播公司（CBC）在贸易摩擦报道中捕捉到加拿大的一个商机：由于美国龙虾在北京和上海的价格突然攀升，中国对加拿大龙虾的需求大幅增加。①

加拿大广播公司（CBC）的另一篇报道也发现了加拿大在贸易摩擦阴云中的一丝光明。美国汽车零部件制造商协会（Auto Parts Manufacturers）的弗拉维奥·沃尔普（Flavio Volpe）在接受采访时强烈建议中国汽车制造商在加拿大开设一些业务。他说，最近达成的美国—墨西哥—加拿大三方贸易协议（USMCA）替代了北美自由贸易协定（NAFTA），依据这个新的贸易协定，这类业务可以自由进入北美市场。②

2018 年 11 月，加拿大《全球新闻》（*Global News*）刊登了采访安大略省省长道格·福特（Doug Ford）的一些报道，将通用汽车计划在安大略省的裁员归咎于全球贸易摩擦和“扼杀就业的关税”。

正如预期的那样，加拿大媒体的大量报道主要集中在加拿大是如何夹在中美贸易争端之间以及中美首脑将如何回应等主题上。

12 月 18 日，CBC 对备受尊敬的美国前驻华大使骆家辉（Gary Locke）进行了一次富有洞见的专访。骆家辉表示，特朗普想干预孟晚舟案的想法释放出一个破坏性信号。“我们要让政治介入刑事调查和执法吗?”他问道。

---

① CBC；新闻报道；2018 年 9 月 28 日。

② CBC；“Power and Politics”节目中对 Flavio Volpe 的采访；2018 年 10 月 11 日。

骆家辉说，这些做法损害了加拿大向中国传达的信息，即孟晚舟案需走法律和诉讼程序。①

CBC 的主要竞争对手 CTV 于 12 月 19 日采访了加拿大外交部长克里斯蒂娅·弗里兰（Chrystia Freeland）。弗里兰强调，“对孟晚舟的逮捕完全符合正当程序……没有任何政治干预”。然而，她也说，“加拿大不认为引渡程序应该政治化”，似乎是在向美国传递一个信息。②

12 月 24 日，CBC 报道了中国外交部对加拿大和美国在逮捕孟晚舟时采取“虚伪的双重标准”的指控。③

（三）西欧

归法国政府所有的“法国 24 小时”（France 24）在报道西欧贸易摩擦方面一直处于领先地位。

比如，该媒体在 2018 年 10 月 25 日对国际贸易中心（International Trade Centre）执行主任阿拉查·冈萨雷斯（Arancha Gonzalez）的采访就是很好的一个例子。冈萨雷斯说，她觉得中美贸易摩擦有望在 G20 会议上得到解决。然而，她表示，由于全球数字经济的互联性，任何协议都应该建立在多边基础上。④

2019 年 3 月 18 日，作为西欧最有影响力的公共事务视频节目，“法国 24 小时”的“漫谈欧洲”（Talking Europe）节目讨论了一个与贸易摩擦相关的重要问题——西方政府和公司如何与在 5G 技术方面全球领先的电信巨头华为打交道。节目正面讨论了使用华为产品的安全性问题。美国和欧洲都有人担心，华为平台上共享的数据可能会流入中国。节目中引用了华为西欧业务总裁彭博（Vincent Pang）的一次演讲。他说，中国当局从未要求华为收集数据并与当局分享；他还说，如果真的发生这种情况，公司创始人任正非会拒绝，并在必要时关闭公司。在小组讨论中，欧洲议会的两名议员，德

① CBC；采访 Gary Locke；2018 年 12 月 18 日。

② CTV；采访 Chrystia Freeland；2018 年 12 月 18 日。

③ CBC；新闻报道；2018 年 12 月 24 日。

④ France 24；“People and Profit” 节目中对 Arancha Gonzalez 的采访；2018 年 10 月 25 日。

国的赫尔加·特鲁佩尔（Helga Trupel）和意大利的阿莱西娅·莫斯卡（Alessia Mosca）对此表示怀疑，并强调，华为若想在西欧取得成功，透明度和对等是至关重要的。他们表示，华为必须遵守欧盟有关隐私的法律和规定，欧洲企业在中国也必须拥有相似的准入机会。[①]

英国媒体的报道通常是透过英国脱欧的角度来呈现贸易摩擦的。支持脱欧的媒体热衷于宣扬贸易摩擦会给脱欧后的英国带来与美国密切贸易关系的机会，有时甚至到了不合逻辑的地步。反对脱欧的媒体认为，正如联合国2月的一份报告所说，欧盟会从中美贸易摩擦中获利，因此，英国留在欧盟并从中受益是最好的。

（四）印度

作为全球最大的英语新闻市场之一，印度的大部分媒体报道都聚焦于印度作为中国在亚洲的主要经济对手如何能从贸易摩擦中获益。

正如《印度教徒报》（*The Hindu*）2018 年 11 月发表的一篇评论文章所指出的，印度企业“明显有机会”接管美国企业被迫放弃中国供应商后留下的部分供应链。当然，知易行难，《印度教徒报》说，印度面临的主要障碍是基础设施远远落后于中国。[②]

2019 年 2 月，《印度时报》（*Times of India*）以赞许的态度报道了联合国发布的一个报告，该报告称印度是少数几个能够从中美贸易摩擦受益的国家之一。[③]

三　公众对贸易摩擦及中国的态度

至于贸易摩擦如何影响各国公众对中国的看法，目前几乎还没有针对此方面的民调。但是，2018 年已有民调在研究全球对中国及其领导地位的看

---

① France 24；新闻报道及“Talking Europe”节目中的采访；2019 年 3 月 18 日。

② The Hindu；N. Madhavan 所撰写的评论文章；2018 年 11 月 8 日。

③ Times of India；新闻文章；2019 年 2 月 5 日。

法，近期也有了着眼研究美国人民对贸易摩擦态度的民调。

自1992年以来，盖洛普咨询公司在多次民调（最近一次是在2019年2月1～10日进行的）中，询问了美国居民下面这个问题：“你认为对外贸易对于美国来说意味着什么？你认为对外贸易会以增进美国商品出口的方式为经济发展提供机遇呢，还是认为外国商品的进口会对美国经济构成威胁？”

在最近这次调查中，74%的受访者把对外贸易看作增长的机遇，只有21%将其视为对美国经济的威胁。① 这是自1992年首次向受访者提出此问题以来认同自由贸易比例最高的一次，反映了支持自由贸易的民众在不断增长。的确，1992年是最后一年有众多受访者认为对外贸易对美国经济是种威胁。

同样，美国蒙莫斯大学（Monmouth University）在2019年5月16～20日进行的一次民调显示，51%的美国人同意自由贸易协定大体上对美国有利，而仅有14%的受访者认为对美国有害，有22%的受访者表示不确定。② 这些数字与蒙莫斯大学在2018年进行的调查中得到的数据基本一致。

调查同样显示，认为提高进口关税将会使经济恶化的美国人占比极高。美国哥伦比亚广播公司（CBS）2019年5月17日进行的民调显示，47%的受访者认为提高关税会伤害美国经济，而24%的受访者则相信提高关税会使经济有所改善。有22%的受访者认为提高关税不会产生多大影响。③

美国民众同样认为美国消费者将为美国关税买单。在蒙莫斯大学的调查中，62%的受访者表示相信美国消费者将承担关税的成本，而仅有23%的人表示中国的生产商会为此付出更多代价。表示双方将承担同等成本和表示不确定的受访者各占8%。④

但是，当民调将特朗普总统本人与贸易问题联系到一起时，调查结果看起来有一些矛盾。

例如，美国昆尼皮亚克大学（Quinnipiac University）在2019年5月

① The Gallup Poll，2019年2月1～10日；误差范围±4%；Pollingreport. com。
② Monmouth University Poll，2019年5月16～20日；误差范围±3.5%；Pollingreport. com。
③ CBS News Poll，2019年5月17～20日；误差范围±3.5%；Pollingreport. com。
④ Monmouth University Poll，2019年5月16～20日；误差范围±4%；Pollingreport. com。

16～20 日进行的民调中，问被访者特朗普的贸易政策对美国经济有好处还是有坏处。结果显示，支持自由贸易的比例领先的幅度相对较小：48% 的受访者认为有坏处，而 40% 的受访者则认为有好处。[①] 这个结果与该校 2018 年做的另外一个调查得出的结果几乎一模一样。

当民调提及特朗普本人时，自由贸易支持者领先的幅度减小了。这一现象背后的一个原因可能是因为美国政治的两极分化。自认是共和党人的民众绝不愿在任何议题上采取他们觉得是“反特朗普”的立场。调查还显示 90% 的共和党人认同现总统的业绩。考虑到共和党在历史上是坚定的自由贸易和公开市场的支持者，这种情况尤其耐人寻味。所以，尽管理论上很多（即使不是大多数）共和党人支持自由贸易的概念，但在调查中被问到是否支持总统当前的所作所为时，他们仍倾向于团结在特朗普的周围。

显然，诸多调查表明了大多数美国民众大体上是赞同自由贸易的，而且有相当多的民众认为关税对美国经济不利。若是美国经济因贸易摩擦开始低迷不振，且美国民众的个人财务状况也一并恶化，可能会有更多人选择支持自由贸易。但是，由于美国政治上的两极分化，这样的变化并不一定会导致特朗普在 2020 年 11 月的选举中落败。我们必须静待选举结果才可确知。

要去判断贸易摩擦是否改变了他国民众对中国的态度目前还很困难。现有的相关民调都是在 2018 年进行的，而那时贸易摩擦才刚刚开始。

但是，调查中有些有意思的发现，可以为中国媒体如何讲好中国故事提供一些启发。

自 2005 年开始在全球 134 个国家进行的、内容全面的盖洛普世界民意调查（Gallup World Poll）显示，全球民众对中国在世界范围内的领导地位持赞许态度的比例从 2016 年和 2017 年的 31% 增长到了 2018 年的 34%。实际上，民调中对中国领导地位的看法自 2010 年以来一直相当稳定，上下浮动不过一两个百分点。[②]

① Quinnipiac University Poll，2019 年 5 月 16～20 日；误差范围 ±3.7%；Pollingreport.com。

② The Gallup World Poll，2018 年内多次进行调查，误差范围不等。

但是，自特朗普2016年当选总统以来，对美国作为世界领袖的正面看法所占的比例发生了暴跌。2018年，31%的受访者表示认同美国的领导。尽管这比2017年的30%有些许提升，但比2016年的48%还是大大减少了。

非洲对中国的看法最为正面，有53%的人对中国的领导地位持正面态度；而欧洲对中国的态度最为负面，仅有28%的受访者持正面态度。在美洲和亚洲认同的比例各占30%和34%。

所以，虽然中国在国际上获得认同的比例略有提升，但真正有故事的在于公众对美国认可度的大幅下滑。这对中国媒体来讲，不失为一种机遇。

随着特朗普政府实施“美国优先”政策，也随着美国在许多发展中国家的势力开始收缩，美国媒体也减少了它们在这些国家的业务。因此，中国媒体有机会去填补它们留下的空白，但这并非易事。正如我们在盖洛普世界民意调查中所见，支持美国的数据的急剧下滑并不意味着支持中国的数据的急剧上升。同理，美国媒体影响力的衰减并不意味着世界会转而接受中国媒体。

四　对中国媒体报道贸易摩擦的建议

上述西方和其他英语媒体对贸易摩擦的报道表明，一些特定类型的新闻题材非常重要。

第一，报道要以人为导向，讲述贸易摩擦如何影响中国、西方和其他发展中国家消费者的故事。CCTV、CGTN和CCTV+在这方面很有优势，因为它们与发展中国家有较好的联盟合作关系。CCTV+应该更好地利用“一带一路新闻合作联盟”和“非洲视频媒体联盟”的伙伴关系来讲述这些故事。正如盖洛普世界民意调查所证明的，非洲对中国乃是一片沃土。

第二，讲述中国、美国和其他相关国家中受贸易摩擦影响的中小企业的故事。CGTN对这类报道做得很好，应该继续扩大报道范围。更重要的是，CCTV+应该积极整合CGTN在这方面的素材，进行加工包装并发送给客户。

第三，反映贸易摩擦如何影响已经建立起长期关系的中美企业的故事。

在这方面，CGTN 在美国的报道也做得很好。这些素材对 CCTV + 在美国的客户来说很有价值。

第四，用通俗易懂的语言讲清楚中国立场的新闻。这意味着要做的不仅仅是传播外交部的发布会。要注重利用 CCTV 在学界和商界的专家资源来解读政府的官方声明，向国际受众阐明官方立场和声明。

第五，可信度至关重要。在为西方和其他非华人观众制作的素材中，CGTN 和 CCTV + 当然有义务提供政府和其他官方声明。然而，重要的是，除了直接引用的内容外，其他措辞不要打官腔，不能读起来或听起来像是由政府官员撰写的。

第六，也许最重要的是，像刘欣这样有魅力、知识渊博的专家或记者的亮相对西方媒体很有吸引力，应该积极推广。刘欣在翠西·里根主持的福克斯商业频道节目中的亮相在美国得到大量报道。节目播出前后，《华盛顿邮报》和《纽约时报》都刊登了特别报道。然而，这方面还有一个重要的教训。在福克斯各个频道上总体来说没什么可以争取到的观众，以后由刘欣或其他专家、记者去亮相的节目，应当选择比福克斯更具广泛影响力的媒体。CNN、MSNBC、CBC、France 24 和 BBC 等都是更好的选择。与福克斯一样，这些媒体对能够反映中国关于贸易摩擦观点的素材求之若渴。在欧美地区，这些媒体的受众比 CGTN 任何一个节目都要多得多。

B.14
加拿大传媒生态研究报告*

黄　廓**

摘　要： 加拿大传媒与世界其他地区一样，以纸媒的衰退和数字媒体的增长为主要特征；但加拿大的变化速度比世界其他地区相对缓慢，传统主流媒体影响力仍然显著。此外，加拿大是第一个在国策中提及促进多元文化发展的西方国家，在双语制下，媒体制播英语和法语内容，并鼓励多元文化媒体的发展。美国对加拿大政治、外交、经济、文化多个方面影响巨大，因此加拿大专门制定媒体政策来保证“加拿大性”。

关键词： 多元文化　加拿大广播公司（CBC）　美国影响　一带一路

加拿大地处北美洲北部，国土面积达998万平方公里，居世界第二位。加拿大总人口3731万，以英、法等欧洲后裔为主；官方语言是英语和法语，主要宗教为天主教（45%）和基督教（36%）。①

历史因素决定了加拿大的多民族特点。加拿大土地上的主要原住民是印第安人和因纽特人，目前约占加拿大总人口的3%。印第安人约25000年前

---

* 本文系教育部重大攻关项目“‘一带一路’沿线国家新闻传播业历史与现状”研究课题阶段性成果，课题号：17JZD042。

** 黄廓，中国国际广播电台资深翻译，学术首席，主要研究方向为国际传播与跨文化传播研究、受众研究、传播技术与新媒体研究。

① 数据截至2019年1月，https：//www. fmprc. gov. cn/web/gjhdq_ 676201/gj_ 676203/bmz_ 679954/1206_ 680426/1206x0_ 680428/。

移居北美大陆，因纽特人则在大约4000年前到来。[①] 17世纪起欧洲人规模性移民，现在的加拿大先沦为法国殖民地，1763年《巴黎和约》签署后被割让给英国。1791年"加拿大"作为名称首次被官方启用，[②] 1867年7月1日加拿大成为主权国家，1931年加入英联邦，1982年加拿大议会最终获得立宪、修宪全部权力。

加拿大一方面缺少压倒性的主体民族和主体文化，[③] 因此尽管提倡"和平、秩序、良政"和"多元文化主义"价值理想，[④] 却无法解决魁北克省不断寻求独立的诉求；另一方面唯一接壤的国家——美国是全球第一大经济体、唯一的超级大国和世界第一强国，因此加拿大接受了"中等强国"[⑤] 的现实，并在是不是美国"卫星国"[⑥] 的博弈中试图需求更明晰的国家定位和国际角色。这一博弈同样反映在加拿大的传媒发展当中：历经200多年的发展，加拿大传媒业成为兼具英国、美国特点的"综合体制"，[⑦] 行业成熟、专业化程度高、语言与文化多元；但同时内有产业集权、垄断和联邦、地方相争之忧，外有美国文化强势入侵之患，[⑧] 一直处于寻求独特且不可替代的媒体"加拿大性"过程中。

一　加拿大传媒生态

加拿大传媒与世界其他地区一样，以纸媒的衰退和数字媒体的增长为主要特征。但加拿大的变化速度比世界其他地区相对缓慢，传统主流媒体影响力仍在。[⑨]

---

① 阮西湖：《加拿大民族志》，民族出版社，2004，第23页。

② 当时魁北克被划分为上加拿大（Upper Canada）和下加拿大（Lower Canada）殖民地。

③ 阮西湖：《加拿大与加拿大人》，北京理工大学出版社，2005，第45页。

④ 刘晨、康秀云：《困境与出路：加拿大核心价值观培育的战略路径》，《思想政治教育研究》2018年第1期。

⑤ King Gordon, J.（ed）, *Canada's Role as a Middle Power*, The Canadian Institute, 1966.

⑥ J. L. Granatstein, *Canadian Foreign Policy Since 1945*, Copp Clark, 1969.

⑦ 蔡国芬主编《加拿大媒介与文化》，中国传媒大学出版社，2004，第1页。

⑧ 于淼、胡若静：《加拿大大众传媒发展管窥》，《黑龙江科技信息》2008年第32期。

⑨ Amy Waston, "Media in Canada—Statistics & Facts", Aug 22, 2018, https://www.statista.com/topics/1612/media-in-canada/.

（一）主流传统媒体影响力较大

加拿大主流媒体格局可以概括为“一社”“两报”“三台”。“一社”即加拿大通讯社（The Canadian Press），“两报”是《环球邮报》（The Globe and Mail）和《国家邮报》（National Post），“三台”为加拿大广播公司（Canadian Broadcasting Corporation）、加拿大电视台（CTV）和环球电视台（Global Television Network）。[①] 此外，重要的地区性大报如《多伦多星报》《蒙特利尔日报》《渥太华公民报》和魁北克《新闻报》等也较有影响。

1. 加拿大通讯社（The Canadian Press）供稿全国媒体

加拿大通讯社成立于1917年，总部设于多伦多，当时在全国建了18个分社，并设有纽约、华盛顿、伦敦、巴黎分社。加通社初期只提供英语内容，1951年开始法语服务，目前用两种语言向本国约100家日报、500多家电台和电视台供稿。加通社员工规模在250人左右，其中记者180人，2018年公布内容生产能力为5.2万篇文字报道，5200条音频，1.04万条视频，46.8万张图片及2600张图表，[②] 2019年更新为每年35万条文章，23万张图片和图表，11万条音视频素材，并提供200多万条来自美联社的世界新闻。[③]

2.《环球邮报》（The Globe and Mail）发行量领先

《环球邮报》创建于1844年，前身是《环球报》，1936年与《邮报》合并后改为现名，是全国发行的英语报纸，每周印刷版和数字版读者量合计可达到600万。[④]《环球邮报》2015年被汤森家族控股公司Woodbridge全资收购，目前在北京、伦敦、华盛顿、纽约、圣何塞、罗马、里约热内卢、约翰内斯堡都派有驻外记者。《环球邮报》具有较公开的左翼倾向并常发表亲

① https：//www. fmprc. gov. cn/web/gjhdq＿676201/gj＿676203/bmz＿679954/1206＿680426/1206x0＿680428/.

② http：//www. thecanadianpress. com/regions/world/.

③ http：//www. thecanadianpress. com/content－services/newsfeed－subscription.

④ https：//www. theglobeandmail. com/about/.

自由党社论。

3.《国家邮报》（National Post）深受精英阶层欢迎

《国家邮报》1998年10月创刊，也是全国性英语报纸，隶属于珀斯特新闻网（Postmedia Network）。《国家邮报》主要读者群体是高级知识分子、加拿大政府官员、工商金融界人士和常驻加拿大的外交人员等，社论观点偏向保守派，曾倡导“把右派联合起来”（Unit-the-right）的运动。珀斯特新闻网是加拿大最大的收费报纸报业集团，创建于2010年，目前拥有《国家邮报》《渥太华公民报》等10家知名报纸①。

4. 加拿大广播公司（Canadian Broadcasting Corporation）承担全国公共信息服务

加拿大广播公司（CBC/Radio-Canada）成立于1936年，是加拿大唯一的国有媒体，承担加拿大全国范围内公共广播和公共电视服务。加拿大广播公司是全国最大的文化机构之一，截至2018年3月，有6377名正式职工，432名临时雇员和635名合同工，比2017年同期有所增长。根据公司发布的2016～2017年和2017～2018年年报，加拿大广播公司2016～2017年获得的政府拨款为10.99亿加元，2017～2018年增加到12.08亿加元；付费节目、广告等盈利收入从2016～2017年的5.57亿加元增加到5.73亿加元；运营支出从2016～2017年的17.244亿加元提高到18.31亿加元。②

加拿大广播公司目前运营27家电视台、88个广播电台和一个全数字台。有英语、法语两套电视网，五个电视频道，四个全国性广播频道，目前在华盛顿、纽约、洛杉矶、伦敦、莫斯科、耶路撒冷和北京建有记者站。除英语、法语外，加拿大广播公司还提供8种土著语和包括普通话在内的5种外语服务，③ 目前每月综合覆盖加拿大86%以上人口（见图1）。

① https://www.fmprc.gov.cn/web/gjhdq_676201/gj_676203/bmz_679954/1206_680426/1206x0_680428/.

② *CBC/Radio-Canada Annual Report 2016 - 2017*，第3页；*CBC/Radio-Canada Annual Report 2017 - 2018*，第3页。

③ *CBC/Radio-Canada Annual Report 2017 - 2018*，第11页。

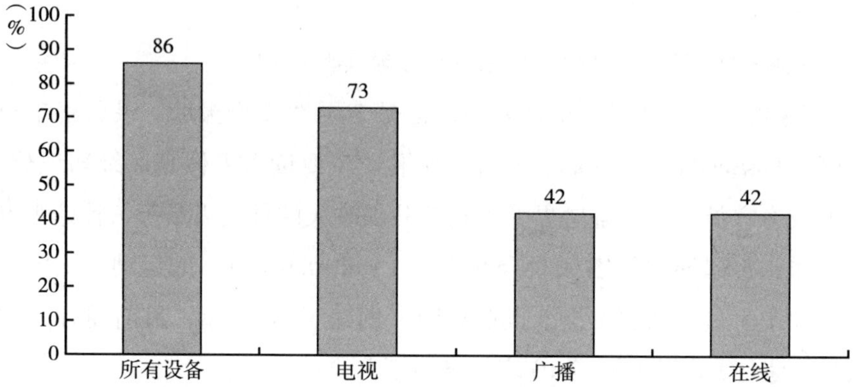

图 1　加拿大广播公司 2017～2018 年每月覆盖加拿大受众比例

资料来源：*CBC/Radio-Canada Annual Report 2017－2018*，第 14 页。

根据不断变化的媒介环境，CBC 在 2014 年提出 2020 发展战略（Strategy 2020），目标之一是将原有网络用户数量翻一番，能够服务到 1800 万加拿大人。2018 年在线用户数已达到 1850 万，提前两年半达到并超过预定目标。另一个目标月互动量 9500 万早已达成，2018 年的数值达到了 1.591 亿。调查显示，82% 的加拿大人认为保留 CBC/Radio-Canada 这样的公共广播与电视服务对加拿大非常重要，72% 强烈赞同未来仍需要公共广电服务①。2020 发展战略还包括其他与受众相关的指标，如到 2020 年加拿大人认为加拿大广播公司的服务非常重要的比例要达到 75%，认可节目的观点多元、客观等要达到 57%。

由于肩负着为公众服务的使命，加拿大广播公司在注重高品质节目内容的同时，关注采集加拿大相对偏远或经济落后地区的新闻，以及严肃内容新闻等。加拿大广播公司以“成为传播加拿大文化的公认领军者，丰富加拿大人的民主生活”为目标，② 以弘扬加拿大本土文化的传统为己任。

① *Mission Metrics Survey*, 2017－2018, TNS Canada.

② 原文：“To be the recognized leader in expressing Canadian culture and to enrich the democratic life of all Canadians”, *CBC/Radio-Canada Annual Report 2016－2017*。

5. 加拿大电视台（CTV）收视率领先

加拿大电视台是加拿大最大的私营电视公司，创建于 1961 年，过去 13 年一直保持加拿大全国收视率第一。加拿大电视台现隶属于贝尔传媒集团，集团名下有 28 个电视普通频道，30 个电视专门频道，33 个广播频道。目前设有 7 个本国地方记者站以及中国、伦敦、洛杉矶、中东、新德里、华盛顿等 7 个国际新闻记者站。[①]

6. 环球电视台（Global Television Network）深耕娱乐节目

环球电视台提供免费英语节目，首播于 1974 年，但 1997 年才将重心从地方转向全国，播发全国新闻。环球电视台现隶属于康力斯娱乐（Corus Entertainment），与其旗下的其他 18 家电视台一起构成环球电视网络，现基本可以覆盖 100% 加拿大观众。环球电视台收视率排名全加拿大第二，仅次于加拿大电视台，以娱乐类节目为主。

（二）新兴媒体蓬勃发展

加拿大是全球移动互联网平均速度最快的国家之一，互联网用户超过 3500 万，渗透率高达 94.7%。[②] 加拿大人目前平均每周上网时间为 40.5 小时，[③] 83% 的加拿大上网者会观看网络视频，Facebook 是加拿大人最经常访问的社交媒体平台。

1. 加拿大互联网渗透率超过90%

加拿大当前互联网用户超过 3500 万，渗透率超过九成；预计 2023 年将增长到 3800 万，几乎可占加拿大总人口的 99%。2018 年，加拿大成年人主要上网工具为台式或笔记本电脑，使用率为 88%；移动手机用户 2610 万，智能手机的使用率达到 72%。[④]

---

① https：//www. ctv. ca/Corporate – information/Bell – Media – Properties.

② J. Clement，"Internet user penetration in Canada from 2017 to 2023"，https：//www. statista. com/statistics/373936/canada – online – penetration/.

③ https：//www. statista. com/statistics/473730/canada – weekly – time – spent – online/.

④ https：//www. statista. com/topics/4865/internet – usage – in – canada/.

根据2018年3月的调查结果，73%的加拿大网民表示使用网上银行是上网最主要目的，接下来是收发电子邮件、使用社交媒体和浏览新闻。从网络内容看，加拿大人最关注信息、地图和视频内容。

截至2019年1月，加拿大主要社交网络上活跃账户数量占其人口总数的67%，略低于中国的71%和美国的70%。[①] 调查显示，Facebook是加拿大最受欢迎的社交网络，随后是YouTube、Facebook Messenger、Twitter、Instagram和WhatsApp（见图2）。半数以上Facebook用户称他们会在Facebook上查看新闻内容。[②]

1	Facebook	40% (+2)	70%
2	YouTube	25% (+3)	65%
3	Facebook Messenger	12% (+2)	49%
4	Twitter	11% (-1)	24%
5	Instagram	8% (+2)	31%
6	WhatsApp	4% (-1)	16%

图2　加拿大社交媒体与即时通信应用排行

资料来源：Reuters Institute Digital News Report 2019，第125页。

2. 网络视频是新内容增长点

89%的加拿大人每天都会上网，[③] 其中花在社交媒体上的时间平均每天

① J. Clement, "Active social network penetration in selected countries as of January 2019", https://www.statista.com/statistics/282846/regular-social-networking-usage-penetration-worldwide-by-country/.

② Nic Newman, Richard Fletcher, "Antonis Kalogeropoulos, and Rasmus Kleis Nielse", Reuters Institute Digital News Report 2019.

③ https://www.statista.com/statistics/686835/canada-internet-usage-frequency/.

1 小时 47 分钟。[①] 以周为统计单位，加拿大人成人通过所有网络平台观看视频的时间则高达 777 分钟，排名第一（见图 3）。[②]

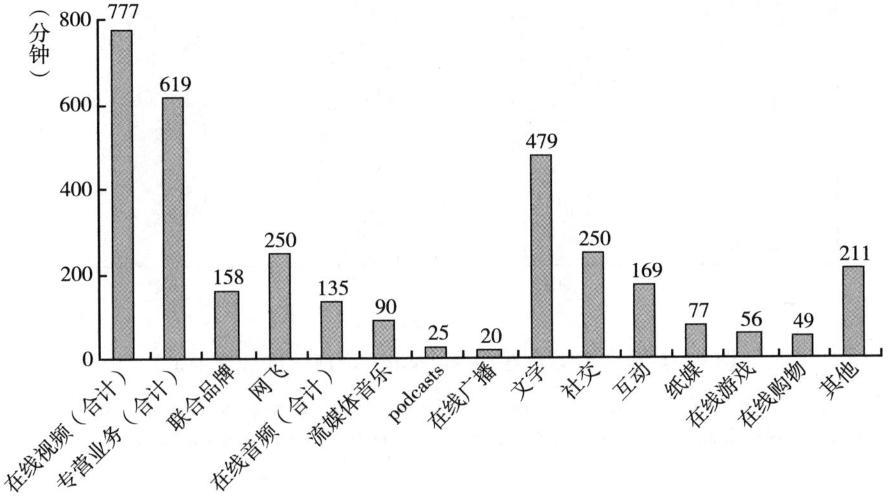

图 3　加拿大 18 岁以上成人 2018 年平均每周用于网上不同内容时长

资料来源：J. Clement，"Weekly time spent online among adults in Canada in 2018"，by content type（in minutes），https：//www. statista. com/statistics/284332/canada – weekly – online – time – per – content – type/。

调查显示，2017 年加拿大 58% 英语居民、41% 法语居民使用了 OTT 视频流服务，[③] 613 万用户订购了 Netflix。2018 年 Netflix 用户升至 678 万，而 2023 年预计将增至 796 万（见图 4）。

3. 数字音乐生机勃勃

加拿大人偏爱数字音乐，2017 年第四季度数字音乐音频订阅量达到

---

① https：//www. statista. com/statistics/237478/daily – time – spent – with – media – among – adults – in – canada/.

② J. Clement，"Weekly time spent online among adults in Canada in 2018"，by content type（in minutes），https：//www. statista. com/statistics/284332/canada – weekly – online – time – per – content – type/.

③ J. Clement，"Share of Canadians accessing online audio and video streaming services in 2017"，by language group，https：//www. statista. com/statistics/430803/canadian – access – streaming – service/.

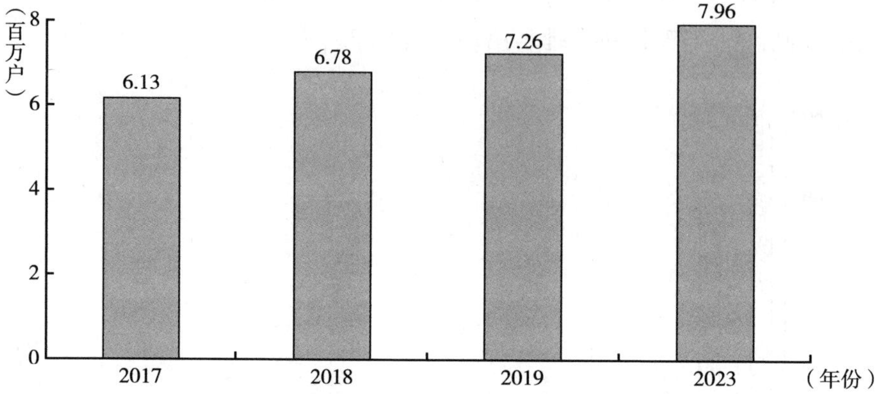

图4 加拿大2017~2023年Netflix用户数量（含预估）

资料来源：Amy Watson，"Number of Netflix subscribers in Canada from 2017 to 2023 "，https：//www. statista. com/statistics/685141/canada – netflix – subscribers – count/。

88亿人次，其中23亿加载了广告；对比发现，该季度音乐视频播放量仅为28.7亿人次，可见加拿大人对音乐音频具有明显偏好。① 加拿大人平均每周花费135分钟用于收听在线音频，其中仅流媒体音乐就占用90分钟。②

加拿大拥有多位享誉全球的音乐人，如尼尔·杨（Neil Young）、戴安娜·克瑞儿（Diana Krall）、凯蒂莲（k. d. lang）、席琳·迪翁（Celine Dion）、贾斯汀·比伯（Justin Bieber）、奥布里·德雷克·葛莱汉姆（Aubrey Drake Graham）、肖恩·门德斯（Shawn Mendes）等。这无疑能对加拿大音乐产业发展和音乐爱好社群形成起到促进作用。截至2019年4月，加拿大歌手贾斯汀·比伯（Justin Bieber）Facebook粉丝数为7721万，音乐人奥布

① Amy Waston，"Media in Canada—Statistics & Facts"，Aug 22，2018，https：//www. statista. com/topics/1612/media – in – canada/.

② J. Clement，"Weekly time spent online among adults in Canada in 2018"，by content type（in minutes），https：//www. statista. com/statistics/284332/canada – weekly – online – time – per – content – type/.

里·德雷克·葛莱汉姆（Aubrey Drake Graham）粉丝数也超过 3500 万，[①] 全球领先。

（三）渐趋集中的加拿大媒体市场与分散移动的受众

1. 加拿大媒体所有权集中化趋势显著

加拿大娱乐与媒体产业 2016 年总价值为 561 亿加元，2019 年预估 612 亿加元，2020 年可能增长到 640 亿加元。[②] 加拿大的广电与电信服务市场由少数大型媒体集团主导。前五大集团贝尔（Bell）、魁北克（Quebecor）、罗杰斯（Rogers）、肖（Shaw）和研科（TELUS），2017 年合计收入约占行业总收入的 85%；接下来的五大集团或实体约占 8%，其余所有集团/实体之和仅占 8%（见图 5）。从趋势上看，2013 年时前五大集团的收入约占该年行业总收入的 81%，此后占比逐渐上升，2017 年达到 85%。

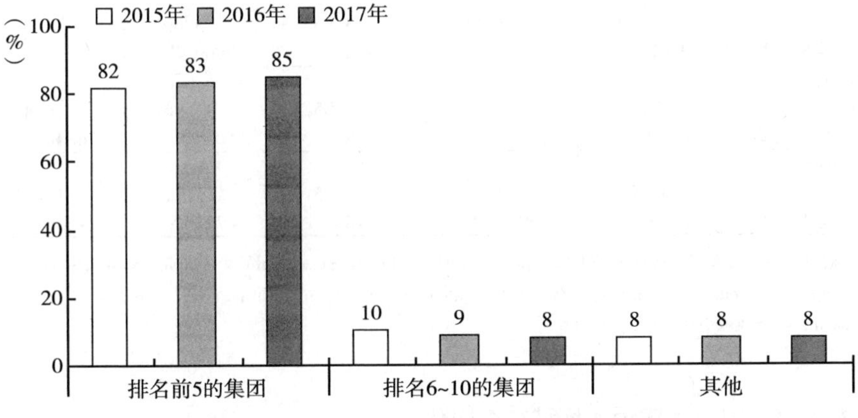

图 5　加拿大 2015 ~ 2017 年传媒行业年度盈利企业集团占比

资料来源：CRTC，"Communications Monitoring Report 2018"，https：//crtc. gc. ca/pubs/cmr2018 – en. pdf。

① J. Clement，"Leading Facebook pages from Canada as of April 2019"，by number of fans，（in millions），https：//www. statista. com/statistics/565762/facebook – pages – highest – fan – number – canada/.

② https：//www. statista. com/statistics/237780/value – of – the – entertainment – and – media – market – in – canada/.

2017 年加拿大传统广播行业的总收入约 18.9 亿加元，比 2016 年减少 3 亿加元。境内广播电台数量为 952 个，比 2016 年增加了 13 个。2018 年加拿大传统电视行业的总收入约 28.94 亿加元，比 2017 年的 28.37 亿略有增高，与 2016 年的 31.39 亿相比则略有下降。历时性视角下，私营电视的常规节目自 2015 年起营收逐渐下滑，提供公共服务的加拿大广播公司（CBC）则高、低年度交叉出现；但与 2014 年的 15.02 亿加元相比，2018 年的 12.51 亿还是在降低。无论是传统广播还是电视行业，雇员人数都呈逐年降低趋势（见表 1）。

表 1　加拿大传统广播与电视产业规模（2014～2018 年）

单位：亿加元，人

项目	2014 年	2015 年	2016 年	2017 年	2018 年
私营电台					
营收	16.14	16.06	15.53	15.23	—
周平均雇员数	9949	9495	8989	9030	—
公共电台					
营收	3.54	3.45	3.63	3.69	—
周平均雇员数	3062	2915	2940	2900	—
私营电视台					
营收	18.16	18.87	17.85	17.16	16.43
周平均雇员数	6080	5934	5368	5054	4848
公共电视台					
营收	15.02	12.79	13.55	11.21	12.51
周平均雇员数	6593	6001	5778	4724	4556

资料来源：加拿大统计局网站，http://www.statcan.gc.ca/tables - tableaux/sum - som/l01/cst01/comm02d - eng.htm；https://www150.statcan.gc.ca/t1/tbl1/en/tv.action? pid = 2210000401&pickMembers%5B0%5D = 3.2。

2. 加拿大媒体用户迈入移动社交时代

2016 年，成年加拿大人媒介消费时间为平均每周 68 小时，相当于每天约 9.6 小时用于接触或使用媒体，比世界平均时间 7.5 小时高出 2.1 小时。其中每周上网时间约 40.5 小时，约占总时长 60%；电视约 28.2 小时，约占 41.5%；广播约 10.8 小时，报纸则仅有 1.8 小时。①

① Amy Watson，"Media in Canada-Statistics & Facts"，https://www.statista.com/topics/1612/media - in - canada/.

加拿大纸媒触达率自2012年以来逐年下降，2016年加拿大约有报纸读者1870万，2018年降至1780万。[①] 与此相反，互联网和移动互联网使用时间不断增长，与国际大趋势一致；在现有的3500万网民中，智能手机用户2610万，占比75%。

加拿大作为双语国家，英语智能手机用户占全部英语使用者的79%，法语为75%。整体看，法语智能手机用户比英语用户在购物、网上银行、收发邮件等方面花费更多时间，唯一例外的是社交媒体，英语用户超过了法语用户（见图6）。

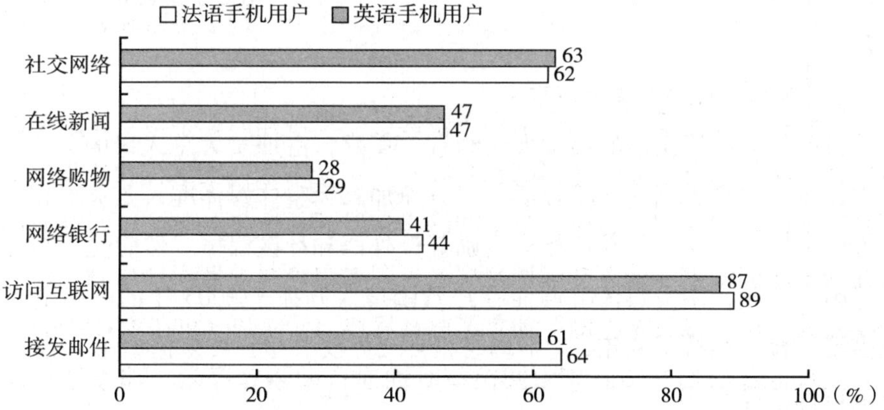

图6 加拿大2017年智能手机用户使用需求

资料来源：CRTC，Communications Monitoring Report 2018，P172，https：//crtc. gc. ca/pubs/cmr2018 - en. pdf。

（四）媒体作为多元文化代言人和保持者

加拿大民族多元，因此媒体承担着代表、保护加拿大多元文化以及传播多元文化价值观的重要职责。《加拿大广播法》在1968年获得通过，1991年重新修订，其中始终保持的规定是加拿大广播系统在其节目和聘用程序

① https：//www. statista. com/statistics/743989/number - people - read - newspapers - canada/.

中，都要体现加拿大多元文化及多种族并存的特色。加拿大媒体一直承担着形成一个完整意义上的加拿大民族文化的职责，即要促进不同地区与民族之间的交流、保持文化多元化发展、促进统一民族情感的凝聚。① 加拿大的移民政策相对成熟，因此有专门服务外来移民的媒体。

1. OMNI 电视台节目覆盖40多种语言

OMNI 电视台（OMNI TV）是私营多元文化电视机构，1979 年由意大利裔商人创建，现隶属于罗杰斯（Rogers）通信集团。OMNI 之命名初衷是服务所有的加拿大人，不论族裔与背景。电视台目前分时段安排不同语种的节目，包括英语、中文普通话、广东话、意大利语、印度旁遮普语等 40 多种语言。

2. 中文媒体创建容易经营难

目前在家使用汉语的加拿大人约有 130 万，占加拿大总人口的 3.5%。② 中文媒体在加拿大创建门槛较低，一方面加拿大整体媒体准入要求不高，另一方面发展多元文化的政策相对鼓励开设外语和社区媒体。然而受资金和市场等因素限制，中文媒体普遍面临经营困境。开播于 2005 年的广播电台多伦多第一台只维持了两年，《中华时报》《大汉公报》《多伦多第一报》等报纸也都已停刊。③

加拿大的中文媒体通常以华人为服务对象，报纸是发展相对较好的传统媒体，因为对其监管最松。④ 如今加拿大《星岛日报》《明报》《世界日报》三报鼎立，此外还有大约 60 家小型周报或免费报纸。最大的中文电视台是创建于 1993 年的新时代电视（Fairchild TV），开设广东话和中文普通话两个频道，总部在温哥华，在多伦多、卡尔加里设有分部。

媒体的移动互联趋势同样影响了加拿大中文媒体。很多传统媒体尝试开设网站和社交媒体账号，同时上百家中文网站创建并发展迅速，覆盖新闻、

---

① 于淼、胡若静：《加拿大大众传媒发展管窥》，《黑龙江科技信息》2008 年第 32 期。

② 加拿大联邦统计局 2017 年 8 月初公布的数据。

③ 石丹：《加拿大中文媒体的生存现状与发展策略》，《中国记者》2012 年第 4 期。

④ 谭峰：《海外华语媒体的现实困境与探索——以加拿大为例》，《对外传播》2016 年第 1 期。

论坛、资讯等多个类别，其中加国无忧网等发展较好的网站，反过来利用品牌知名度创建报纸，从而增强影响力、抢占广告市场。①

二　加拿大传媒生态的生成分析

（一）英联邦成员国

加拿大是英联邦成员国，深受英国政治、文化传统影响。国家元首（The Monarch）是英国女王伊丽莎白二世，官方称号为加拿大女王。君主任命总督（the Governor General）代其履行职权，包括立法权、司法权及行政权。总督任期通常为 5 年，同时担任加拿大武装部队最高司令。现任总督朱莉·帕耶特（Julie Payette）2017 年 10 月 2 日就任，为加拿大第 29 任总督。

加拿大首都为渥太华（Ottawa），全境划分为 10 个省份（province）和 3 个地区（territory）。加拿大是君主立宪、采用议会民主制的联邦国家。加拿大的内阁实质性掌握国家行政权力，按制由众议院中占多数席位的政党领袖出任总理，并由其组阁。本届自由党政府于 2015 年 11 月开始执政，总理为贾斯廷·特鲁多（Justin Trudeau）。总理办公室是最具实权的机构，具有发起立法提案、总督提名和省督任命、选定参议院议员、确定联邦最高法院大法官等权力。加拿大全民大选由总理提议并由总督发起，通常每四年举行一次，2019 年是大选年。

加拿大议会由参议院（the Senate）和众议院（the House of Commons）组成，参众两院通过的法案在总督签署后成为加拿大法律。参议院有 105 个议员席位，按各省人口比例和历史惯例分配；众议院设有 338 席，联邦选区按照各省及地区人口比例进行划分，众议员经由选举直接产生，任期 4 年。加拿大五个政党通过 2015 年 10 月 19 日举行的联邦大选进入众议

① 石丹：《加拿大中文媒体的生存现状与发展策略》，《中国记者》2012 年第 4 期。

院：加拿大自由党（Liberal Party of Canada）成为执政党，加拿大保守党（Conservative Party of Canada）成为官方反对党，此外还有社会民主主义的左翼政党加拿大新民主党（New Democratic Party）、主张魁北克独立的魁人政团（法语：Bloc Québécois）[①] 和环保主义政党加拿大绿党（Green Party of Canada）。

对英国历史和文化的认同，是加拿大设置公共信息服务机构的基础，加拿大广播公司（CBC）承载着英国 BBC 相类似的使命。但是囿于相对单薄的历史和受到媒体高度发展的近邻美国的影响，加拿大的公共服务和私营媒体都没能做大做强。

（二）来之不易的文化多样性

加拿大是第一个在国策中提及促进多元文化发展的西方国家，这也形成了加拿大媒体英语、法语节目并重，内容多元、兼容并蓄的特色。加拿大是世界上民族最多的国家之一，主要人口为英国、法国等欧洲后裔，亚洲、拉美、非洲裔等人口数量也不在少数。早在欧洲移民进入该地以前，当地土著民族已经进入文化多元的社会状态，仅第一民族就有不同的部落，使用 50 多种不同语言。[②]

法国、英国历史上对加拿大的先后占领，使法裔和英裔加拿大人之间因民族性等原因一直纷争不断。1791 年《加拿大宪法法案》（*Constitutional Act*）颁布，以渥太华河为界成为上、下两个加拿大，英裔、法裔划地而治。[③] 这使英帝国认识到无法将英国文化推广至加拿大全境并使其成为唯一主流文化的现实，暂缓推行文化同化政策，采取“承认差异”“协商共存”来解决文化冲突问题。《加拿大宪法法案》正式确立了加拿大英裔文化与法

---

① 2018 年 2 月 28 日，七位原魁人政团众议员因在魁北克独立策略上与魁人政团党魁玛蒂娜·欧莱特（Martine Ouellet）分歧严重，脱离魁人政团组建魁人议群党（Groupe parlementaire québécois）。我国外交部网站将两党统称为魁北克集团。

② 阮西湖：《加拿大多元文化主义政策的制定和发展》，《社会科学战线》1989 年第 1 期。

③ 王璐璐：《浅析加拿大多元文化政策的发展》，《山东女子学院学报》2007 年第 3 期。

裔文化的同等地位，奠定了加拿大二元文化国家的基础，迄今加拿大的官方语言仍使用英语和法语两种。在加拿大媒体节目中，法语节目比重和英语节目相差不多，主流媒体多同时提供英语、法语内容。

加拿大多元文化的形成还深受大规模移民潮的影响，历史上有过30多次大规模移民进入。仅以1858～1900年为例，近3万中国人来到加拿大，其中1.7万名华工参与修建太平洋铁路。[①] 加拿大地广人稀，1851～1861年全国人口仅323万，其中移民占11%；1867年建国时人口也才不过348万，[②] 因此吸引移民参与加拿大建设一直是加拿大政策的关注点之一，并随着国情不断进行政策调整。

多元文化理论最早在1922年被提出，但当时加拿大在推行“盎格鲁化”政策，所以无人问津。第二次世界大战改变了唯盎格鲁独尊的文化同化甚至文化歧视状态，战时参军的很多人不是英法裔，而战争需要多民族团结抗敌，所以军队成立了民族司，专门负责多元文化的共同认同。1946年通过的《公民法》确定不同民族都有公民权，成为加拿大认可的少数民族，这意味着对非英法裔加拿大人移民的歧视有所消解。[③] 1946年颁布的《国籍法》（*Citizenship Act*）首次确认“加拿大公民”是全部加拿大人可以共同认同的身份，但英国公民仍享有优待，直到1962年优等民族制度取消，1967年残存的歧视条款取消。

加拿大正式进入各民族从法律上平等的时代后，1968年12月“文化权利理论家会议”于多伦多召开，对加拿大多元文化政策的出台起到了关键性推动作用。会议呼吁加拿大联邦政府和省政府出资帮助不同民族保留并发展他们的文化和语言，获得广泛社会呼应和大量媒体报道，[④] 促使加拿大政府认识到二元文化政策的局限以及正视多元文化的必要性。1971年特鲁多政府宣布实行双语框架内的多元文化政策，1972年多元文化部设立，1985

① http://www.thecanadianencyclopedia.ca/en/article/30-canadian-immigration-waves/.

② http://www.statcan.gc.ca/tables-tableaux/sum-som/l01/cst01/demo03-eng.htm.

③ 阮西湖：《加拿大多元文化主义政策的制定和发展》，《社会科学战线》1989年第1期。

④ 阮西湖：《加拿大多元文化主义政策的制定和发展》，《社会科学战线》1989年第1期。

年多元文化常务委员会成立，1988 年正式通过《加拿大多元文化法》（*Canadian Multiculturalism Act*），确保所有加拿大人平等参与国家的政治、经济、社会与文化生活，政府承认族裔与文化多样性的合法性并视多元文化为加拿大的民族特点和宝贵资源，不同族裔的加拿大公民享有保留、分享民族文化遗产的权利与自由。①

来之不易的多元文化价值观成为加拿大独特的媒体特色之一，这不仅体现在节目语言的多样性上，也体现在节目中对不同文化的尊重与传承上。

（三）双轨制民法和媒体监管

加拿大目前为止尚无完整的国家宪法，国家治理遵循“和平、秩序与良政”的宪法宗旨，依照在不同历史时期通过的宪法法案。加拿大司法机构为联邦、省、市三级法院。加拿大联邦法院（Federal Court of Canada）负责联邦法律的实施，涉及外国使领馆人员、海事或者海商案件审判，以及处理省或地区之间、联邦政府与省之间的争执。此外还设有税务法院等专门法院。加拿大各省设有省高等法院和省法院，主要审理刑事案件和在省内发生的重要案件，部分省级法院也审理民事案件。市级法院作为地方法院一般仅审理民事案件。

受到历史上先后沦为法国、英国殖民地的影响，加拿大联邦的民事法律制度呈现明显的双轨制：魁北克省一直沿袭以《法国民法典》为基础的大陆法系，其他地区和省份则采用英国普通法体系。② 加拿大民法最为显著的特点就是世界两大法系同时在其领域内生效，是国家历史发展中英、法博弈的结果。

加拿大与媒体相关的法律更多受到英国的影响。1932 年加拿大政府通过了首个广播法——《加拿大广播法》（*The Canadian Radio Broadcasting Act*），规定加拿大的广播体制为公私混合，目标是“保护、充实和强化加拿大的

---

① 34th Parliament, *Canadian Multiculturalism Act*, 1988. Canadian Museum of Immigration at Pier 21.

② 高仰光：《加拿大民事法律制度的双轨制》，《中国人大》2017 年第 8 期。

文化、政治、社会和经济机构”，并成立无线电广播委员会（Canadian Radio Broadcasting Commission，CRBC）负责全国广播电台管理。

1967 年加拿大直接从英国宪法中借用关于新闻出版自由的条款，规定公民享有通过出版和其他传播媒介表达思想、信仰之观点的自由，这个条款日后被收入《加拿大权利与自由宪章》。加拿大《诽谤法》制约了无节制新闻自由的出现，规定如果某机构或个人撰写、录制并传播有损他人社会名誉的信息，必须能够在法庭上通过有效证据证明该信息的真实准确性。1982 年颁布的《信息获取法》保障了公众获取政府信息的权利。

1968 年成立的无线电广播委员会是加拿大媒体监管机构，随着媒体发展升级为广播电视及通讯委员会（Canadian Radio-televison and Telecommunications Commission，CRTC），专责监管加拿大国内所有广播及电信行业，负责制定相关法规并监督法规的执行。CRTC 的宗旨是保证高水平的加拿大传播内容和加拿大人的公共利益。委员会规定加拿大的常规节目要占电视黄金时间（晚 6 时至午夜）的 50%、总播出时间的 60%；它还要求无线电广播的音乐节目中符合加拿大确定的评分制度的内容必须达到 35%；家庭直播节目（DTH）占比要超过 50%，体现出加拿大的内容优势。为限制其他国家对“加拿大化”的影响，委员会规定在电视台、电台、有线电视系统和互联网络所有领域，投资加拿大媒体业的外商对持许可证的公司的所有权不得超过 20%，控股公司的所有权不得超过 33.3%。

（四）美国的巨大影响

1. 经济上依靠美国

加拿大是西方七大工业国家之一，2019 年第一季度国内生产总值（GDP）为 22500 亿加元，增长率为 1.2%。[①] 加拿大国民经济的主要支柱为制造业、高科技产业、服务业、资源工业、农业等。对外贸易是加拿大经济的重要部分，主要出口汽车及零配件、其他工业制品、林产品、金属、能源

① http：//www. statcan. gc. ca/tables - tableaux/sum - som/l01/cst01/dsbbcan - eng. htm.

产品等；主要进口机械设备、汽车及零配件、工业材料、食品等。2018 年加拿大对外商品贸易额为 11925 亿加元，贸易逆差约 217 亿加元。2018 年加拿大与美国的货物贸易总额为 8235.6 亿加元，占加拿大外贸总额 69%。2018 年 11 月，美国总统特朗普、加拿大总理特鲁多、墨西哥总统涅托在阿根廷出席二十国集团峰会期间正式签署《美墨加协定》，确定三方的重要贸易伙伴关系。

美国对加拿大经济影响一直较大，美国是加拿大最大投资来源国。加拿大丰业银行（Scotia bank）2018 年 6 月 15 日发布报告，指出美国贸易保护主义的增加或者贸易摩擦全面爆发，将对加拿大经济增长产生负面影响。报告特别指出"加拿大是美国'钢铁及铝'惩罚性关税实施最大受害者"，而且在石油、汽车等产业领域，加拿大对美国市场依赖度同样或更高，一旦全球贸易战打响，加拿大将同样在这些领域成为重灾区。①

报告数据还表明，在美国发动全面、全球性贸易战的前提下，即美国对所有合作伙伴都征收平均 20% 的关税，那么 2020 年加拿大 GDP 将萎缩 1.8 个百分点。②

2. 美国媒体的超强影响力

历史表明，从印刷媒体时代起，美国媒体发展与成熟程度就一直领先加拿大。加拿大的广播事业在 20 世纪初萌芽阶段，受到来自美国广播电台的巨大压力，临近的地域、共同的语言、相近的社会习俗与生活习惯，自然吸引加拿大听众偏好来自美国的更即时、更高水平、更富有娱乐性的节目，而非尚处于探索阶段的加拿大本土广播。电视时代这一趋势基本没有更改，20

① Brett House, Juan Manuel Herrera, Rene Lalonde, Nikita Perevalov, "NAFTA: Steeling Ourselves for the Macro Costs of Tariffs—June Update", *Global Economics Insights & Views*, June 14, 2018, https://www.gbm.scotiabank.com/content/dam/gbm/scotiaeconomics63/2018-06-14_I&V.pdf.

② Brett House, Juan Manuel Herrera, Rene Lalonde, Nikita Perevalov, "NAFTA: Steeling Ourselves for the Macro Costs of Tariffs—June Update", *Global Economics Insights & Views*, June 14, 2018, https://www.gbm.scotiabank.com/content/dam/gbm/scotiaeconomics63/2018-06-14_I&V.pdf.

世纪40年代加拿大自己的电视产业尚未萌芽，已经有60%的加拿大人可以通过收看美国的电视信号提前进入电视时代。50年代以前，加拿大市场上主要的书籍、制作的唱片、电影等文化产品，基本来自美国。① 即使现在，尽管为发展加拿大本土文化而作出特别规定，私营媒体出于成本和受众吸引力两方面考虑，仍采用大量美国媒体产品。随着有线电视、卫星电视、付费电视的发展，部分美国媒体及其产品直接进入加拿大人的生活，截至2015年底，加拿大有395万人订阅Netflix，占总人口数的11%，其中多数是年轻人。

加拿大政府出台了一系列限制外国所有权和抵制美国传媒产品的做法。出台有关于媒介内容、播出时间的规定，如对加拿大节目和具有加拿大特色的节目享有优先播出权等，还规定美国资本要进入加拿大必须获得执照，同时加拿大的股权要达到一定比例。与此同时，加拿大政府投资发展本国传媒文化，如除对本国报刊进行政府补贴外，支持私营制片商制作、播出高质量电视节目；通过差别税率的方式限制美国文化产业进入加拿大等。尽管如此，美国媒体在加拿大的影响力仍不容小觑，从营收效益看，美国的谷歌集团在加拿大的收益已经超过加拿大的CBC，Facebook、Netflix也都可以和加拿大本土集团一较高下。②

三 “一带一路”倡议给加拿大发展带来新机遇

（一）中加关系应行稳致远

加拿大是较早与中国建交的西方国家之一。1970年10月13日两国互相承认并建立外交关系，1973年10月，时任加拿大总理特鲁多在两国建交后首次访华，此后双方在经贸、能源、科技、卫生、文化、教育、旅游等领

① 蔡帼芬等：《全球化视野中的国际传播》，五洲传播出版社，2003。

② https：//www. statista. com/statistics/256349/market - share - held - by - leading - media - companies - in - canada/.

域开展合作。中加双方在全球化和自由贸易、应对气候变化等地区和全球问题上合作密切，加拿大加入了亚洲基础设施投资银行，双方在联合国、亚太经合组织等多边组织中的沟通和协调也不断加强。

中加两国自20世纪50年代就有民间贸易活动，正式贸易关系始于1961年中加签订的小麦协定。加拿大统计局2018年2月6日发布的数据显示，2017年加拿大与中国货物贸易额达到945亿加元，比上年增长10.7%。其中，加拿大对中国出口236亿加元，增长12.6%；加拿大从中国进口709亿加元，增长10.1%。中国继续保持加拿大第二大贸易伙伴、第二大出口目的地、第二大进口来源地的地位。加拿大庞巴迪公司（Bombardier Inc.）、鲍尔公司（Power Corp. of Canada）、加中贸易理事会（Canada-China Business Council）等机构与中国经济往来密切。

中加两国人文交流富有活力。2017年上半年中国访加游客近28万人，同比增长约15%，2018加中旅游年进一步加深了双方旅游合作。中国也是加拿大最大的留学生来源国，2017年上半年中国赴加拿大留学新增学生数约3.4万人，同比增长约80%。

近期，中加关系因孟晚舟事件遭遇困难，加方就涉港问题频频发声，导致中加关系陷入“冰点”并面临巨大困难。但加拿大统计局的数据显示，中加贸易2019年1月有所增长，2月则有所回落；2019年1月中国赴加拿大旅客人数为7.4万人，比上年同期增加近两成，比2018年12月提高8.7%，幅度高于海外旅客增长比例4.3%，中国仍是仅次于美国的赴加旅客来源最大国。中加关系和则两利，在全球调整期，加拿大只有摆脱美国“卫星国”身份，找准定位，政界和媒体界客观发声，才能使中加关系避免干扰和波折、行稳致远，才能给加拿大带来真正的发展机遇。

（二）“一带一路”可成为加拿大的发展机遇

中国提出的“一带一路”倡议远远超出地理意义上的一个“带”或一条“路”，“是一个具有全球意义的综合性合作平台，是新时期中国为推动世界经济发展提供的一项国际公共产品”。[①] 全球经济发展需要新动能，国家间合作乃至全球和区域一体化需要新模式。加拿大如果加入“一带一路”倡议，可以与各国共同打造开放、包容、均衡、普惠的区域经济合作架构，维护全球自由贸易体系和开放型世界经济。

加拿大已加入亚洲基础设施投资银行，这为加拿大参与“一带一路”基础设施建设提供了有利条件。地方层面已经领先加拿大政府认识到“一带一路”带来的机遇。2016 年不列颠哥伦比亚省政府和中国广东省政府签署有关“一带一路”的合作文件。2018 年 1 月中国政府发表《中国的北极政策》白皮书，表明了依托北极航道开发利用共建“冰上丝绸之路”的意愿，加拿大正可以借助地缘优势实现合作共赢。

然而，加拿大媒体在报道“一带一路”倡议时，虽然态度从消极转向偏中立，但在一些重大问题上仍存在误读，从而导致尽管寻求参与和合作成为主调，但加拿大国内对“一带一路”倡议在认识上存在分歧。[②]

“一带一路”倡议旨在共同发展，加拿大的多元文化价值观与此高度契合。不同文化的共存（saris）、融合（samosas）以及建立牢靠的联系（steel-bands），可以防止可能的反抗（resistance）、叛乱（rébellion）和抵制（rejection）。[③] 在冲突日益加剧、挑战越来越大、不可控因素越来越多的后全球化时代，加拿大只有摆脱大国博弈中需求依附的惯性，认同真正的“加拿大”身份，把握发展机遇，才能从中等强国发展为强国乃至大国，赋予一直求索的加拿大媒体尚未建立的“加拿大性”。

---

① https：//www. fmprc. gov. cn/web/dszlsjt_ 673036/t1552210. shtml.

② 朱琼莉、邹萍：《加拿大主流媒体视野中的“一带一路”倡议解读——对〈环球邮报〉相关报道的内容分析》，《上海对外经贸大学学报》2018 年第 3 期，第 81 ~ 88 页。

③ C. Mullard as quoted by Eva Mackey, *The House of Difference: Cultural Politics and National identity in Canada*, Toronto: University of Toronto Press , 2002, p. 67.

B.15
日本新闻传播业发展报告

章　蓉*

摘　要： 日本是报业大国，报纸的发行量高居世界前列，这与日本读者根深蒂固的纸媒阅读习惯、独特的户别配送制度等紧密相关。日本的电视行业属于“公共广播”（public broadcasting）和“商业广播”（commercial broadcasting）并存的二元模式，而且电视台和报社互相持股，联系密切。受益于此，日本传统媒体在网络时代仍保持着强大的实力。

关键词： 日本大众传媒　报业大国　二元广播模式

网络时代，越来越多的人依靠网络媒体获得信息，传统媒体日渐式微。在日本，传统媒体也受到了网络新媒体的冲击，但相比欧美各国报业公司破产不断，日本的报纸和电视台依然保持着庞大的发行量和广大的读者观众，也仍然拥有民众较高的信赖度和强大的社会影响力。本文将介绍分析日本传统媒体的历史和现状，考察和展望日本媒体对“一带一路”的回应。

一　报业大国日本

日本报纸发行量和人均报纸阅读量均位于世界前列，是屈指可数的报业

---

* 章蓉，日本朝日新闻记者，东京大学客座研究员，博士，研究方向为新闻传播学、网络新闻学、国际传播学。

大国。日本人口约为1.2亿，只占全球人口的2%左右，而在当今世界发行量最大的十份报纸中，日本就占了近一半。

日本的报纸按发行范围大体可分为“全国性报纸”、“区域性报纸”和“地方性报纸”。全国性报纸有5家，其中4家的发行量位列世界前十，高居第一、第二的《读卖新闻》《朝日新闻》的发行量曾经达到千万份级别。影响力较大的区域性报纸，比如《中日新闻》《北海道新闻》的发行量也超过100万份。此外，日本每个都道府县（相当于我国省级行政区）也都有本地的地方报纸，在当地拥有较高的市场占有率。

（一）发行量居世界前列的五大全国性报纸

日本一共有五家全国性报纸，按发行量依次为《读卖新闻》、《朝日新闻》、《每日新闻》、《日本经济新闻》和《产经新闻》。其中《读卖新闻》《朝日新闻》《每日新闻》又被称作三大报纸，取自这三家报纸的首字有个专有的日语词叫作“朝每读”（见表1）。

表1　日本全国性报纸的发行量和世界排名

报纸名称	发行量(万份)	世界排名
《读卖新闻》	910	1
《朝日新闻》	662	2
《每日新闻》	317	6
《日本经济新闻》	273	10
《产经新闻》	160	—

资料来源：世界报业协会（WAN-IFRA），*World Press Trends 2016 report*，产经新闻社 Media Data 2016－2017。

在很多欧美国家，报纸通常可以分为“高级报纸”（Quality paper/Broadsheet）和“大众报纸”（Tabloid paper）。少数关心政治、社会、国际问题的社会精英会阅读内容较为严肃的高级报纸，而一般的普罗大众则会倾向阅读标题吸引眼球、内容通俗易懂且以娱乐八卦为主的大众报纸。前者发行量并不大，但社会影响力巨大，后者发行量大一些，但读者也知道该类报纸以消遣煽情为主。以英国为例，高级报纸的代表有《泰晤士报》《卫报》

等，大众报纸的代表有《苹果日报》《太阳报》等。有研究指出这样的分类反映了英国等国的社会阶层区分，而在当今的日本并没有严格的“高级报纸”和“大众报纸”的区分，大部分报纸处于两者的中间状态，内容可供更广泛的读者阅读，一定程度上体现了所谓的“一亿总中流”。

日本发行量最大的报纸《读卖新闻》创刊于1874年，也是日本最早创立的日文报纸。《读卖新闻》最初属于大众报纸，颇具《苹果日报》式的风格。“读卖”二字便来自“边读边卖”，需要靠醒目的标题、大幅的图片、通俗的叙述来吸引读者。但在之后，《读卖新闻》逐渐摒弃了这些煽情小报的特点，通过增加严肃新闻和政论性文章，成为日本发行量最大的报纸。

值得一提的是，虽然日本五家全国性报纸走的都是全民路线，并无精英和平民的区别，但并不代表它们没有相对应的立场，其读者群也有不小的差异。《读卖新闻》和《产经新闻》在政治上比较保守，一般被认为是偏右翼的报纸。而《朝日新闻》和《每日新闻》被认为相对进步自由，更受知识分子推崇，被称作“左翼”类报纸。专注做经济报道的《日本经济新闻》则被认为相对中道，政治色彩较淡。

（二）影响深厚的地方报纸——区域性报纸和“一县一纸”制度

日本的五家全国性报纸影响力巨大，在日本各地都有发行。并且为突出地方特色，在全国版的基础上，大多会附加一些以地方新闻为主的地方版。

此外，日本的47个都道府县①也都有一家被称为“县纸”的本地报纸，这被称作“一县一纸”制度。这个制度的起源要追溯到“二战”时期，当时日本政府推行法西斯政策，国家对所有的言论机构进行严格的言论管制，以行政区域为单位对原有报纸进行精简合并，除了东京和大阪各有四五家报纸之外，其他的“县”基本上只允许留有一家报纸。1937年日本共有1422家报纸，到了1942年只剩下55家。②

① 日本共有47个类似中国省一级的行政单位，除“东京都”“大阪府”“京都府”“北海道”以外，都被称为县，如千叶县、爱知县等。合称“都道府县”。

② 藤竹晓、竹下俊郎：《新版图说日本媒体》，2018，第38页。

在“一县一纸”制度下，一些地方性报纸由于发行量大、在周边区域影响力巨大，也被称作“区域性报纸”（Block Newspaper）。创刊自爱知县的《中日新闻》在周边县域也有很大影响力，发行量超过200万份。立足北海道的《北海道新闻》因为地处广袤的北海道，在北海道拥有绝对的影响力，发行量超过100万份。福冈县的《西日本新闻》也突破了县域的限制在周边区域拥有较大影响。这三家被认为是日本主要的三家区域性报纸。

另外，虽然“一县一纸”制度在日本影响深远，也不是没有例外。如福岛县有《福岛民报》和《福岛民友》，冲绳县有《琉球新报》和《冲绳时报》两家县纸。

由于“一县一纸”这样一个历史遗留的制度，在县域级市场竞争中，除去几家全国性报纸，县纸几乎没有竞争对手。和全国性报纸相比，县纸和当地的势力关系更加紧密，内容相对更接地气，故而在当地的影响力也不容小觑。在这样得天独厚的情况下，县纸发行量一般在20万~70万份，都是当地的“优良企业”。①

（三）日本报业兴盛理由探究

日本报业兴盛，引起了学界的大量关注。本文从日本民众的识字水平和阅读习惯、“户别配送制度”和“新闻再贩制度”这几个角度进行探讨。

日本是报刊大国，不仅报纸，杂志和出版等行业也都非常兴盛。这被认为与日本民众较高的读写水平和阅读习惯有关。在拥挤的通勤电车中看报纸的上班族可以说是日本过去独特的一道风景线。近年受智能手机普及的影响，电车中看报纸的风景逐渐被看手机的“低头族”取代了，但是随身携带“文库本”小说或者散文集阅读的日本民众仍随处可见。追溯到日本的江户时代（17~19世纪），当时便有了“寺小屋”等供平民子弟学习的地方。根据研究推测，江户时期共有15560所“寺小屋”，1870年前后日本掌

---

① 早稻田大学新闻教育研究所编《现代新闻学百科》，2013，早稻田大学出版部，第195页。

握读写算能力的人口比例男性在40%～50%，女性则为10%左右。[①] 19世纪后期，随着小学教育的普及，识字率进一步大幅度提高。据日本文部省统计，1950年当时亚非各国的文盲率平均在60%～65%，但是日本的完全文盲为1.7%，不完全文盲也仅为2.1%。[②] 也正是在19世纪末，日本的几家全国性报纸发展起来了。国家的工业化进程和国民文化素质的普遍提高，可以说是日本报业发展和报业大众化的大背景。

此外，日本的"户别配送制度"（日语"宅配制度"）也支撑了报业的发展。一般来说，报纸从报社到消费者手中主要有三个途径，一个就是投递到户的"户别配送"，一个是通过便利商店等售卖点实时售卖，还有就是通过邮局邮递等其他途径。在日本，户别配送是最主要的手段，根据日本新闻协会的调查，日本的报纸宅配率一直保持在95%左右。大部分报纸经由遍布全国的上万家"贩卖店"实行"户别配送"送到每家每户的读者手中。因为贩卖店工作人员的辛勤工作，读者每天起床后就可以拿到当天的报纸。在雨雪天，每一份报纸都会被很贴心地用薄塑料袋包裹。周到的服务让读者习惯于有报纸的生活。而贩卖店的收益主要来自报社的"配送手续费""贩卖促进费"以及夹在报纸中的"夹页广告"。

同时，"新闻再贩制度"也被认为是日本报纸产业兴盛的原因之一。"新闻再贩制度"也被称作"价格维持再贩制度"。对于一般商品，各家零售商店有一定的定价权，可以打折销售。但是对于同一份报纸，在日本全国各地的销售价格是完全一样的。在日本的《反垄断法》（日语：独占禁止法）中，强行规定商品的统一价格的销售方式一般被认为是违法行为。但是报纸、杂志、书籍、CD等著作物是例外，属于"特殊制定"对象。对于《反垄断法》的这一例外，日本各界一直有争论。日本新闻协会认为，报纸是国民日常生活中不可或缺的"公共文化财"，可以向国民传递国内外广泛

① 齐藤泰雄：《识字能力/识字率的历史推移——日本的经验》，《国际教育协力论集》，2012，第15卷第1号，51～62页。

② 齐藤泰雄：《识字能力/识字率的历史推移——日本的经验》，《国际教育协力论集》，2012，第15卷第1号，51～62页。

的信息和多种多样的意见，具有“公共的性格”，因此从公共利益的角度来讲，应该维持统一价格销售。而负责促进自由竞争的“公正交易委员会”（日语：公正取引委员会）虽然从原则上认为报纸作为商品不应例外，但最终还是在 2001 年 3 月作出妥协，决定维持现状，新闻再贩制度得以保留至今。

（四）新媒体时代报业的危机

基于广大的有纸质媒体阅读习惯的读者，在“一县一纸”“户别配送”“新闻再贩”等制度的支撑下，日本的各家报社长期维持着较高的发行量和社会影响力。但随着智能手机、平板电脑普及，受形形色色的新媒体、社交网站的影响，年轻人逐渐远离报纸，近年来日本各大报纸的发行量也明显下滑，各家报纸还是有了深深的危机感。

根据日本新闻协会调查，2018 年日本的报纸发行总量为 3990 万份，平均一个家庭的订阅份数是 0.7 份。而在 2000 年，报纸发行总量和家庭平均订阅数分别是 5370 万份和 1.13 份。① 在不到 20 年的时间里，报纸发行总量下降了 26%。其实，早在 40 年前，日本就出现了一个词语“活字离”。“活字”指的是印刷字，“活字离”表现的就是年轻人的印刷物阅读率下降的现象。

对于各大报社来说，长期以来它们一直未雨绸缪，在主业的报纸带来订阅费和广告收入之余，它们涉猎出版业、不动产投资、新项目开发等副业获取收益。不过主业的报纸才是报社最重要的收入来源，如何尽最大努力去保留既有读者，并尽可能地开拓新的读者层是它们关心的首要问题。同时，报纸电子化也是全球的大趋势，怎样使读者为电子版报纸付费，使记者们的工作能够在网络时代实现更大的收益是摆在各大报社面前的紧要课题。

2010 年《日本经济新闻》率先推出付费的电子版《日经电子版》。《朝日新闻》和《读卖新闻》也紧随其后。据统计，在日本 2017 年共有 35 家

① 日本新闻调查会官网调查数据“新闻发行部数和世代数推移”。

报社推出了电子版，在互联网上，报社的付费服务已经超过了免费服务。①由于《日本经济新闻》主要专注经济报道，和学生的求职就业等需求密切相关，年轻读者的占有份额相对较高，其电子版在2018年拥有的付费读者超过60万人，被认为是罕见的网络化成功案例。② 另外，《朝日新闻》公布的付费读者数是30万人，其他几大报纸则并未公布相关数据。

为了在网络时代维持发展势头并扩大海外影响力，《日本经济新闻》于2015年7月收购了英国的《金融时报》。根据相关报道，《金融时报》很早就开始应对数字化趋势，电子版付费读者占读者总数约70%。而通过该收购，日本经济新闻集团在媒体受众人数上成为全球最大的财经类媒体，提出在充实全球性报道的同时推进数字化业务等增长战略。③《朝日新闻》开始了新的尝试，在既有网站asahi. com之外，于2014年创办了面向年轻人的全新的新闻网站withnews。withnews采用的是免费开放阅读而通过广告获取收益的经营模式，其主要撰稿人都是朝日新闻的记者，不定期也会刊载一些外部专栏作家的稿件以吸引更多的读者。其稿件风格和《朝日新闻》上的文章颇有不同，语言更加幽默风趣，并增加了和读者的互动。

欧美的多家知名报纸，如《纽约时报》《华尔街日报》《金融时报》都在付费电子版方面取得长足进展，电子版付费读者已经远超报纸读者。对日本的各大报社来说，庞大的报纸发行量和众多贩卖店的存在，却可能会成为他们难以彻底痛下决心完全实现报纸数字化的掣肘。如何在新媒体的挑战下去赢得下一个百年，对日本的报社来说，目前仍是一个不断摸索中的重大课题。

二　二元电视广播模式

在日本，广播电视实施的是“公共广播”和“商业广播”并行的二

① 藤竹晓、竹下俊郎：《（新版）图说日本的媒体》，2018，第62页。
② 藤竹晓、竹下俊郎：《（新版）图说日本的媒体》，2018，第63页。
③ 《日经收购英国〈金融时报〉》，日经中文网，2015年7月24日。

元播放制度。NHK（日本放送协会）作为公共广播电视的代名词深入人心，在对媒体信赖度的多个调查中，NHK 都以较高的得分被评为日本民众心中最值得信赖的媒体。商业的民营电视台则和报社互相持股（cross-ownership），有着千丝万缕的联系，有助于保持日本的大众传媒的影响力。

（一）公共放送 NHK

“放送”是一个日文词汇，与之相对应的英文是 broadcasting。“公共放送”的起源可追溯到欧美的“Public Broadcasting”，最著名的当属 BBC（英国广播公司）。在日本，NHK 等同于公共放送的观念已经深入人心。NHK 全称是“日本放送协会”（Nippon Hoso Kyokai）（中文一般翻译为“日本广播协会”），根据日本的《放送法》于 1950 年设立，是一家作为“特殊法人”——既非国营也非民营的广播电视机构。

《放送法》规定，NHK 的使命在于：为了公共福祉，使国民在日本的任何一个地方都能收看到电视节目。《放送法》还规定，设置了可以接收到 NHK 节目的电视机，原则上就必须与 NHK 签订合同。为了实现广播电视的独立自主和不偏不倚，NHK 的收入几乎完全依靠国民按照合同所缴纳的“收视费”（日语：受信料）来保证，因此 NHK 的节目是没有广告的。

多年来，NHK 推出了大量优秀的节目，除新闻报道之外，其制作的电视剧、纪录片等在日本国内外也都拥有很高的口碑。譬如始创于 1961 年 4 月，周一到周六每天早间播放 15 分钟的连续剧“电视小说”和创于 1963 年 4 月，每个星期日晚上播出的“大河剧场”，至今仍是 NHK 的招牌节目。1983 年播出的电视小说《阿信》，最高收视率达到 62.9%，这个超高收视率纪录至今尚未被打破。日本新闻通信调查会于 2018 年 10 月公布的《第 11 回关于媒体的全国舆论调查》结果显示，对各类媒体的信赖度指数（100 为完全信赖），NHK 电视为 70.8，报纸为 69.6，商业电视为 62.9。NHK 多年来独占鳌头，保持在 70 以上，而报纸紧随其后。①

① 新闻通信调查会：《第 11 回关于媒体的全国舆论调查》，2018。

（二）五大全国性商业电视台

在日本，商业电视台被称为“民放”（民营放送），共有127家，这些电视台基本上隶属于五大全国商业性电视台集团。五大电视台集团分别是NNN（拥有30个电视台，主台为日本电视台）、FNN（拥有28个电视台，主台为富士电视台）、JNN（拥有28个电视台、主台为TBS电视台）、ANN（拥有26个电视台，主台为朝日电视台）、TXN（拥有6个电视台，主台为东京电视台）。

其中NNN和《读卖新闻》、FNN和《产经新闻》、ANN和《朝日新闻》、TXN和《日本经济新闻》都有明确的资本关系。而JNN和《每日新闻》如今虽然并没有明确的资本关系，但是在人事任命等方面都有着较为密切的关联。虽然日本媒体界并不积极承认五大报纸和五大商业电视台之间cross-ownership的这种关系，但是从历史发展来看，报社持有电视台的股份在业界并不是什么秘密。日本著名的媒体研究者林香里在其著作中提到，“（日本）报社的高层干部到对口电视台的地方台去当一把手，或者是报社和对口电视台进行报道业务合作，甚至地方报纸出资建立地方电视台等，这些例子都不少见”。[①]

商业电视台系列除了在东京的“主台”之外，还有在大阪的“准主台”和在全国各地的地方台。地方台也会制作一些当地的新闻或者本地节目，节目“自制率”却不高，一般不超过30%，近年来大致保持在12%。[②] 地方台播放的绝大部分节目都是由东京的主台提供的。

（三）NHK和商业电视台的平衡

NHK和商业电视台虽然理念不尽相同，但是长期以来也达成了一种平衡。商业电视台以广告为主要收入，为了提高收视率必须时刻关注观众的喜

① 林香里：《媒体不信》，岩波新书，2017，第123页。

② 藤竹晓、竹下俊郎：《（新版）图说日本的媒体》，2018，第93页。

好来制作节目，节目也往往比较生动活泼一些。日本观众对商业电视台的节目的主要评价是轻松易懂、容易亲近、看着感觉放松、开心等。

而 NHK 的理念主要是为了广大国民能够获取综合、全面、健康的信息，其经费主要源自国民缴纳的收视费，不受商业影响，节目制作也更为多元化。如一些关于历史、战争问题的纪录片，或者关于某些少数社会弱者的节目，在日本关注的人不多，节目的收视率也不高。但只要 NHK 认为这些节目对于提高全国百姓的认知有必要，那就可以制作并且播放。观众对 NHK 的评价最多的是社会影响力大、看着比较放心、信赖度高、中立公正。

日本的《放送法》要求，节目要兼顾政治公平、报道的真实性、多视角的解析，保持教育、教养、报道、娱乐等各种节目的均衡。① 作为公共电视，NHK 的某些节目难免会严肃有余、活泼不足。近年来 NHK 借鉴商业电视台的长处，也制作了一些轻松幽默的节目，体现了其为实现节目均衡的努力。

日本著名的媒体学者花田达朗曾提及，媒体是“公共领域”的主要制造者，有了理论的引领，媒体的实践才会更加规范，而媒体的实践也会丰富理论的内容。日本的公共电视和商业电视虽然体制不同、侧重点不同，但清楚各自节目制作的“底线”，注意互相借鉴，对营造健全的“公共领域”是有裨益的。

三　强大的传统媒体和固有的传播体制

综上所述，即使面临新媒体的挑战，网络时代的日本传统媒体还是非常强大的。日本学者水越伸就曾指出，传统媒体如森林中的参天大树遮云蔽日，在它们的覆盖下，林中的其他杂草小树（弱小媒体）都难以生长。在此，从“记者俱乐部”、记者的“夜讨朝驱”的采访方式等方面来探讨一下日本固有的传播体制。

---

① 藤竹晓、竹下俊郎：《（新版）图说日本的媒体》，2018，第 79 页。

（一）独具特色的“记者俱乐部”制度和均质化报道

日本的记者俱乐部遍布于中央到地方的政府部门、大企业、大学等，是一类举行记者招待会的场所，更是一种制度。现在日本的记者俱乐部有800个左右。记者俱乐部最早可以追溯到1890年。当时日本帝国议会召开，《时事新报》等报刊的记者联合起来要求采访议会，日本政府迫于压力允许“议会出入记者团”进行采访，形成了记者俱乐部的雏形。

应该来说记者俱乐部在早期对于维护记者的采访权利、人身安全等方面产生了一定积极的意义，但是随着时代的发展，记者俱乐部越来越封闭，日益成为大型媒体的“既得权益”的一部分。比如报纸，只有加盟了“日本新闻协会”才有资格加入“记者俱乐部”。在网络发达的今天，网络自媒体、外国人特派员等都被排除在“记者俱乐部”之外。故而有人认为记者俱乐部是大媒体记者偷懒的温床以及政府部门和大企业的“传声筒”。此外，由于记者们参加了“记者俱乐部”的记者招待会之后，都会得到主办方发布的采访大纲等，如果没有特别敏锐的批判精神，稿件都是基于通稿写成，导致各大媒体的报道大同小异，内容同质化。

近年来，如何打破记者俱乐部的封闭性一直被提及。2006年，日本新闻协会编辑委员会表明，记者俱乐部应该是一个“开放的存在”，包括国外报道机构在内的记者都应该有机会加入记者俱乐部中。2011年1月，自由职业者（Freelance）的记者们成立了“自由报道协会”，以这个组织的名义，自由职业者的记者们也有了加入记者俱乐部的机会。这是记者俱乐部的一个进步。

（二）“夜讨朝驱”的利与弊

除了在“记者俱乐部”里获得政府部门和大公司的定期公布信息，日本记者还有一个传统的采访方法就是“蹲点/拜访式采访”。为了采访政府官员、警察、议员等重要人物，记者们会等在他们深夜回家的路上或清早上班的家门前，通过打招呼的方式接触采访对象，以期获取一些独家消息或者最新信息。这样的采访方式被称作“夜讨朝驱”。在日本的大报社或者大电视台，政治部、经济部、社会部都会派遣专门的记者来做这类工作。

对于媒体单位来说，记者通过这样的方式积累人脉获得信息，只要比别的媒体单位得到早一步或者多一点的相关信息，那就是值得的。对于记者本人来说，多从当事人口中获得一点信息，也是为读者、观众多争取了“知情权”，纵使披星戴月也是值得的。这种日本传统的采访方式体现了记者采访的辛苦，令读者在阅读稿件的时候也多一分理解和尊重。

不过学界对这样的“夜讨朝驱”的行为则更多持批判态度，毕竟采访效率不高而且容易形成记者和被采访者之间的某种利益联结。而且记者本人实际上也常常会因采访不顺而灰心丧气甚至苦恼。除了工作时间辛苦，以这种方式获得的所谓消息，即使媒体单位觉得不可或缺，却未必是读者们真正想要知道的。

四　日本的对华报道

（一）国内报道为主，国际报道有限

日本的新闻报道一般偏向于国内报道。从地位相当于中国的《新闻联播》的 NHK 的招牌新闻节目《7 点档新闻》来看，30 分钟的时长里，除非当天的头条新闻是国际大新闻，国际新闻一般不会超过 5 分钟。

而且和中国关注发展中国家、战乱的小国家的新闻不同，日本所谓的国际新闻也往往只是关注部分和日本有密切关系的国家，如美国、韩国、朝鲜等。另外，从日本本国角度解读的“国际新闻”也不少，如 G20 峰会、安倍访美、天皇访问东南亚国家等，与日本不直接相关的国际新闻少之又少。

（二）不断增加与中国相关的报道，以负面报道为主

在日本有限的国际报道中，作为日本一衣带水的邻国、大国，中国的身

影还是比较突出的。近年来随着中国经济的高速发展，日本各大媒体对中国的报道呈上升趋势，关于中国的深度解读也在增加。比如 NHK 电视台相继推出了《巨龙中国》等一系列聚焦中国的纪录片，几家全国性报纸也都推出了《奔流中国》《激动中国》等关注中国动态的专栏。

日本主流媒体常以警醒世人的“社会木铎”自居，新闻报道多以批判报道为主。在对中国报道时，出于各种因素，更是主要关注中国发展中的阶段性问题点，总体来说以负面报道居多。一般说来，对中国古代历史、风景名胜、传统文化进行报道时，日本媒体表现得相对友好和客观，而在报道中国新近的发展时，虽然撷取报道的也的确是发生在中国的事，但经常有所偏颇、失去公允。明明中国有很多积极向上、正面发展的内容，日本媒体却偏爱报道中国的问题点，诸如一些地方春节期间燃放烟花爆竹导致空气污染，部分乘客高铁占座、出行不够文明等问题。日本民众耳濡目染日本主流媒体的这类报道和论调，久而久之难免对中国的印象有些偏颇。

（三）“一带一路”背景下的对华报道

作为曾经的亚洲老大和世界第二大经济体，在地位被中国超过之后，日本的心态一直不是特别好。中国改革开放之初，和日本差距甚大，日本有一定优越感，并以 ODA 等方式给予了中国较多帮助。但是随着中国的不断发展，而日本在经历了所谓的“失去的十年”“失去的二十年”之后，越来越没有自信。这也是日本媒体对中国的负面报道居高不下的原因之一。

2013 年中国提出“一带一路”构想之后，日本的安倍政府采取保持距离的态度，热心于当时在美国主导之下的“跨太平洋战略经济伙伴关系协定”（TPP）的缔结。美国总统特朗普上台之后，奉行“美国第一”的宗旨毅然抛弃 TPP，留下日本等国在其中辛苦经营。

日本的有识之士指出，由于亚洲经济的持续增长，中美之间的权力转移日益加速，如果日本持续和中国关系搞僵，对日本没有任何好处。对日本企业来说，如果能够顺利搭上中国经济发展的顺风车，在“节能环保”“产业升级”“物流”等方面中日都可以获得双赢的局面。[①] 2017年底开始，安倍政府开始向中国政府示好，几次在公开场合表明了支持“一带一路”构想、愿意加强合作的意愿。在这样的情况下，一部分日本媒体报道中也出现了中国的互联网支付发展迅速、中国努力发展半导体产业生产芯片等相对正面、客观的报道。

日本是中国一衣带水的邻邦，但是两国的国情民风、媒体发展都有较大的差异。本文着重分析介绍了以报业和电视为主的日本传统媒体的历史和现状。有鉴于日本传统媒体在网络时代依然保持了巨大的社会影响力，是日本民众了解中国的主要渠道，在当前政府层面中日关系回暖的大背景下，中国媒体应积极加强和日本主流媒体的交流，强化对国内报道的编译和对外供稿，传递更多关于中国现状、“一带一路”的构想和进展的信息，发出来自中国的声音。虽然长期以来日本媒体对中国报道以负面报道居多，但是日本媒体也并非铁板一块不可撼动。日本主流媒体对华报道的变化值得期待，也需要中国去积极推动，中国的对日国际传播虽有挑战但更多的是机遇。

① 冈田充：《安倍政权180度大转弯　支持中国“一带一路”　日本经济界跃跃欲试》，Bussiness Insider，2017年12月13日。

Abstract

Annual Report on the Global Communicative Ecology (2019) focuses on the global communication landscape and the development of world media from the perspective of communicative ecology, and explores the symbiotic relationship among human, media and social forces in a complex global social-ecological system, providing a linked, systematic and strategic approach to communication research and media management.

The report summarizes the insights from the media sector, communication academia and relevant official management organizations, and comprehensively outlines the development of world media in 2018 and the changes in the global communication landscape from four dimensions: policy-law, technology-practice, market-user, and country- media ecology.

In 2018, 5G commercialization got on track in China, which is bound to reshape the global communicative ecology. In the wake of 5G, blockchain, artificial intelligence, cloud computing and Big Data, among others, will interact with each other to redefine the relationship between information and users, disrupt and reconstruct the upstream, midstream and downstream industries of the media sector, and create a new mobile, digital and intelligent media ecology in the future. In 2018, the global communicative ecology had six characteristics in terms of users, channels, technologies, operations, industries and policies: Mobile digitalization has become the new normal, penetration of global Internet and social media has accelerated; the trust crisis in international communication has signaled an early warning that social media and traditional media both face the need to rebuild trust; instant messaging apps are growing in the context of 5G, technology empowers short video and smart voice to drive the platform and media revolution; the digital media industry enters the subscription era in the new stage of business transformation; industry reshuffle leads to integration, crossover and reorganization in the media market; global policies continue to focus deeply on data security and personal privacy protection in the context of information regulation.

In view of the existing hot issues and trends of the global communicative ecology, the following four points deserve continuous attention: in-depth innovation and reform of media communication terminals brought by basic media innovations such as blockchain and 5G; the need to view changes in the regional country-specific media ecology in the context of global political and communicative ecology; significant changes in the global communication landscape brought by the updating of information communication infrastructure represented by China's practices since the end of the Second World War; the media coverage of the dragging China-U. S. trade disputes provides a good opportunity to further show the essence of Chinese and foreign media on a deep level and also provides new opportunities for China to promote international communication.

This book includes sub-reports written by more than ten famous experts and scholars in the field of global communication. At the policy-law level, the reports discuss the communicative ecology and strengthen international communication, the changes in the international regulatory system of the Internet audiovisual industry, the media landscape in BRICS countries, the political conflicts between major powers and the new conflict on social media, the government regulations of media in the United States in the digital era, and other key topics. At the Technology-Practice level, the report analyzes the development trend in drone communication technology and the changes in information communication technology and innovative development path of TV media. At the market-user level, the report examines the global OTT TV industry, the "going global" of Chinese publishing, short video, media convergence and other focus issues. At the country-media ecology level, the report studies the current situation, trend and enlightenment of the media ecology in Japan and Canada. Additionally, foreign experts and scholars are invited to analyze the international public opinion towards China amid China-U. S. trade disputes.

Keywords: Global Communication; Communicative Strategy; Communicative Ecology

Contents

I General Report

Abstract: This report elaborates on the focal and hot topics in the field of global news and communication in 2018 from the perspective of the communicative ecology, and summarizes six characteristics of the global communicative ecology in terms of users, channels, technologies, operations, industries and policies: mobile digitalization, trust crisis, technology empowerment, business transformation, industry reshuffle, and information regulation. Meanwhile, the global communicative ecology of 2019 is forecasted as follows: First, media changes brought by blockchain deserve attention. Second, vertical video may become a new spotlight of communication and commercial value. Third, the application of technology and "disenchantment" will be carried out simultaneously in the era of new technology. Fourth, there is hope for a revival of local news.

Keywords: Global Communication; Communicative Ecology; 5G

Ⅱ Reports on Policy-Law

Abstract: The development of China Global Television Network (CGTN) entails comprehensive, panoramic and holistic thinking and planning from epistemology to methodology, from top-level design to specific operation, and from internal construction to external environment. This paper argues that CGTN needs to make steady progress in strengthening international communication; and in the long run, it needs to change its own existence and development status and add value to brand communication.

Keywords: Global Communication; CGTN; Communicative Ecology

Abstract: This report introduces and analyzes how the United States, the European Union, the United Kingdom, Singapore and other countries regulate the Internet audiovisual industry. Although each country's regulatory system has its own characteristics, the overall trend is as follows: (i) advancing legislation and establishing the legal system that keeps pace with the times; (ii) attaching importance to integrated development and strengthening the construction of an integrated regulation system; (iii) differentiating linear and non-linear audiovisual services and gradually bringing the Internet audiovisual industry into the scope of existing media regulation; and (iv) stressing industry self-discipline and public supervision and paying attention to the fostering of media literacy.

Keywords: Internet Audiovisual; Regulation; Non-linear Audiovisual Program Service; Media Convergence

B. 4 A New Conflict on Social Media in the Era of Global Communication

Shi Anbin, Zhang Yaozhong and Xie Zhangtian / 052

Abstract: U. S. -Russian relations were sharply strained in 2016 after the U. S. accused Russia of meddling in the election, including through social media, setting off a "new cold war" on media and cultural levels. Social media plays an important role in this war. The trend of influencing the public through "information war" to safeguard the interests of the government and combat foreign hostile forces emerges because of the profound impact of the development of social media on international politics and public diplomacy. With the operation of the Russian Internet Research Agency (IRA) in the U. S. and the incident where the U. S. used the *Foreign Agents Registration Act* (FARA) to counter Russia as an example, this paper analyzes the context of the conflicts on social media. Based on this, the paper elaborates on the new trends and characteristics of the media war and psychological war carried out on social platforms in the era of global communication, and proposes solutions and suggestions to tackle the new challenges faced by China's international communication.

Keywords: Global Communication; International Politics; Public Diplomacy; Social Media

B. 5 Report on the Development of American Media Control Policies and Regulations in the Digital Age (1996 -2018)

Zhang Nan / 067

Abstract: As the information and communication technologies (ICTs) are deepening their impact on the infrastructure, industrial structure and operation model of the media industry, the problem of media control has become increasingly prominent. Since the revision of the *Telecommunications Act* in 1996, the United States has established a relatively strict media supervision system from the four dimensions of policy, legislation, law enforcement and justice. With a focus on the current hot topics concerning American digital policies, this report reviews the development history of U. S. media control policies and regulations in the process of media digitalization from legal, economic and technological perspectives. It summarizes American policy practices on channel governance, content verification, data security, technology promotion and other issues, with a view to providing reference for the current digital media control and regulation in China.

Keywords: Digital Policy; Media Control; Internet Neutrality; Platform Governance; Data Governance

Abstract: This report first reviews the historical evolution of the concept of "BRICS" as well as its structural and deconstructive features, and presents a series of theoretical debates around the concept. It also analyzes, from the two dimensions—the collective characteristics and individual differences of media in BRICS countries, the collective rise in a geographic sense and the huge differences in media development and organization between these countries. The report suggests that BRICS countries need to find ways to develop and cooperate in the media sector to further promote the transformation of the global media landscape. Building on this the report starts from China's position on international communication, summarizes the value of BRICS media from the normative level and the practical level, and emphasizes that China should actively embrace the concept of BRICS so as to continuously drive the transfer of international communication power. In the end, the report selects representative media cases from five countries and analyzes their practices and experience in international communication.

Keywords: BRICS; International Communication; Global Influence; Media Landscape

Ⅲ Reports on Technology-Practice

Abstract: As a communication technology, drones are extending their reach into people's daily communication practices. Drone technology has not only innovated the way of news reporting by traditional media, and changed the production model of conventional audiovisual industries such as movies, but also promoted the democratization of aerial images, giving every individual the right to see and share the world from the air. The development of drone application needs supporting management measures, moral rules and personnel training. In the future, applications of drone technology should be more professional, systematic and standardized.

Keywords: Drone; Communication Technology; Sensor; Artificial Intelligence; User Generated Content

Abstract: Information communication technology is in the midst of profound transformation, and TV media is facing great challenges. There is also a strong internal impetus and external demand for innovative development. Thanks to new information communication technology, the diversification of content sources, the personalization of content requirements, the diversification of communication platforms, the interaction of distribution methods, and the plurality of broadcasting terminals are getting prominent. Moreover, the industry environment, operating model and business model of TV media are in urgent need of reform. The popularization of 5G will bring great opportunities to the innovative development of TV media. On the one hand, 5G will provide strong support for the application of 4K, 8K and VR in TV media. On the other hand, 5G will bring revolutionary changes to video content gathering, editing, broadcasting and transmission. It can be predicted that many bottlenecks in the innovative development of TV media will be well addressed as a result of the popularization of 5G, thereby effectively improving the transmission efficiency of TV media and the transmission effect of programs. Currently, China Media Group has taken the lead in actively exploring this aspect and promoted the upgrading of radio and television business in the 5G era through cooperation with China Telecom, China Mobile, China Unicom and Huawei. Next, TV media organizations need to actively explore new development concepts, models and paths, effectively adapt to the new information communication technology environment, and enhance their competitiveness and influence.

Keywords: Information Communication Technology; Emerging Media; 5G; TV Media; Innovative Development

Ⅳ Reports on Market-User

Abstract: In 2018, OTT TV business continued to grow rapidly worldwide. In the course of industry development exploration, it presents a series of prominent development trends and characteristics. Focusing on content is still the key to the development of the industry, and it is increasingly important to realize technology optimization and upgrading. Additionally, it is also important to embrace the wave of artificial intelligence, establish healthy business models, and explore presence in the international market, so as to promote the development of the industry.

Keywords: OTT TV; Video Service; Original Content; Intelligence

Abstract: After its "barbaric" growth at the preliminary stage, China's short video industry has developed into its second phase. While examining the development of the short video industry in 2018, this report analyzes the main players in the industry chain and focuses on the interpretation of vlogging, the new industry trend. It also analyzes the investment and financing situation of the industry, as well as the problems and challenges ahead. At the end of this report, we have a detailed look at the policies and regulations for the short video industry and discuss the future development of the industry.

Keywords: Short Video; Vlog; New Media Industry

Abstract: Chinese media convergence has made new progress, including the integration of traditional media agencies, the active construction of county-level media convergence centers, the accelerated promotion of special management equity, the gradual exploration of smart media development, the initial achievements in mobility of information, the orderly development of omnimedia, the solid progress in the transformation of data think tanks, and the preliminary results in video-oriented transformation.

Keywords: Media Convergence; Institutional Integration; County-level Media Convergence Center; Omnimedia

Abstract: This report analyzes the current situation of the international publishing industry in 2018, including the characteristics and main topics of China-related books published overseas and the achievements made by Chinese publishers while exploring international market. It particularly examines the opportunities and challenges facing Chinese publishers at international markets, and gives some insights into what Chinese publishers should do in the next when they "go global." The authors argue that against the backdrop that the international publishing industry is undergoing the transformation and upgrading, overseas demand for China-related books is increasing, and the artificial intelligence and new media technologies are advancing rapidly, Chinese publishers should continuously optimize the topics they cover and improve contents, diversify forms of cooperative publishing, strengthen international distribution planning, and use new technologies to tell good stories of China's developments.

Keywords: Chinese Publishing; Thematic Book; Go Global; Cooperative Publishing; New Technology

V Reports on Country-Media Ecology

Abstract: The trade disputes between China and United States have been widely covered by media around the world. While there is little or no polling yet on how such coverage is affecting the image of China around the world, it's clear that coverage of such an issue, which affects the entire world, will have a major impact on how China is perceived. The author examines in some detail how the trade issues have been covered in English-language media, particularly in the United States, explores public opinion polling about trade issues in the United States, and looks at available polling on public views toward Chinese and U. S. leadership in the world. Lastly, the author offers some insights and recommendations for how Chinese media can cover the trade issues at a time when U. S. media have sharply cut resources in much of the world.

Keywords: China-U. S. Trade and Economic Frictions; International Communication; International Public Opinion

B. 14 A Research on Canadian Media Ecology *Huang Kuo* / 230

Abstract: Like the rest of the world, Canadian media is characterized by the decline of traditional paper media and the growth of digital media. However, the pace of changes in Canada has been relatively slow compared with the rest of the world, and the influence of traditional mainstream media is still significant. Canada is the first Western country to include the promotion of multicultural development in its national policy. Under the bilingual system, the media produces English and French content and encourages the development of multicultural media. The United States has a huge influence on Canada's politics, diplomacy, economy and culture. Therefore, Canada has specially formulated media policies to secure its "Canadian distinctiveness."

Keywords: Multiculture; Canadian Broadcasting Corporation (CBC); American Influence; Belt and Road

B. 15 A Report on the Development of Japanese News and Communication Industry *Zhang Rong* / 252

Abstract: Japan has the largest circulation of newspapers in the world, which is closely related to the deep-rooted newspaper reading habits of Japanese readers and the unique home delivery system. The television industry in Japan adopts the binary model of "public broadcasting" and "commercial broadcasting." Besides, TV stations and newspapers have shares in each other and thus are closely linked. Thanks to this, Japan's traditional media still maintains a strong influence in the Internet era.

Keywords: Japanese Mass Media; Newspaper Industry; Binary Broadcasting Model

皮书起源

“皮书”起源于十七、十八世纪的英国，主要指官方或社会组织正式发表的重要文件或报告，多以“白皮书”命名。在中国，“皮书”这一概念被社会广泛接受，并被成功运作、发展成为一种全新的出版形态，则源于中国社会科学院社会科学文献出版社。

皮书定义

皮书是对中国与世界发展状况和热点问题进行年度监测，以专业的角度、专家的视野和实证研究方法，针对某一领域或区域现状与发展态势展开分析和预测，具备原创性、实证性、专业性、连续性、前沿性、时效性等特点的公开出版物，由一系列权威研究报告组成。

皮书作者

皮书系列的作者以中国社会科学院、著名高校、地方社会科学院的研究人员为主，多为国内一流研究机构的权威专家学者，他们的看法和观点代表了学界对中国与世界的现实和未来最高水平的解读与分析。

皮书荣誉

皮书系列已成为社会科学文献出版社的著名图书品牌和中国社会科学院的知名学术品牌。2016 年，皮书系列正式列入“十三五”国家重点出版规划项目；2013~2019 年，重点皮书列入中国社会科学院承担的国家哲学社会科学创新工程项目；2019 年，64 种院外皮书使用“中国社会科学院创新工程学术出版项目”标识。

中国皮书网

（网址：www.pishu.cn）

发布皮书研创资讯，传播皮书精彩内容
引领皮书出版潮流，打造皮书服务平台

栏目设置

关于皮书：何谓皮书、皮书分类、皮书大事记、皮书荣誉、
皮书出版第一人、皮书编辑部

最新资讯：通知公告、新闻动态、媒体聚焦、网站专题、视频直播、下载专区

皮书研创：皮书规范、皮书选题、皮书出版、皮书研究、研创团队

皮书评奖评价：指标体系、皮书评价、皮书评奖

互动专区：皮书说、社科数托邦、皮书微博、留言板

所获荣誉

2008 年、2011 年，中国皮书网均在全国新闻出版业网站荣誉评选中获得“最具商业价值网站”称号；

2012 年,获得“出版业网站百强”称号。

网库合一

2014 年，中国皮书网与皮书数据库端口合一，实现资源共享。

S 基本子库

UB DATABASE

中国社会发展数据库（下设 12 个子库）

全面整合国内外中国社会发展研究成果，汇聚独家统计数据、深度分析报告，涉及社会、人口、政治、教育、法律等 12 个领域，为了解中国社会发展动态、跟踪社会核心热点、分析社会发展趋势提供一站式资源搜索和数据分析与挖掘服务。

中国经济发展数据库（下设 12 个子库）

基于"皮书系列"中涉及中国经济发展的研究资料构建，内容涵盖宏观经济、农业经济、工业经济、产业经济等 12 个重点经济领域，为实时掌控经济运行态势、把握经济发展规律、洞察经济形势、进行经济决策提供参考和依据。

中国行业发展数据库（下设 17 个子库）

以中国国民经济行业分类为依据，覆盖金融业、旅游、医疗卫生、交通运输、能源矿产等 100 多个行业，跟踪分析国民经济相关行业市场运行状况和政策导向，汇集行业发展前沿资讯，为投资、从业及各种经济决策提供理论基础和实践指导。

中国区域发展数据库（下设 6 个子库）

对中国特定区域内的经济、社会、文化等领域现状与发展情况进行深度分析和预测，研究层级至县及县以下行政区，涉及地区、区域经济体、城市、农村等不同维度。为地方经济社会宏观态势研究、发展经验研究、案例分析提供数据服务。

中国文化传媒数据库（下设 18 个子库）

汇聚文化传媒领域专家观点、热点资讯，梳理国内外中国文化发展相关学术研究成果、一手统计数据，涵盖文化产业、新闻传播、电影娱乐、文学艺术、群众文化等 18 个重点研究领域。为文化传媒研究提供相关数据、研究报告和综合分析服务。

世界经济与国际关系数据库（下设 6 个子库）

立足"皮书系列"世界经济、国际关系相关学术资源，整合世界经济、国际政治、世界文化与科技、全球性问题、国际组织与国际法、区域研究 6 大领域研究成果，为世界经济与国际关系研究提供全方位数据分析，为决策和形势研判提供参考。

法律声明